民商法论丛
Civil and Commercial Law Series

中国调解离婚案件的话语

Discourses in Mediating Divorce Cases in China

● 任继强 著

北京大学出版社
PEKING UNIVERSITY PRESS

图书在版编目(CIP)数据

中国调解离婚案件的话语/任继强著. —北京:北京大学出版社,2016.8
(民商法论丛)
ISBN 978-7-301-27383-8

Ⅰ.①中… Ⅱ.①任… Ⅲ.①离婚法—研究—中国 Ⅳ.①D923.904

中国版本图书馆CIP数据核字(2016)第186653号

书　　　名	中国调解离婚案件的话语 ZHONGGUO TIAOJIE LIHUN ANJIAN DE HUAYU
著作责任者	任继强　著
策划编辑	毕苗苗
责任编辑	毕苗苗
标准书号	ISBN 978-7-301-27383-8
出版发行	北京大学出版社
地　　　址	北京市海淀区成府路205号　100871
网　　　址	http://www.pup.cn
电子信箱	law@pup.pku.edu.cn
新浪微博	@北京大学出版社　@北大出版社法律图书
电　　　话	邮购部 62752015　发行部 62750672　编辑部 62752027
印刷者	北京大学印刷厂
经销者	新华书店
	965毫米×1300毫米　16开本　18.5印张　220千字 2016年8月第1版　2016年8月第1次印刷
定　　　价	48.00元

未经许可,不得以任何方式复制或抄袭本书之部分或全部内容。
版权所有,侵权必究
举报电话: 010-62752024　电子信箱: fd@pup.pku.edu.cn
图书如有印装质量问题,请与出版部联系,电话: 010-62756370

序

离婚调解在中国有很长的历史,这方面的研究可谓汗牛充栋。要在前人的研究中更进一步,提出新颖的见解,对后来的研究者无疑是很大的挑战。在这个意义上,任博士的《中国调解离婚案件的话语》无疑是成功的。他独辟蹊径,从话语分析的角度对调解离婚的过程进行阐释和理解。据我所知,这是国内第一部这方面的著作,将会对从话语角度研究法律制度有深远的影响。

本书作者并不是法院制度的外人,而是一个在这个制度中"摸爬滚打"了二十多年的审判员和管理者。他稔熟办案过程的每一个环节,更能从当事人的每一个表情中洞察对方的意图。他给我们展示的是一幅幅法院运作的"画卷"。这些"画卷"是由当事人的对话勾勒成的。从书中我们可以看到被夫妻矛盾折磨得歇斯底里的当事人,以及处在法律和法院的各种要求下期待抹平矛盾、妥善处理纠纷的法官。当事人对自身利益的追求以及法官处理这些诉求的技巧,在这些对话中展现得淋漓尽致。对于缺乏语音档案的历史时期,作者还找到了珍贵的文字档案,重构了特定历史时期对于离婚案件的处理过程。

对作者而言,这些图景熟悉得不能再熟悉。许多读者也许认为这是他的优势,但从一名研究者角度而言,这更是挑战,因为这意味着作者必须从耳熟能详、视为当然的日常工作中找到新意。在他的观察中,法院不再是工作单位,法官不再是同事,当事人也不再是具体的"张三"和"李四",而是构成上述"画卷"的抽象元素。用参禅的话说,就是要从"看山即是山,看水即是水"升华到"看山不是山,看水不是水",最后再融会贯通,抓住要点,再到"看山还是山,看水还是水"的境界。

要完成这些境界的转变,自然需要理论功夫的支持。通过对经典文献的咀嚼,作者吃透了话语分析的理论。他运用了宏观和微观的话语理论来理解法官和当事人在审判和调解中的交往甚至角力。宏观的话语理论帮助我们了解整个话语的基本形态,以及它们是如何受到当时的政治环境的影响;而微观的话语理论则帮助我们了解法官和当事人具体的话语的技巧,以及这种话语运用所形成的后果。

我是怀着钦佩的心情来阅读本书的。作者翔实的描写和有力的观点时常令人妒嫉。他的许多发现是我在先前的研究中应当观察和体会到却没有发现的。例如,在本书的第5章"改革开放后的微观话语"中,作者既能分析"以法律的名义"意义的微妙变化,也能细心解释"话语打断""使用反问句"话题回避"等对话搏击术的运用。这些发现是作者受到相关英文著作的启发,对中国的法官话语提炼出话语技巧的新形式。对于改革开放前政治话语的讨论,更填补了长期的空白。作者从这些话语的具体形式中,敏锐地观察到其中的权力关系以及对男女不平等形成的压力。在女权主义法学引入中国以后,学界对于法律制度针对男女不平等现象有一些泛化的论断。任博士的著作用生动的材料和理论分析证实了其中的一些判断。

　　大约五年前,香港城市大学与最高人民法院合作,从高级法官中培养博士。人们很容易质疑这种合办项目的质量。在"水货"横行的当下,这不难理解。作为这个项目的产品,任博士的著作给这种质疑提供了最好的回答。这种培养方式克服了法学的经验研究中常见的困难。身处"象牙塔"中的学者们常常抱怨没有经验材料,无法将抽象的理论落到实处,而实务部门的工作者面对浩如烟海的材料,却不知如何下手。任博士和他的同学们利用自己工作中经验和位置,获得了第一手的经验材料。在香港城市大学的学习过程中,他们钻研分析这些材料的前沿理论和方法。在这个意义上,这个项目提供了几乎完美的结合。任博士和他的同学们的研究,极大地增进了我们对中国法院乃至其他法律制度的运行的理解。他们提出的政策建议,具备坚实的经验和理论基础。本书的出版,代表的不仅仅是任博士个人的成就,还是这种培养方式的成功。诚然,学术著作的质量最终都需要学术市场来检验,但这种培养方式以及它的成果也许是法学的经验研究在中国的新起点。

贺欣
2016 年 4 月 20 日

目　　录

第 1 章　导论 ………………………………………………… 1
　1.1　研究背景 …………………………………………… 1
　1.2　研究的问题与可能的理论贡献 …………………… 7
　1.3　研究方法 …………………………………………… 11
　1.4　本书的基本结构 …………………………………… 38
第 2 章　新中国离婚法的实践 ……………………………… 40
　2.1　离婚法的立法实践 ………………………………… 47
　2.2　离婚法的司法实践 ………………………………… 52
第 3 章　改革开放前的宏观话语 …………………………… 61
　3.1　离婚案件档案中展现的时代话语 ………………… 61
　3.2　政治话语展现出来的权力关系和后果 …………… 95
第 4 章　改革开放后的宏观话语 …………………………… 104
　4.1　离婚的前奏——争端 ……………………………… 106
　4.2　离婚的起诉与应诉 ………………………………… 127
　4.3　离婚案件的调解 …………………………………… 153
　4.4　改革开放前后宏观话语变化原因探析 …………… 181

第 5 章 改革开放后的微观话语 …… 190
5.1 据以展开研究的几个案件 …… 190
5.2 法庭调解中的语言策略 …… 193
5.3 交易式还是治疗式 …… 221

第 6 章 当代话语权力关系及对当前司法调解的反思 …… 233
6.1 当代话语的权力关系及其后果 …… 233
6.2 对当前离婚案件司法调解的反思 …… 242

第 7 章 展望、借鉴与启示 …… 251
7.1 展望:离婚案件司法调解话语的理想未来 …… 251
7.2 借鉴与启示:司法调解的"现代化转型" …… 257

参考文献 …… 275
后记 …… 289

第1章 导　　论

1.1　研究背景

　　司法调解,也有学者称其为诉讼调解、法院调解或法庭调解①,真可谓是近年来司法实务和理论界的一个热门话题。在中国知网中输入上述关键词,就会有成百上千条的相关信息。正如有学者所言:"就传统中国法律的历史实践而言,调解在纠纷解决机制中处于极其重要的地位;也因为如此,调解成为中国法律实践中的一个永恒话题,时至今日,仍倍受关注"②。

　　司法调解始于新民主主义革命时期③,到抗日战争和解放战争时期,随着抗日根据地和边区的扩大,地方革命政府日趋成熟,用

---

① 分别参见沈志先主编:《诉讼调解》,法律出版社2009年版;李祖军:《调解制度论:冲突解决的和谐之路》,法律出版社2010年版;彭文浩:《中国调解制度的复兴:法院调解》,载强世功编:《调解、法制与现代性:中国调解制度研究》,中国法制出版社2005年版;黄宗智:《中国法庭调解的过去和现在》,载黄宗智、尤陈俊主编:《从诉讼档案出发》,法律出版社2009年版。

② 黄宗智、尤陈俊:《调解与中国法律的现代性》,载《中国法律》2009年第3期。

③ 参见闫庆霞:《法院调解制度研究》,中国人民公安大学出版社2008年版,第15页。

调解的方法处理民事案件的做法,有了进一步的发展,有关部门颁布并实施了大量的调解法规。①"从抗日战争到解放战争时期,我国民事诉讼中的调解,在各项民事诉讼法的规范中,已经有了明确的规定,确立了这一诉讼制度的法律地位。据不完全统计,这一时期颁布施行的民事诉讼法律、法令、条例、指示即达三十多种,在这些法律规范中,明确规定:民事案件'尽量采取调解方式',并且肯定这种方式是解决纠纷,减少诉讼,改进司法工作的'最好方式'。"②

法院审判活动的日益活跃,对根据地和边区的经济发展发挥的作用越来越大,审判工作形成了一些经验。如在陕甘宁边区,形成了当时比较著名的"马锡五审判方式"③,这成为新中国民事审判工作的楷模并长期影响了中国的民事审判。新中国成立后,1982年《民事诉讼法(试行)》颁布之前的三十多年间里,虽然以调解解决民事纠纷的做法较普及,但作为一项诉讼制度,调解发展得比较缓慢。1956年,最高人民法院提出"调查研究、就地解决、调解为主"的民事审判工作方针;1964年,这一方针被发展为"依靠群众、调查研究、就地解决、调解为主"的十六字方针。此后很长一段时间,调解成为中国民事诉讼中法院审判工作的基本政策导向。在该政策指导下,一些法院片面追求调解率,以此作为考核法官办案

---

① 如1941年《陕甘宁边区高等法院对各县司法工作的指示》,1942年《晋西北农村调解暂行办法》,1943年《陕甘宁边区民刑事案件调解条例》,1944年陕甘宁边区人民政府《关于普及调解、总结判例、清理监所组织条例》、边区高等法院《实行调解办法,改进司法工作作风、减少人民诉讼的指示》,1945年晋察鲁豫边区政府颁布的《民刑事调解条例》等。

② 李荣棣、唐德华:《试论我国民事诉讼中的调解》,载《法学研究》1981年第5期。

③ 时任边区高等法院陇东分庭庭长(后来任边区高等法院院长)的马锡五同志在巡回办案就地审理的基础上,总结处理民事纠纷的经验,提出"调解为主,就地解决"的方针,并将这一经验推广到全国各根据地。

质量高低的标准,由此产生了大量的强迫性调解案件。

1982年《民事诉讼法(试行)》的颁布施行是中国法制史上的一个里程碑,它是新中国的第一部民事诉讼法典,法院调解制度也正式形成。① 在1982年《民事诉讼法(试行)》第6条中,摒弃了调解为主的提法,确立了"着重调解"的原则,即人民法院审理民事案件,应当着重进行调解;调解无效的,应当及时判决。着重调解的原则在用语上避讳了"调解为主,审判为辅"的提法,就其本质,仍然沿用调解为主,保持调解优先的基调,使我们很难明晰调解为主和着重调解的区别。相反,二者的共同之处却十分明显,即都在强调和偏重于调解,在逻辑上都将调解优先于判决。这就使得判决成为无足轻重的辅助手段,实践中调解大行其道,片面追求调解率,强迫调解、久调不决的现象仍然比较突出。1991年颁布的《民事诉讼法》,对调解制度进行了修改,发展并完善了关于诉讼调解的立法。首先,它突出了自愿和合法调解,从而使调解原则更加渗透了调解制度的本质。其次,它否定了"着重调解",摆正了调解与判决的关系。

1992年以前,审判实践中以调解方式结案始终是中国民事诉讼中审理案件的一个重要手段。自1993年以来,受西方司法制度的影响②,随着民事审判方式改革的进行,当事人主义、一步到庭、坐堂问案、当庭宣判的审判方式占据了主导地位,全国法院调解结

---

① 李祖军:《调解制度论:冲突解决的和谐之路》,法律出版社2010年版,第63页。

② 同上。

案率明显下降。① 由于对调解重视不够,出现该调不调、能调不调的现象,调解结案率下降,案件上诉率、申诉率、上访率持续上升,人民群众对法院工作的不满增多。经过反思,调解的优势和价值又重新受到重视,做好调解工作再次被提上法院的议事日程。自2003年全国高级法院院长会议将"加强诉讼调解工作,提高诉讼调解结案率"作为落实司法为民的一项重要举措以来,最高人民法院陆续出台了一系列的规范性文件,用于加强法院调解工作。② 同时,为了适应形势(案件多、上访多)需要,人民法院又重提"调解为主",使调解无论是在制度层面,还是在实践层面,又逐渐成为了法院解决民事纠纷的首要手段,有些地方甚至提倡"100%调解""零判决"③。

然而,正是由于调解的泛化,自20世纪90年代以来,法学界开始对司法调解进行反思性的批判性研究,但无论是司法实务界还是理论界,对司法调解的关注和研究都主要集中在司法调解的利弊分析及制度的存废和改革完善上。其中,不少成果是从理论到理论的对策法学研究,实证研究较少;从宏观上进行的考察多,从微观中进行的考察少。"与调解的制度研究汗牛充栋相比,我国

---

① 据最高人民法院有关统计资料表明,在20世纪80年代中期,调解结案的比例高达70%左右,而判决结案不足20%;到2001年,调解结案比例为36.74%,判决结案比例为41%。而在2003年,调解结案比例达到最低点29.94%。转引自沈志先:《诉讼调解》,法律出版社2009年版,第31页。

② 这些规范性文件包括:2004年9月《关于人民法院民事调解工作若干问题的规定》、2007年3月《关于进一步发挥诉讼调解在构建社会主义和谐社会中积极作用的若干意见》、2009年7月《关于建立健全诉讼与非诉讼相衔接的矛盾纠纷解决机制的若干意见》以及2010年6月《关于进一步贯彻"调解优先、调判结合"工作原则的若干意见》。

③ 参见李祖军:《调解制度论:冲突解决的和谐之路》,法律出版社2010年版,第65页。

法学研究中对调解语言的描述和分析,可谓凤毛麟角。"①即使有这方面的成果,也只是从某个侧面对调解的语言进行分析,且多是语言学背景的学者从语言学的角度展开的分析。如贾蕴菁对调解语言思维模式与中国传统文化心理的关系的论述②;廖美珍对法庭调解语言研究的意义及方法所进行的论述③;吕万英以语言学上的会话结构理论为分析框架,对司法调解中出现频率很高的冲突性打断所进行的研究④;程朝阳侧重从法庭调解话语中的目的和权力运作的角度,对法庭调解话语与目的互动和法庭调解话语与权力所进行的研究⑤;柯贤兵从法庭调解话语互动中参与者的调解意向是如何通过调解话语目的表达并动态顺应对方可接受的主观、客观及社交三个话语空间的角度,对法庭调解话语空间建构所进行的研究⑥;谢晓玲则分别运用"面子理论"和语用学顺应论,对司法调解中法官礼貌策略和法官司法调解话语的顺应性所进行的研究。⑦这些研究虽都从某一个方面对调解语言进行了有意义的研究和探

---

① 郑鲁晶:《法庭调解语言研究的现状与思考》,载《凯里学院学报》2010年第5期。

② 贾蕴菁在文中从传统文化心理影响调解语言的词语选用、调解语言切入点的考虑及调解语言的成败效果三个方面论述了调解语言思维模式与中国传统文化心理的关系。参见贾蕴青:《调解语言思维模式与中国传统文化心理》,载《北京政法职业学院学报》2004年第2期。

③ 参见廖美珍:《法庭调解语言研究的意义及方法》,载《人民法院报》2008年4月24日。

④ 参见吕万英:《司法调解话语中的冲突性打断》,载《解放军外国语学院学报》2005年第6期。

⑤ 分别参见程朝阳:《法庭调解话语与权力研究》,载《法律适用》2009年第7期;程朝阳:《法庭调解话语与目的互动研究——一种语用分析的进路》,载陈金钊、谢晖主编:《法律方法》(第7卷),山东人民出版社2008年版。

⑥ 柯贤兵:《法庭调解话语空间建构研究》,载《湖北社会科学》2012年第2期。

⑦ 分别参见谢晓玲:《司法调解中法官礼貌策略研究》,载《赤峰学院学报》(汉文哲学社会科学版)2012年第10期;谢晓玲:《法官司法调解话语的顺应性研究》,载《太原城市职业技术学院学报》2013年第7期。

索,取得了一定的成效,但还都存在着一些不足,如因占有的材料少、研究还不系统,有些作品对于非语言学专业的人士来说还比较晦涩难懂等,"主要的仍然是对调解语言遣词造句的修辞性研究,或者是针对文字、句段的传统的句法分析。对于调解语言的深层机制和所反映的诸多社会问题的研究还没有开始,因此,对于法学和法治建设的贡献没有起到应有的作用,而这才是法律语言研究的意义所在"[①]。总体上,这些研究对于司法调解本身的关注和研究不够,对司法调解制度建设贡献不大。

国外学者约翰·M.康利(John M. Conley)和威廉·M.欧巴尔(William M. O'barr)曾在《法律、语言与权力》一书中对调解语言进行过卓有成效的研究。这些学者通过考察离婚案件调解语言,从微观话语分析的角度描述了调解的实际运作过程。他们发现,调解人常常使用各种语言策略把当事人从争论的话题中引开,因此进一步得出结论:"调解不是价值中立的、由当事人主宰的过程,对调解话语细节的分析证明调解人在法律制度至少是默示的纵容之下能够运用权力、追求实现自己的目标。"[②]但是,他们研究的不足之处表现在:过于注重微观分析,而对"如何改革法律原则或制度以消除不平等"没有给予足够的重视,因而存在着理论价值丰富而实践价值不足的问题。那么中国的法庭调解即司法调解的运行状况如何?它是怎样借助语言向前推进的?调解人即法官在话语互动中是中立的吗?在语言表现上是否存在歧视、偏见和权

[①] 郑鲁晶:《法庭调解语言的研究现状与思考》,载《凯里学院学报》2010年第5期。
[②] 程朝阳:《法律权力运动的语言面相—〈法律、语言与权力〉导读(代译序)》,载〔美〕约翰·M.康利、威廉·M.欧巴尔:《法律、语言与权力》(第2版),程朝阳译,法律出版社2007年版。

力强制？调解结果是如何达成的？调解话语背后的社会机制以及它是如何操纵影响调解话语实践的？司法调解制度本身会获得怎样的评价？本书将努力围绕这些问题来展开深入研究。

1.2 研究的问题与可能的理论贡献

一般而言，调解是指争端当事人在中立的调解人的帮助下，试图就他们争议的问题达成彼此都能接受的解决办法的任何调和性的、非强制性的过程。① 在美国，调解为邻里和家庭矛盾提供了双方都认同的解决方法。一些法社会学家认为，在美国的社会背景下，调解提供了"次好"的公正，为那些琐碎的问题提供了最基本的服务，减轻了法院的案件量。② 许多法庭都附带调解项目，调解已经成为了审判前协商解决问题的典范，并在实践中得到广泛应用。③ 但是，在中国的情况可能复杂一些。因为在中国，除了具备上述调解特点但作用已逐渐淡化的民间调解外，有政府部门组织建立的人民调解和行政调解以及混同在审判程序中的司法调解。尤其是由法官来进行的司法调解与一般意义上的调解存在很大的不同。在中国目前的纠纷解决机制中主要的还是"调审合一"的司

---

① 参见〔美〕约翰·M.康利、威廉·M.欧巴尔：《法律、语言与权力》(第2版)，程朝阳译，法律出版社2007年版，第51页。在该书中，作者进一步解释：调解的调和性特点是指当事人之间相互交谈，以力图实现妥协，而不是像正式开庭中那样相互提出竞争性的证据；调解的非强制性特点是指调解人不像法官或仲裁员，他没有任何权力作出最后的裁决。

② 参见〔美〕萨利·安格尔·梅丽：《诉讼的话语——生活在美国社会底层人的法律意识》，郭星华等译，北京大学出版社2007年版，中文版序言，第3页。

③ 参见同上书，第41页。

法调解。始于20世纪30年代的司法调解在中国有很强的传统，很长一段时间一直都被当作传统瑰宝和令西方纷纷效仿的"东方经验"①来看待。但自20世纪90年代以来，法学界对司法调解的批评一直在持续，认为调解与法治目标相悖，不利于实现法官的职业化，并在指出司法调解存在的各种实际问题之后，提出了各种否定或改革调解的提议。近年来，中国学界对调解的重视源于欧美国家中非诉纠纷解决机制（Alternative Dispute Resolution，ADR）运动的日益高涨，尤其是随着国家为妥善处理纠纷，日益加强了调解的适用力度。②

新中国离婚法③的立法和司法实践开始于20世纪30年代，鉴于司法调解在其中的举足轻重的作用，新中国离婚法司法实践的

---

① 法院调解在西方被誉为"东方经验"。参见徐优平：《法院调解中的信息处理与说服研究》，载杜金榜主编：《法律语言研究新进展》，对外经济贸易大学出版社2010年版。另参见徐碧纯：《法庭调解在离婚法实践中的变迁》，载《法制与社会》2013年第5期（中）；毛高杰：《法庭调解的文化根源：老传统、新传统与当代融合》，载《兰台世界》2013年第18期；李晓磊、陈珑珑：《基于"东方经验"美誉的调解制度之三维辩思》，载《辽宁警专学报》2013年第1期；裘索：《我国司法调解制度的改革与完善》，载《中国律师》2011年第3期；李黎明、熊达云：《法律的地方主义轨迹与法制现代化——对日本司法调解制度的法社会学考察》，载《天津社会科学》2010年第2期；邓伟强、陈惠敏：《"东方经验"的新节奏——法院重新重视调解的原因和意义分析》，载《法制与社会》2010年第1期（上）；樊哲军：《"东方经验"弊端与未来》，载《科学决策》2004年第11期；窦玉梅：《多维透视"东方经验"——"中国调解：理论与实践"论坛观点选粹》，载《人民法院报》2012年12月26日；林晔晗等：《多方助力解纠纷，"东方经验"新探索——对一起涉港纠纷创新性调解的调查》，载《人民法院报》2012年9月27日等。

② 参见武红羽：《司法调解的生产过程——以司法调解与司法场域的关系为视角》，法律出版社2010年版，第4页。

③ 黄宗智先生认为：将"婚姻法"视为"离婚法"不只是民间的一种调侃，而是研究者们早已确认的理解婚姻法的一个视角。参见黄宗智：《离婚法实践：当代中国法庭调解制度的起源、虚构和现实》，载黄宗智编：《中国乡村研究》（第4辑），社会科学文献出版社2006年版。

历史就是一部司法调解的历史。① 在这段历史中,调解一直是人民法院处理离婚案件的主导方式。因此,对离婚案件司法调解进行研究,对于重新审视这项制度有着特别的意义。众所周知,调解又是借助语言来进行的,因此,对司法调解中的话语进行历史的和现实的研究,通过另外一种视角,即语言的视角来对离婚案件的司法调解进行考察、分析和评价,无疑会对重新认识乃至为改善我国司法调解的运作模式提供更为可行的建议大有裨益。

本书以法律与语言研究作为主要方法,借助宏观话语和微观话语这对范畴,从话语这样一个全新的视角来考察、分析和评价离婚案件司法调解制度,最后在对当前离婚案件"调审合一"的司法调解制度存在的问题进行反思和比较研究获得启示的基础上,对制度建设提出了合理化建议。本书具体的理论贡献可能体现在以下几个方面:

第一,为理解、考察和研究我国司法调解制度提供了一个崭新的视角。目前,国内对于司法调解制度的考察与研究,都还是在法学研究自身框架内进行的,"主要以理论抽象、概念澄清和制度、规范分析为主"②,研究方法相对单调贫乏,"习惯于从概念到概念、从理论到理论的重复研究和宏大叙事上"③。而且,"我国的调解研究呈现的一个显著特点是偏重于法学关照下细枝末节的制度修补和

---

① 这一判断来自于后文中有关离婚法立法和司法实践的分析。黄宗智先生亦认为:"如果说毛主义的法制主要是离婚法制,离婚法则主要是调解法制。"参见黄宗智:《离婚法实践:当代中国法庭调解制度的起源、虚构和现实》,载《中国乡村研究》(第4辑),社会科学文献出版社2006年版。

② 程朝阳:《法律权力运动的语言面相——〈法律、语言与权力〉导读》,载〔美〕约翰·M.康利、威廉·M.欧巴尔:《法律、语言与权力》(第2版),程朝阳译,法律出版社2007年版。

③ 同上。

完善,缺乏相关学科对于实践问题的深入探究和挖掘"[①]。因此,以前的相关研究大多集中于对法院调解的制度设计和理论探讨上,而对实际的调解过程和调解实践,尤其是对话语实践与调解制度之间的关系极少涉及。本书则试图选取一个不同的研究视角,即从法律与语言研究(法律语言学)的视角,借鉴国外法律与语言研究的前沿理论和最新成果,利用调解的宏观话语和微观话语这对范畴,通过对离婚案件法庭调解的相关真实语料所进行的实证研究,开展对离婚案件司法调解从宏观到微观的考察。在此基础上,从语言的角度,揭示当前司法调解制度的具体运作过程及其运作效果,并在对其存在的问题进行反思和通过比较研究获得启示的基础上,对制度建设提出合理化建议。

第二,研究获得了新的发现并为相关研究结论提供了新的证据支持。在以往有关调解的法律话语的文献中,学者提出了道德、法律、治疗性和实用主义话语四种话语。本书通过对珍贵的档案材料进行的民族志式的研究,发现和提出了法律话语中的"政治话语"这一新型话语,并通过在文中展示"政治话语"在当时的司法中的具体运作,得出了"政治话语与道德话语一道成为当时离婚案件调解中的主流话语"的结论,并指出其在特定历史时期成为特别有效的话语这一时代特征,丰富了原有的调解话语体系。另外,在以往的大量研究中,学者们都提出了当前法庭调解不中立的问题,但是很少有人对此提供实证的证据支持。本书通过对法庭调解过程的参与观察,利用真实的法庭语言转写的语料,以微观话语的形

[①] 郑鲁晶:《法庭调解语言的研究现状与思考》,载《凯里学院学报》2010 年第 5 期。

式,总结了法官在调解过程中话语运用的策略和特点,并指出了使用这种话语策略的支配性的力量,从语言的角度为我国法庭调解不中立的论断提供了新的证据支持。

第三,为法学背景的研究者运用交叉学科的理论和方法研究法律问题提供研究思路。"与现实相比,任何理论学术都会黯然失色,都不过是一种解说,而且永远不会是最后的解说。"①因此,关注现实问题,借鉴域外经验,开展交叉研究,多些实证分析,少些理论阐述,应该是我国法学研究最佳也是最终的出路。本书属于非语言学专业的人员尝试通过法律与语言研究的视角来对法律制度进行的实证研究,即通过大量实证的法律语言和法律话语分析,揭示当前司法调解制度存在的问题,并提出相应的改革建议,试图为司法调解制度的不断完善做出贡献,而且必然对具有法学背景的学者大胆利用法学以外的理论知识和方法来研究法律问题起到抛砖引玉的作用。

1.3 研究方法

本书以法律与语言研究作为主要方法,以从案件历史档案和参与庭审观察所获得的真实语言材料(语料)作为主要研究对象,以通过话语分析的视角来理解中国离婚案件司法调解的运作作为研究主线,借助宏观话语和微观话语这对范畴,结合对离婚案件历史档案的考察、参与式的庭审观察和对法官的访谈,围绕离婚案件

---

① 苏力:《法治及其本土资源》,中国政法大学出版社1996年版,第Ⅴ页。

来对司法调解这个民事诉讼程序中的话语进行历史和现实的考察和分析,从而充分展示我国离婚案件司法调解的具体运作过程及其效果。在此基础上,将目光投向我国现存的"调审合一"的司法调解制度和当下的法治实践,同时结合相关理论研究,对离婚案件司法调解制度进行分析并做出评价,以期取得法律制度可以吸收的研究成果,从而为相关制度的改革和完善做出贡献。

1.3.1 法律与语言研究

蒂尔斯玛曾说过:"没有多少职业像法律一样关涉语言。"[①]而法律是指"归根结底由社会物质生活条件所决定的,主要反映掌握国家政权的社会阶层的共同意志和根本利益,由国家制定或认可并由国家强制力保证实施的,通过规定权利、义务,设定权力、职责以维护社会秩序的一种特殊的行为规范"[②]。法律构成了包围我们日常生活和工作的一张"网"。在这张"网"内,我们组织和展开自己的生活和工作。例如,在日常生活中,我们的吃穿住行等事情实际上很多都是通过签订具有法律效力的协议来完成的。我们的日常工作,实际上也是在行使权利和履行义务的法律行为中进行的。"总之,法律对我们很重要,因为它无处不在,而且在某种程度上构成了现代生活的许多方面。"[③]同时,"毋庸置疑,法律是一种语言机构"[④]。现代法律的传播方式几乎完全借助于语言,通过条文式的

---

① 〔美〕约翰·吉本斯:《法律语言学导论》,程朝阳等译,法律出版社 2007 年版,第 1 页。

② 付子堂主编:《法理学初阶》,法律出版社 2009 年版,第 90 页。

③ 〔美〕约翰·吉本斯:《法律语言学导论》,程朝阳等译,法律出版社 2007 年版,第 1 页。

④ 同上书,第 2 页。

语言描述使法律内容具体化、一般化,从而作为社会调控的工具。①而且,法律本身是由(书面)语言构成的,它的酝酿、起草、通过、颁布以及施行,都是通过语言来完成的,那些用来构成法律的概念只有通过语言才能被人们所理解。不仅是自然人之间设立、变更、消灭彼此之间权利义务关系的法律行为要通过语言来完成,在国家机构中进行的法庭审判、警察调查和狱政管理的法律过程也是借助语言来进行的。早在18世纪,英国哲学家大卫·休谟就说过:"法与法律制度是一种纯粹的语言形式。法的世界肇始于语言,法律是通过词语订立和公布的。法律行为和法律规定也都涉及言辞思考和公开的辩论。法律语言与概论的运用,法律文本与事实相关的描述与诠释,立法者与司法者基于法律文书的相互沟通,法律语境的判断等等,都离不开语言的分析。"②因此,在我们的生活中不仅充斥着法律,而且也充斥着法律的语言,而这些法律的语言又总是存在问题。③ 这也决定了法学和语言学这两门学科之间不可能是风马牛不相及的,它们是可以相互借鉴和联系起来的。实际上,这两个学科在本质上是在做同样的事情:语言学是研究人类使用语言的规律,法学是研究规范人的社会行为的法的规律。人,从根本上说,是语言的;法律,从根本上来说,也是语言的。在这个意义上说,语言学和法学是在研究同样一种东西,做同样的事情。④

---

① 参见郑璐燕:《司法的现代性剧场:法官角色的定位》,载《今日中国论坛》2013年第21期。

② 冯占省:《语言与法律本体关系的多角度审视》,载杜金榜主编:《法律语言研究新进展》,对外经济贸易大学出版社2010年版。

③ 参见〔美〕约翰·吉本斯:《法律语言学导论》,程朝阳等译,法律出版社2007年版,第2页。

④ 参见廖美珍:《主编的话》,载〔美〕彼得·古德里奇:《法律话语》,赵洪芳、毛凤凡译,法律出版社2007年版。

法律与语言的研究源于对社会语言学和法社会学的共同关注。在20世纪70年代以前,社会语言学和法社会学作为两个既存的但并不发生关系的独立学科而存在。但是随着研究的深入,社会语言学和法社会学这两个既已存在的领域异军突起,为法律与语言的进一步共同研究提供了舞台。社会语言学作为语言学的一个分支,是在20世纪50—60年代作为对当时风靡一时的转换生成语法的反动而出现的。[①] 在20世纪60年代之前,语言结构理论一般都以语言学家想象中的理想的、形式完美的话语为其研究对象,而对日常人们实际说出或写出的话语中经常出现的各种变异现象及其产生的各种社会因素很少关注。社会语言学则正是在这些被结构语言学家轻视甚至忽略掉的领地开展自己的研究工作,试图将各种社会变量融入语言理论之中并有所作为。如社会语言学领域最杰出的学者威廉·拉波夫,通过论证纽约人中各种口语变体与阶级和社会背景的相关性,证明了人种、民族、性别、年龄和语境等社会因素也是语言及其使用的组成部分。[②] 在20世纪60年代,由于认识到"社会生活中交际的无处不在意味着每一门与社会有关的学科都将不得不同语言达成妥协",越来越多的社会学家和人类学家开始把语言作为研究主题之一,越来越多的语言学家也开始把更多的目光投向了社会语境中的语言,社会语言学研究获得了很大的成功。[③] 社会语言学把语言看作是一种社会现象,通过批判性地研究语言与社会语境之间的关系来探索语言的

[①] 参见杨永林:《社会语言学研究:功能·称谓·性别篇》,上海外语教育出版社2004年版,第1页。

[②] 参见〔美〕约翰·M.康利、威廉·M.欧巴尔:《法律、语言与权力》(第2版),程朝阳译,法律出版社2007年版,第13页。

[③] 参见同上书,第13—14页。

社会意义。社会语言学的大量研究表明,阶级、种族和性别差异会在话语中得到反映,如性别与社会地位上的差异与特定的句式、词语选择和说话方式之间联系紧密。但是,社会语言学家只是通过对社会语境的调查完成了一些相关资料的收集工作,并没有对他们的调查内容作进一步的分析,从而发现它们所可能具有的法律和社会意义。这正是法社会学研究所要完成的工作。

法社会学研究聚焦于法律与其社会语境之间的关系,试图揭示实践中法律是如何运作并起作用的:"法学和社会学都关注全部社会关系这一共同性,使得从社会学的角度研究法律有可能比其他方法——如纯粹以经济因素或有关人际关系的某种学科的角度研究法律——更普遍地富有成效。"① 同社会语言学一样,法社会学研究也是在 20 世纪 60 年代得到蓬勃发展的,来自不同学科、具有不同学术背景的学者开始对法律平等对待所有人的主张持怀疑态度,并将法律不能实践其理想作为重要的研究对象,纷纷运用各种社会学的研究方法试图对法律及法律实践与各种社会情境之间的关系作出自己的理解与解释。②

尽管社会语言学和法社会学研究都在各自的领域取得了巨大的成功,但是当它们分别孤立进行的时候,都无法解决各自的实质性问题。社会语言学研究对于"社会差异是如何在语言上得以体现的"有很多关注、记载、介绍,但是对于"将其有文献记载的变体

---

① 〔英〕罗杰·科特威尔:《法律社会学导论》,潘大松等译,华夏出版社 1989 年版,第 9 页。
② 参见〔美〕约翰·M. 康利、威廉·M. 欧巴尔:《法律、语言与权力》(第 2 版),程朝阳译,法律出版社 2007 年版,第 14—16 页。

情况同更广义的问题联系起来"的工作却经常疏于去完成。① 而法社会学研究对法律平等的外表之下所隐藏的实质上的种族、阶级和性别上的不平等进行了证明和揭示,但是,它对语言的作用没有给予充分的注意。法社会学者的根本目标是要证明"法律不能实践它的最大承诺,尤其是对所有公民平等对待的承诺",但是对于法律无法"实现其平等对待所有人的理想"这一问题(在语言上)是如何发生的,他们却不能给出合理的解释。②

不言而喻,克服这两个领域的不足的最好办法就是将两者联合起来。"社会语言学能够从法律与社会对谁在何时得到什么这一问题的关注中受益,而法律与社会也能够借助社会语言学加深对他们是如何获得它的这一问题的理解。"因为"这两个学科对阶级、种族、人种、和性别等方面的社会分化现象已经有共同的关注"③,同时,协商、调解和审判等法律实施的过程主要是通过语言来进行的,因此这种联合不但是可能的,而且也是对双方有利,研究前景广阔。"而目前,没有什么比去研究语言与正义、平等问题,

---

① 参见〔美〕约翰·M.康利、威廉·M.欧巴尔:《法律、语言与权力》(第2版),程朝阳译,法律出版社2007年版,第16页。在谈到社会语言学和法社会学研究"孤立领域的短处"时,作者指出:"许多社会语言学的研究已经不去询问语言变体是否真的是在社会生活中相因而生的,而只是表现出一种有趣的好奇心而已。有些人对继续去搜集、整理一个又一个关于社会变体的各种实例会产生什么结果提出疑问。"自从社会语言学的基本原理创立以来,在该领域之外有许多人(甚至在该领域之内也有些人)觉得一直以来我们是在对越来越少的东西了解越来越多。

② 例如,我们很早就知道拥有者总是会胜出,种族和性别会对法律的适用和结果产生重要影响。但是法社会学研究在揭示产生这些不平等的机制方面一直较少作为。拥有者到底为他们自己做了些什么或者对他人做些什么,以致他们在法律面前更有可能获得成功?在法律语境下,妇女和少数民族的人们是怎么了,以致他们的地位被看低、利益回报被打折?参见〔美〕约翰·M.康利、威廉·M.欧巴尔:《法律、语言与权力》(第2版),程朝阳译,法律出版社2007年版,第17页。

③ 〔美〕约翰·M.康利、威廉·M.欧巴尔:《法律、语言与权力》(第2版),程朝阳译,法律出版社2007年版,第17页。

通过法律语言(话语)分析揭示法律权力的运行轨迹及其各种非正义、不平等现实之间的关系更合乎逻辑,更有理由成为两大领域的交叉地。"①

伴随着两个领域的联合,即法律与语言研究的兴起,一个新兴的学科即法律语言学产生了。尽管法律与语言研究在20世纪60、70年代后就已经发展到相当的规模,但是法律语言学作为一门独立的学科的诞生则是以1993年8月国际法律语言学家协会的正式成立为标志的。②

法律语言学是英文"forensic linguistics"的中译词。"forensic"一词,源于拉丁词汇"forum",根据《牛津英语词典》的解释,其意思是"属于、用于或关于法庭的"。因此,"forensic linguistics"最直接的意思是"用于法律案件的语言专业知识"。现在大多数人都将这一术语用作"法律与语言"的同义词。例如,在为约翰·吉本斯的《法律语言学导论》一书撰写的序言中,著名语言学家彼得·特鲁吉尔将它定位在应用语言学的语境之内(应用语言学自身被定义为语言研究成果在解决现实世界问题中的应用)。在特鲁吉尔看来,法律语言学涉及"将语言学研究——社会语言学领域的研究,例如话语分析、方言研究、语言变异与语体学以及其他语言学核心领域——应用于与法律相关的不同社会问题"。③

吉本斯自己将法律语言学区分为广义和狭义两种。狭义的法

---

① 程朝阳:《法律权力运动的语言面相——〈法律、语言与权力〉导读》,载〔美〕约翰·M.康利、威廉·M.欧巴尔:《法律、语言与权力》(第2版),程朝阳译,法律出版社2007年版。
② 程朝阳:《一块崛起于语言学与法学之间的交叉地——〈法律语言学导论〉导读》,载〔美〕约翰·吉本斯:《法律语言学导论》,程朝阳等译,法律出版社2007年版。
③ 同上。

律语言学"仅指语言证据问题",广义的法律语言学则"用来泛指与语言和法律有关的各种问题"。① 在吉本斯看来,广义的法律语言学应当包括:(1)法律的语言,既包括法律文件中使用的书面语言,也包括在不同的法律场所口头使用的语言;(2)法律笔译与口译;(3)为减少因法律的语言而造成的不利而做出的努力;(4)由出庭专家提供的语言证据;(5)用于解决法律起草和法律解释问题的语言专业知识。②

法律语言学是交叉学科。③ 没有法律与语言的交叉,法学与语言学互不相干;没有法学与语言学的交叉,法律语言学就没有产生的条件。交叉是法律语言学发展的正常态势,交叉为法律语言学的产生提供了可能。法学与语言学的交叉是法律语言学研究的必经之路,法学与语言学的交叉,为法学的发展提供了无限的应用空间。④ 关于法律语言学的研究对象,学界观点不一。柯贤兵认为法律语言学的研究对象是特定的,即立法、司法、执法、法研究过程中所使用的语言和文本。⑤ 孙懿华将法律语言学的研究对象分为静

---

① 〔美〕约翰·吉本斯:《法律语言学导论》,程朝阳等译,法律出版社 2007 年版,第 14 页。

② 参见〔美〕约翰·M.康利、威廉·M.欧巴尔:《法律、语言与权力》(第 2 版),程朝阳译,法律出版社 2007 年版,第 218 页。

③ 参见赵艳平:《关于法律语言学学科归属的思考》,载《北京政法职业学院学报》2012 年第 2 期;李振宇:《中国法律语言学研究三十年回顾》,载《法律语言学说》2011 年第 2 期。另参见徐家力:《法律语言学刍议》,载《北京政法职业学院学报》2012 年第 2 期;杜金榜:《法律语言学》,上海外语教育出版社 2004 年版;刘红婴:《法律语言学》,北京大学出版社 2003 年版;陈炯:《法律语言学概论》,陕西人民教育出版社 1998 年版;刘国生:《法律语言学概念比较研究》,载《法律语言学说》2007 年创刊号;等等。

④ 参见李振宇:《中国法律语言学研究三十年回顾》,载《法律语言学说》2011 年第 2 期。

⑤ 参见柯贤兵:《当代中国法律语言学研究说略》,载《湖北科技学院学报》2014 年第 3 期。

态立法语言和实施法律过程的动态司法话语。① 吴伟平提出以口语、书面语、双语为研究对象。② 杜金榜认为法律语言学研究对象是法律语言,有本体和应用研究之分。③ 刘红婴将法律语言学的研究对象归纳为:(1)法律行为中的语词、语义、语序特点和规律;(2)法律行为中的语言肌体能力;(3)法律行为中语言的文化属性;(4)法律行为中语言的应用能力。④ 李诗芳与刘愫贞把语言与法律的交叉关系作为法律语言学的研究对象。⑤ 李振宇则主张法律语言学的研究对象是有法律意义的特殊语言现象。⑥

实际上,将法律语言学的研究对象界定为法律活动中的语言材料,简称为语料,则更为科学。首先,这一界定一目了然、浅显易懂,更容易为法律语言学专业以外的普通读者所接受。其次,作为一种学科研究所针对的客体,亦是越明确越好,越直观越好,以避免产生不必要的歧义和争论,也容易使研究直奔主题,带来事半功倍的效果。再次,由于"法律语言学本身即是语言学理论在司法中

---

① 参见孙懿华、周广然编著:《法律语言学》,中国政法大学出版社1997年版,第2页。
② 参见吴伟平:《语言与法律——司法领域的语言学研究》,上海外语教育出版社2002年版,第3页。
③ 参见杜金榜:《论法律语言学研究及其发展》,载《广东外语外贸大学学报》2003年第1期。
④ 参见刘红婴:《法律语言学》(第2版),北京大学出版社2007年版,第24—25页。
⑤ 参见李诗芳:《法律语言学研究综观》,载《学术交流》2009年第6期;刘愫贞:《论法律语言学的学科定位——语言与法律的关系》,载《上海市政法管理干部学院学报》2002年第5期。
⑥ 参见李振宇:《关于法律语言学理论的几个问题》,载《法律语言学说》2011年第2期。

的实践"①,因此,"法律语言学研究具有明显的司法实践性"②。最后,将研究对象直接界定为法律活动中的语言材料,也有助于理论与实践的结合。本书的研究正是针对司法调解中历史和现实的语料而展开的。

国内对法律与语言的研究起步于1982年③,三十多年来发展迅速,"就中国法律语言学三十年取得的研究成果看,共发表法律语言专业论文千余篇,出版著作五十余部,基本形成了中国法律语言学的蔚为大观"。④ 但是与国外法律语言学研究相比,在法律与语言研究的内容上,由于受学术传统的影响,国内的研究重视理论体系的构建,侧重于客观性描述说明,对法律与语言的应用研究还很薄弱,因而对司法实践的具体指导作用明显不足⑤,无法发挥理论研究对相关制度建设应有的作用。

本书通过法律与语言研究的视角,以离婚案件历史档案中的语料及当前离婚案件庭审和调解过程中的语料作为主要的研究对象,从宏观话语和微观话语两个层面对离婚案件司法调解中的话

---

① 叶宁、庞继贤:《语言学理论在司法中的实践——法律语言学导论:语言证据》,载《中国外语》2010年第6期。

② 冯占省:《法律语言学研究具有明显的司法实践性——解读 An Introduction to Forensic Linguistics: Language in Evidence》,载《大家》2010年第2期。冯占省在文中从该著作产生的背景、框架布局和研究资料三个方面证明了法律语言学研究具有明显的司法实践性。

③ 1982年宁致远、刘永章发表了《法律语言风格初探》一文,这是中国第一次讨论法律语言学基础理论问题,是严格意义上的法律语言学第一篇论文,也是在中国使用"法律语言"这一名称的开始。因此,李振宇等学者将该年看作国内法律与语言研究的开始。参见李振宇:《中国法律语言学研究三十年回顾》,载《法律语言学说》2011年第2期。

④ 同上。

⑤ 徐家力:《法律语言学诌议》,载《北京政法职业学院学报》2012年第2期。另参见李诗芳:《法律语言学研究综观》,载《学术交流》2009年第6期。

语进行纵向的、系统的和全面的考察和分析,继而对当前的离婚案件司法调解制度做出评价,以期取得法律制度可以吸收的研究成果,并充实现有的相关文献。

1.3.2 调解的宏观话语与微观话语

在对调解的话语进行深入探讨之前,有必要先厘清"话语"一词的内涵和外延。要定义"话语",则首先要对"话语"与"语言"这两个相关词语进行区分。在相关的论文和著作中,作者都使用了"语言"和(或)"话语"这两个词语,但在康利和欧巴尔之前,却没有人对他们的意思做出解释。在康利和欧巴尔看来,在某些方面,两者是近义词;但是在另外一些重要方面,它们却意义有别。语言包括声音、意义单位和语法结构,也包括它们发生的语境。在日常生活中,被看作是法律的那些事件主要是由语言组成的。详言之,法律就是语言,包括书面语和口语;语言是合同、法条、司法意见和其他法律文件的原料,也是在法庭、律师办公室和调解中心上演的日常戏剧的根本要素。① 因此,"语言"一词较为简单易懂,而"话语"一词的含义则较为复杂。"话语"有两种含义②,一种是语言学意义上的,而另一种是社会学意义上的。语言学意义上的含义常与"语言"重合,如"日常话语"和"法庭话语",而社会学意义上的含义如"心理分析话语"和"人权话语"。"在语言学意义上,话语是指连接在一起的口头或书面的片断,事实上指比一句话大的任何口头或

---

① 参见〔美〕约翰·M.康利、威廉·M.欧巴尔:《法律、语言与权力》(第 2 版),程朝阳译,法律出版社 2007 年版,第 8 页。

② 当然,这主要是一种理论上的划分,在我国,无论是在社会生活中,还是在法律的实践中,还鲜有人对话语进行这种区分。

书写单位。因此它包括交谈、布道、故事、问答序列等。话语分析研究这些片断或语篇是怎样组织在一起的和它们在沟通活动中是怎样被使用的。在法律的语境下,语言学意义上的话语是那种构成法庭证据、结束性辩论、律师——委托人面谈、当事人之间的争论和调解过程之类的谈话。"① 最早用话语来描述更加抽象的社会现象的学者是米歇尔·福柯,在他的著作中,它将"话语"定义为"发生于一个社会内部、围绕一个问题或一组问题进行的大范围的讨论"。② 如在其后来的两部著作中,有关性的话语和惩罚的话语就是其著作中的主题③。福柯所指的话语"不仅指谈话本身,而且包括某事被谈论的方式"④。人们谈论一件事情与他们思考这件事情密切相关,从逻辑上讲,他们如何思考这件事情,直接决定了他们谈论这件事情的方式,并决定着他们采取行动的方式。一种话语在一定时间内在社会上占据了主导地位,它就成为了主流话语;主流话语在一段时间内是主流,然后就会受另一种话语的挑战,甚至可能被其取代⑤。现在学界将更加抽象的福柯意义上的话语称为宏观话语,而将语言学意义上的话语称为微观话语。

语言与话语两个词之间的关系如此紧密,就连《辞海》和《现代汉语词典》都分别使用它们其中的一个意思来解释另外一个词。例如,话语,指运用中的语言,其构造单位相当于句子或大于句子

---

① 〔美〕约翰·M.康利、威廉·M.欧巴尔:《法律、语言与权力》(第2版),程朝阳译,法律出版社2007年版,第8页。
② 同上。
③ 这两部著作分别是《规训与惩罚》和《性史》。
④ 〔美〕约翰·M.康利、威廉·M.欧巴尔:《法律、语言与权力》(第2版),程朝阳译,法律出版社2007年版,第9页。
⑤ 同上书,第8页。

的言语作品。现代语言学中的篇章语言学和语篇分析等学科,主要研究从对话片断到完整的长篇小说的超句语言结构。① 语言,人类最重要的交际工具,它同思维有密切的联系,是人类形成和表达思想的手段,也是人类社会最基本的信息载体,人们借助语言保存和传递人类文明的成果。语言是人区别于其他动物的本质特征之一。共同的语言又常是民族的特征。语言就本身的机制来说,是社会约定俗成的音义结合的符号系统。语言是一种特殊的社会现象,它随着社会的产生而产生、发展而发展。语言没有阶级性,一视同仁地为社会各个成员服务,但社会各阶级、阶层或社会群体会影响到语言,而造成语言在使用上的不同特点或差异。② 语言,有两种含义:一是指人类所特有的用来表达意思、交流思想的工具,是一种特殊的社会现象,由语音、词汇和语法构成一定的系统。"语言"一般包括它的书面形式,但在与"文字"并举时只指口语。二是指话语。③ 话语:言语;说的话。④ 鉴于语言与话语之间的紧密联系及人们日常的使用习惯,本书对于语言和语言学意义上的话语不作区分。

按照索绪尔的观点,话语是言语活动的一部分,是言语活动中由物质表现的那个部分,即话语是一种语言实践。话语由两个相互依存的部分组成,一个部分是话语内容,另一个部分是形式。从结构的角度看,话语是指构成一个相当完整的单位的语段。一般

---

① 参见夏征农主编:《辞海》(1999年版缩印本),上海辞书出版社2000年版,第479页。
② 参见同上书,第480页。
③ 参见中国社会科学院语言研究所词典编辑室编:《现代汉语词典》,商务印书馆2005年版,第1665页。
④ 参见同上书,第590页。

认为,话语是大于句子的单位,但这样的理解不是很精确,因为话语的范围很广,可以是词、短语、小句,也可以是一次对话、一场演讲等。从功能方面看,话语是指使用中的语言,是指为特定的社会目的或机构目的而使用语言过程中的一个相对具体的单位。威多森(Widdowson)认为,话语是用于交际以完成社会行为的语言形式,这里威多森强调的是话语的交际功能。关于话语的定义繁多,但归纳起来大致包括三个方面:(1)话语是超句单位,包括句子层面上的任何东西;(2)话语是指交际过程中的语言使用;(3)话语包括范围较广的社会实践。① 本书所讨论的话语是指在实际的语言交际活动中,几个相互关联的语段所构成的一段话,包括书面语和口语。本书所使用的语料是真实的法庭口语及当事人在诉辩状和法官在法律文书中使用的书面语。

法律话语可以从宏观和微观两个不同的层面得到分析。宏观层面是指福柯意义上的关于一整套由权力关系构成的规则和实践的话语,微观层面则是指在法律语境下实际发生的日常话语的内容和结构方面。前者是社会学意义上的,后者是语言学意义上的。本书即是基于此两种话语展开研究。

调解的宏观话语

"大量的文献把调解看作是一种话语,其意思是说,它是一种谈论争端的方式。"② 康利和欧巴尔认为,此类文献重点研究协调式的调解与对抗式的判决,这两种话语长期以来为了争夺在纠纷解

---

① 参见吴月英:《法庭话语权力研究》,中国社会科学出版社2011年版,第43—44页。

② 〔美〕约翰·M. 康利、威廉·M. 欧巴尔:《法律、语言与权力》(第2版),程朝阳译,法律出版社2007年版,第60页。

决领域的主导地位而进行竞争。① 同时,由于主流话语最终会转化为社会行动,竞争的结果不仅是个理论问题,而且也必然成为实践问题,即"一种话语对另一种话语的支配地位不仅影响到争端解决的过程,而且也影响到谁输谁赢"②。

关于调解的宏观话语的现有文献主要来源于玛莎·艾伯逊·费曼的巅峰之作——《平等的幻想:离婚改革的现实与修辞》。③ 在该书中,费曼把近代离婚法的历史特征化为社会工作者及其他各式各样的疗伤者们作为"协助性职业",为了用疗伤话语④或协助性话语代替单一的法律话语而进行的一次胜利的斗争。"在20世纪60年代以前,离婚和监护案件开启了诸如权利、责任和过错之类的传统法律概念的新生命。"⑤夫妻中的任何一方想要获准离婚,都必须举证证明对方有通奸、遗弃、不尽抚养义务或虐待等行为作为法定理由。这种过错离婚制度⑥致使那些双方不想继续生活在一起的夫妻采取一些并不涉及任何一方根本性过错的策略来获得离婚许可,如他们常常采取的策略就是,由女方去起诉说自己无法忍受"精神折磨",男方则对女方的该主张不持反对意见。当事人之

---

① 与康利和欧巴尔所介绍的情况类似,在我国,也存在着调解和判决这两种话语争夺主流地位而进行的长期竞争,这从司法调解所经历的"U"型发展过程中能够一目了然。具体内容参见本书第6章6.2。
② 〔美〕约翰·M.康利、威廉·M.欧巴尔:《法律、语言与权力》(第2版),程朝阳译,法律出版社2007年版,第60页。
③ 参见同上书,第60—64页。
④ 有时也被译为"治疗性话语"。
⑤ 〔美〕约翰·M.康利、威廉·M.欧巴尔:《法律、语言与权力》(第2版),程朝阳译,法律出版社2007年版,第61页。
⑥ 在我国,虽然在根据地时期就已经开始了无过错离婚制度的试用,但是直到20世纪90年代,无论是在百姓的认知层面,还是在法官的实践操作层面,有过错方提出离婚而能获得批准,都还是一件很不容易的事情。

所以会采取这样的策略,是因为对过错的判定会影响到财产的分割。大多数人都认为,一个犯有通奸过错的丈夫,比那些只是犯有未被指明的精神折磨行为的丈夫更应该承担妻子离婚后的生活费。在儿童监护权的案件中,过错存在与否也是一个重要的裁决标准。法律规定,年幼儿童由母亲抚养和监护,只有证明妻子不是一个合格的母亲时,才可以裁决由丈夫获得监护权,以实现法官所追求的最大限度地保护儿童权益的目的。20世纪60年代以后,离婚法和监护法发生了根本性的变化。自由主义改革者们为了追求费曼所说的"平等理想",他们开始攻击现存的过错离婚制度,因为在他们看来,现存制度存在着一个歧视性的假设,那就是假定女方永远是家庭主妇,男方负责养家糊口,女方注定要依靠男方。在改革者的推动下,无过错离婚开始出现并被人们所接受。这也就意味着夫妻双方都可以要求离婚,而且无需去举证证明另一方有诸如通奸、遗弃等过错。"当无需追究过错责任的时候,古老的财产分割和监护权判给方针变得难以施行。"[1]"在当前的法律之下,判决离婚和监护案件的起点是费曼的平等幻想。"[2]法律规定男女平等,那也就意味着在法律的层面上,他们在照顾孩子的意愿和能力上平等,他们在谋生能力和婚后重建自己生活的能力上平等。实际上,在现实生活中,这只能是一种对平等的幻想:尽管妇女近年来赢得了更多的机会,但是与那些具有同等资格的男性相比,她们得到的机会仍然很少。与男人相比,女人更可能为了照顾年幼的子女而牺牲自己事业,为了减少离婚对子女的影响,她们更有可

---

[1] 〔美〕约翰·M.康利、威廉·M.欧巴尔:《法律、语言与权力》(第2版),程朝阳译,法律出版社2007年版,第61页。
[2] 同上。

能牺牲自己再婚的权利,离婚后妇女的生活变得更加贫困。① 现在有许多研究表明,至少从经济的角度来看,与所有这类"改革"开始之前相比,现在妇女和儿童的境况恶劣得多。费曼将造成这种局面的原因归咎于他们的自由主义先辈们,因为他们过分强调象征性平等而忽视了男女经济状况的不同。②

费曼的贡献是发现了协助性职业的作用:伴随着法律环境的变化,社会工作者向立法会、法庭和社会大众提供了一套与现有环境更加匹配的话语系统,对这一话语系统的采用又反作用于离婚程序,致使其也发生着变化。③ "新离婚程序的采用已经对离婚的社会现实产生了微妙的然而却是十分重要的影响。"④在费曼的著作中,社会工作者和其他协助性职业者⑤把离婚看作是一种病态现象,因而它需要通过以调解为目的的咨询来加以避免或克服。但

---

① 中国的情况也是如此,诸多研究妇女及其婚姻问题的学者对此有不少论述。分别参见马致远、张蓉:《透视弱势群体——中国离婚妇女的生活状况及其权益保障》,载《长安大学学报》2003年第3期;夏吟兰:《论离婚妇女权益的保障》,载《中国妇运》2004年第11期;夏吟兰:《对离婚率上升的社会成本分析》,载《甘肃社会科学》2008年第1期;徐静莉:《离婚妇女贫困化的制度探讨》,载《妇女研究论丛》2009年第3期;汪彬彬:《同心社区离异女性生存状况调查报告》,http://www.doc88.com/p-9913644190965.html,访问日期:2015年2月21日。

② 参见〔美〕约翰·M.康利、威廉·M.欧巴尔:《法律、语言与权力》(第2版),程朝阳译,法律出版社2007年版,第61—62页。美国学者魏兹曼的调查也发现:在离婚后一年中,男性的生活水平提高了42%,女性的生活水平降低了73%。她认为,法官根据男女平等原则错误地推断妇女在离婚后有能力和其前夫获得同样多的经济收入,其结果是剥夺了离婚妇女,特别是老年家庭主妇及有低龄子女的妇女在婚姻中应享有的经济利益。参见夏吟兰:《美国现代婚姻家庭制度》,中国政法大学出版社1999年版,第148页。

③ 这一变化表现为协调式的调解在离婚纠纷的处理中被越来越多地采用。

④ 〔美〕约翰·M.康利、威廉·M.欧巴尔:《法律、语言与权力》(第2版),程朝阳译,法律出版社2007年版,第62页。

⑤ 这是指美国社会中一批具有专业知识、为某个领域中需要帮助者提供专业服务的人士。此处专指具有心理学等专业知识、为离婚当事人提供专业帮助的人士。但

是当离婚成为不可避免的事情的时候,他们针对诸如孩子的最大利益等问题给律师或法官提供专家意见。伴随着无过错离婚的出现,协助性职业者不再把离婚看作是婚姻的病态性终结,而是把它当作家庭内部出现的一次危机,其结果并非彻底结束原夫妻间的关系,而是帮助该家庭建立起一种解体后的新型关系。在孩子监护权的问题上,也不是非此即彼的两难选择,而是试图继续保持父母仍然同时尽责的共同抚养关系。"对'人身监护'和'探视'等问题的谈论让位于一种关于'共同抚养'和'身体安置期'的修辞。"①

"关于离婚本身的这种协助性职业话语的变化是和关于离婚程序的一种新话语的发展同时进行的。"② 20世纪70年代初,伴随着无过错离婚时代的到来,离婚在法律层面上被简化成了一种纯粹的形式。这引发了社会工作者和治疗者们对那些对抗离婚模式以及代理离婚案件的律师们的广泛批评。他们认为,当离婚案件中的夫妇争夺孩子的监护权的时候,法律规定的对抗式办法不但不会起作用,相反还会起负作用。这时,法律所做的不过是在夫妇之间选择一个获胜方,其他的不在其考虑之内。然而,此时真正需要的是治疗者③的帮助,治疗者可以使父母认识到,他们这样争夺孩子的监护权只是为了满足他们自己的"深层心理需要",并不能实现孩子的最大利益,而他们应该以孩子的利益为最大价值追求。

---

① 〔美〕约翰·M.康利、威廉·M.欧巴尔:《法律、语言与权力》(第2版),程朝阳译,法律出版社2007年版,第62页。
② 同上书,第62—63页。
③ 一批为解决纠纷提供专业援助的人员,他们将纠纷看作是一种病态,认为解决方法取决于对有问题的人的"治疗"。参见〔美〕萨利·安格尔·梅丽:《诉讼的话语——生活在美国社会底层人的法律意识》,郭星华等译,北京大学出版社2007年版,第152页。

此外，对于在处理离婚案件过程中经常遇到的"情绪化离婚"问题，对抗式模式根本不会起作用，这时需要治疗师等协助性职业者的介入，而不是鼓吹不惜一切代价获得案件胜诉的那些律师们的技巧。①

"为了将他们的理论转化为社会现实，协助性职业为法院提供了一种对抗性诉讼的替代性程序——调解。"②在调解程序中，起主导作用的不再是法官和律师，而是在作为调解人的治疗师的主持和指导之下，夫妻双方通过协商来解决离婚争议。为了增强推荐使用调解程序作为解决离婚案件的首选方式的说服力，他们在其有关协助性职业的论著及文献中向人们描述了两种关于离婚的对立景象。一种景象是夫妻双方都聘请律师，为帮助他们打赢官司提供法律服务，最后的结果总会是一方获胜、一方失败。③ 在这个过程中，孩子则因为害怕失去父母任何一方和面对父母之间的争夺而深受伤害。这就是关于对抗性离婚的"恐怖故事"。另一种景象则是关于协议离婚的美好"童话"：在离婚过程中，夫妻双方不是分别向各自的律师寻求帮助，而是向同一个调解人寻求帮助，"调解人领着他们经历一个体贴的、合作的、非敌对的程序"。④ 通过调解人的调解，无论双方是和平分手还是重归于好，"家庭"仍然作为

---

① 参见〔美〕约翰·M.康利、威廉·M.欧巴尔：《法律、语言与权力》（第2版），程朝阳译，法律出版社2007年版，第63页。

② 同上。

③ 与调解不同，审判的结果必然是一方胜诉、一方败诉。当前在我国的离婚诉讼中，也存在着与此相类似的情况：越来越多的当事人为了打赢离婚官司，开始去花钱聘请律师或法律工作者，由于有专业人士的支持，他们往往更不愿意在争议的焦点上妥协，最终法院不得不做出判决。

④ 〔美〕约翰·M.康利、威廉·M.欧巴尔：《法律、语言与权力》（第2版），程朝阳译，法律出版社2007年版，第63页。

一个整体进入到离婚程序之中,在此之后,大家都感觉既节省了开支,心情也愉悦。

这种调解程序也受到了法官和律师们的青睐。处理离婚案件既费时费力,又令人心情纠结。尤其是在裁决监护权时,无论法官怎么做,夫妻双方中总会有一方痛苦地离开。① 这种新程序同样对许多离婚案律师具有吸引力,因为这样可以让人们觉得他们富有同情心,可以借此改变长期以来人们认为他们只是"向钱看"的职业形象。正因为如此,各种形式的调解开始在许多国家盛行,协助性话语也逐渐成为离婚案件的主流话语。不过,费曼认为,这种变化给妇女带来了灾难性的后果。因为协助性职业者感兴趣的是构建未来的关系,而对过去行为中的对错不感兴趣。他们假定男女双方都愿意并能够去分享他们所要为当事人建构的新关系,但问题是事实并非如此。一个人过往的行为方式很难改变,因此,费曼替妇女们争辩道:"为什么一个在婚姻期间疏怠为父职责的父亲突然应该享有同他的前妻一样的平等权利?为什么一个妇女应该被迫去和一个已经证明不是合格丈夫的男人继续维持一种关系?"②

协助性职业者注重引导双方对调解程序的参与,鼓励用合作取代对抗。他们尽量避免谈及过错和男女之间的权利及其争斗。在费曼看来,他们正是通过不去追究过错、假定夫妻双方都同等地适合参与家庭生活,而否定了妇女们过去在离婚诉讼中拥有的道德优势,从而自觉或不自觉地完成了在那些争斗中对男性的偏袒

---

① 正因为如此,法官不到万不得已,是不会对涉及子女监护权的案件做出判决的。
② 〔美〕约翰·M. 康利、威廉·M. 欧巴尔:《法律、语言与权力》(第 2 版),程朝阳译,法律出版社 2007 年版,第 64 页。

行为。同时,由于妇女一般在财务谈判方面较男性更显经验不足,她们往往更需要得到律师的帮助。把律师从这一程序中抽离的影响会是:即使明知这样做对自己不利,女人最后可能比男人更倾向于为达成协议而达成协议,因为由于性别差异导致的文化上和认知上的差异,一个女人"可能觉得不得不去维持她与对方的关系,即使这样做对自己不利"。① 分析到此,费曼总结道:"离婚的最新主流话语是关于中立性的话语。"②

迄今为止,学者明确阐述的有关调解的宏观话语主要有四种,即道德话语、法律话语、治疗性话语和实用主义话语。③

调解的微观话语

在现有文献中,有关调解的微观话语的论述主要是康利和欧巴尔对特里纳·格丽鲁和安吉拉·加西亚相关著作的引述。格丽鲁教授同时也是一位经验丰富的离婚案件调解人,康利和欧巴尔最先从她的著作中找寻具体的细节。他们发现,尽管格丽鲁的用词与费曼有所不同,但格丽鲁有关调解离婚及调解离婚对妇女权利影响的论述与费曼却极其相似。尤其是她一针见血地指出,对离婚案件强制进行调解,"对许多女性或一些男性来说可能是破坏性的,因为这种调解要求他们在不是他们自愿选择的环境下讲话,而且常常强加给他们一套关于他们应该怎样说话、怎样做决定,和

---

① 〔美〕约翰·M.康利、威廉·M.欧巴尔:《法律、语言与权力》(第2版),程朝阳译,法律出版社2007年版,第64页。

② 这是美国社会的情况,并不具有普世的代表性,各国都有不同的情况。例如在我国,当前离婚案件中的主流话语可能是贺欣和吴贵亨所说的实用主义话语。

③ 分别参见〔美〕萨利·安格尔·梅丽:《诉讼的话语——生活在美国社会底层人的法律意识》,郭星华等译,北京大学出版社2007年版,第153页;Xin He and Kwai Hang Ng, Pragmatic Discourse and Gender Inequality in China, *Law & Society Review* Vol. 47, No. 2, 2013, pp. 279—310.

他们应该是什么样子的刻板模式"。这样，调解离婚中的陈述相对于诉讼离婚中的陈述的优势在谈话的层面上得以体现出来。格丽鲁举了几个例子来介绍该程序是如何运作的。例如，按照调解规范，一个"好"女人是指愿意合作、理智、不希望去伤害其丈夫的女人，而判断一个"坏"女人的标准则是尖酸刻薄、报复心强和没有理由地生气。调解人通过对自己所听到的话做出反应来施行这些规范、标准：他们可能会批评一名妇女没有将她的孩子放在第一位，或者教导她不去谈论某一特定的话题①。虽然这些"惩罚"可能看起来无关紧要，但是，根据格丽鲁的经验，它们却特别有效。妇女们都会仔细地聆听并相应地改变自己的行为。格丽鲁发现，上述的"惩罚"并非随意的，这样做常常会产生直接剥夺妇女权利的结果。例如，调解人把当事人总是纠缠于过去的事情视为调解中的禁区，这样做常常使妇女在争论中丧失了其原有的道德优势。尽管调解人接受过要让当事人发泄的训练，但他们一般也不愿花费太多的时间去倾听妇女们的发泄。调解人看不起，更不准许妇女在调解中表达自己的愤怒。因为在他们看来，发泄及表达愤怒实际上是与调解所要达到的预期目标背道而驰，所以他们更支持当事人理性地解决争议。格丽鲁认为，调解人通过表达对发泄和愤怒的反感，可以压制那些把生气看作是理所当然的行为的妇女们的气焰。这样一来，这些妇女会认为，调解不会对自己有利，从而违心地与对方达成一份不公平的协议而将案件草草了结。格丽鲁例举的最后一个例子是调解人更愿意谈论相互依赖的关系，而避

---

① 这与我国的情况也极为相似。例如，调解法官常常会说，作为一个母亲，你首先考虑到的应该是孩子，而不应是你自己。当一方当事人试图去谈及可能会再次引起纷争的话题时，法官就会去制止并告诫该当事人不要总是在这个问题上纠缠。

免谈及个人的权利。大多数妇女对关系语言有天然的亲近感,在格丽鲁看来,让这样的女人去知晓自己可以拥有的权利,尤其是让她们自己去主张权利是比较困难的。对她们来说,这种权利如此脆弱,以至于调解人的一句委婉的"不同意"被证明都可能是致命的。①

通过上述例子,格丽鲁向我们阐明了调解的宏观话语的力量是如何在调解的微观语言学实践中得到实现或被抑制的。但对于格丽鲁所报怨的偏见是怎样侵入调解过程的,格丽鲁并没有给出典型的例证,倒是来自于安吉拉·加西亚的研究成为将偏见理解成一种语言过程的证据。加西亚注意到,调解人都接受过专门的培训,他们被告知应注意倾听。那就是当某一当事人在讲话的时候,他不仅要认真地听,而且还应该用行动或语言表明他在倾听并且听懂了当事人所说的话。尤其是他们还会不时地用诸如"我听到你刚才在说……"这样的总结性语言对当事人所说的话做出小结。加西亚将调解人的这种策略叫做"调解人替代法",即调解人是在代表或代替一方当事人进行陈述。她还注意到,调解人并非是一字一句地复述当事人的话语,而是会以一种微妙同时又是重要的方式改变、扩大或限缩当事人的陈述。在加西亚介绍的一次监护权纠纷调解中,前夫提出了一个表示愿意"做出一些妥协"的解决办法,而调解人在重述这一建议时,将其描述成前夫"愿意放弃",调解人的这种替代表达产生了使其所提出的意见难以拒绝的实际效果。有时候,调解人可能不是单单去重复或转述当事人的

---

① 参见〔美〕约翰·M. 康利、威廉·M. 欧巴尔:《法律、语言与权力》(第 2 版),程朝阳译,法律出版社 2007 年版,第 65—66 页。

立场，而是提出一个有利于一方当事人的新观点。在前述监护权纠纷调解中，当前妻做出"我拥有基地、家庭，而且我觉得星期四、星期五、星期六没有他们像往常一样呆在家里，我感觉难受。即使你没有去探视他们，他们也不在家。他们在学校，他们在路上……"的报怨时，调解人制止了前夫的争辩，但还是代替前夫连续做出争辩："那只是你个人的感觉而已"；"但那不是他的感觉。而且他也不是这样对待他的家庭基地的"；"他把家庭基地看作是非常可爱、非常完整、非常协调、非常有纪律的那种"。调解人策略性地对前夫立场进行扩充和精心阐述，必然影响调解过程中的权力平衡，这从前妻在调解人所说的上述三句话后，都顺从地说了三个"我知道"就是最好的证明。①

在加西亚作品中的另外一个有关财产纠纷的例子里，两个调解人走得更远了一些：在扩充与重述先前立场的同时，他们攻击被告讲话的逻辑性和可信性，并直接代替一方当事人进行谈判。被告认为自己的开支应得到原告的部分补偿："我给郡里交了钱去改造他的房产，用石料填充地基，还有其他一切，他（原告）应该补偿我一部分开支。"在原告没有做任何表示的情况下，调解人之一就迫不及待地攻击被告提议的可信性："在堵塞这个涵洞和事实上挽救了该房产使其免于毁坏这件事上，你花了钱，付出了劳动，但是你这样做，是为了自己的目的。"当被告试图进一步说明自己陈述的真实性时，另一调解人两次打断被告并告诉被告："你曾经去和郡里达成妥协，但不是和这些乡亲们。你去了郡里，你和他们达成

---

① 参见〔美〕约翰·M.康利、威廉·M.欧巴尔：《法律、语言与权力》（第2版），程朝阳译，法律出版社2007年版，第67—69页。

了妥协";"你那时觉得对你来说和郡里实现妥协是值得的,否则你也不会去"。当被告再次强调"这不仅仅是为自己考虑,我也是在保护我邻居的利益"时,该调解人甚至用嘲讽的口气评价被告所做的事情:"这是你无意中给你的邻居们做了件好事。"①

加西亚的研究被戴维·格雷特巴奇和罗伯特·丁沃对英国离婚调解人可能用以支持一方利益的策略进行研究时的观察所证实。他们运用谈话分析的方法,通过对调解过程中的话语进行分析,发现调解人所使用的一些语言技巧有利于表达和谈论一方当事人的利益,而对另一方当事人的立场给予最小化考虑。他们对调解批评者提出的"调解过程可能会被用来迫使弱势当事人接受一种结果,这一结果比在他们的案件通过传统的对抗性渠道加以解决的情况下他们所能够期望得到的要少"这一论断进行了经验性的论证。②

从以上介绍中我们不难看出,加西亚、格雷特巴奇和丁沃等研究者,通过揭示调解人是怎样利用种种语言策略暗暗地影响结果③,证明了"那种认为调解能够系统地让一方或另一方处于不利地位的论断似乎有一定的道理"。④ 实际上,"调解人的中立性有时更是一种理想而非现实"⑤,调解人能够也确实运用了各种语言策略去塑造调解过程和结果。

---

① 参见〔美〕约翰·M.康利、威廉·M.欧巴尔:《法律、语言与权力》(第 2 版),程朝阳译,法律出版社 2007 年版,第 70 页。
② 参见同上书,第 71—73 页。
③ 我国的情况与此相似。关于我国的法官是如何使用各种语言策略去影响案件结果的分析,请参见本书第 5 章。
④ 〔美〕约翰·M.康利、威廉·M.欧巴尔:《法律、语言与权力》(第 2 版),程朝阳译,法律出版社 2007 年版,第 74 页。
⑤ 同上。

对调解的宏观话语和微观话语这对范畴,国内鲜有人关注,也未见有人对此进行专门的研究和阐述。① 调解的宏观话语与微观话语,实际上就是宏观话语与微观话语在调解领域中的具体化和表现形式,同宏观话语与微观话语一样,它们可以成为我们对调解进行法律与语言研究的一个分析框架,为我们在语言层面上去考察、认识乃至批判分析调解模式和调解制度提供研究范式的支持。宏观话语不仅指谈话本身,而且也包括了某事被谈论的方式。从逻辑上来讲,人们谈论某个问题的方式与他们思考该问题的方式,乃至最终针对该问题采取的行动直接相关。因此,宏观话语构成了权力的核心,不同的宏观话语争夺社会主流地位的过程构成了权力关系。微观话语则是指在具体的审判和调解程序的互动过程中,那些发生于当事人及其代理人之间以及他们与法官之间的谈话。微观话语是法庭审判和调解程序得以展开的基础,只有透过微观话语,并通过细致的微观话语分析,才能揭示出某一法律程序中的宏观话语的权力运作情况。

1.3.3 资料来源

本书的研究资料来源于三个方面:一是笔者前期调阅的某市中级人民法院辖区三个基层法院的近500册离婚案件档案以及一个基层法院1965—1976年民事案件卷宗的裁判文书(含调解书)汇总。其中,20世纪70年代以前的档案非常珍贵,主要从辖区内的一个基层法院获得。对20世纪70年代以前的档案,笔者基本

---

① 除了康利和欧巴尔所著的《法律、语言与权力》一书之外,不但没有有关调解的宏观话语与微观话语的介绍或分析的文献,也找不到有关宏观话语与微观话语的相关文献。

上是进行穷尽式的收集,而对20世纪80年代以来的案件档案,笔者主要是在三个基层法院按年代和月份抽样进行调取。为了系统总结离婚案件的原因,笔者又专门查阅了某区人民法院保存的1973—1993年离婚案件裁判文书及1994年以来的相关离婚案件档案。二是笔者根据2012年以来参与观察①离婚案件庭审和调解过程录音录像资料转写的语料。笔者共收集到16件较为完整的离婚案件的录音录像资料,对其中内容较为丰富的7件进行了转写,本书使用的语料均来自于这些真实案件中的真实语料。但是,由于笔者所在的地区总体上属经济欠发达的边境地区,民众的文化知识水平不高,在法庭上的互动中,当事人使用了大量带有浓郁地方特色的方言,这在读者看来,可能会不知其所云。笔者也考虑到了这一点,但为了保留"原汁原味"的法庭互动内容和档案记载内容,笔者在语料转写时照实转写,在摘录档案内容时照实摘录,而对转写完的语料及档案实录原文中重要的可能会影响读者理解的方言内容以注释的形式进行解释。三是对相关法官进行的访谈。关于离婚案件本身及司法调解的有些判断性的认知内容主要来源于对相关法官进行的访谈。从2012年以来,笔者陆续访谈了40余位民事法官,主要是基层法院民事审判庭或基层法庭的法官。他们都工作在处理离婚案件的第一线,工作年限从3—32年不等。由于其中许多法官与笔者早就熟悉,因此,谈话内容能较好地反映主题。不过,这些访谈有些不是十分正式,而是笔者调研与法官进行交流时顺便进行的,但也正是这样,笔者才觉得真正地听

---

① 由于工作的原因,有部分案件笔者未能亲自参与旁听,于是便安排专人进行录音录像,然后对这部分音像资料进行事后的参与观察。

到了法官们对相关问题的真实看法。另外,笔者还访谈了中级人民法院的多名民事法官,特别对其中 5 名法官进行了深度访谈。这 5 人都在法院工作了 15 年以上,其中 3 人还在基层法院工作过多年。

1.4　本书的基本结构

本书共分为七章,除第一章导论外,还包括六章内容。第二章是介绍新中国离婚法的实践,作为全书的背景资料,主要是对离婚法的立法和司法实践进行了历史考察。第三章至第七章是本书的主体内容。第三章通过对离婚案件历史档案的民族志式的研究,揭示了在特定时期起特别作用的政治话语及其展现出来的权力关系和后果。第四章按照离婚案件形成的脉络,从争端开始,对离婚争端及其在法律系统的转化进行了描述,并分析了当事人在起诉状及答辩状中表现出来的规则导向型和关系型叙述方式,最后进入到离婚案件的实质处理阶段即法庭调解,并对法庭调解中的三种话语进行了实证式的研究和分析,从宏观话语的角度,揭示中国司法调解中主流话语的历史性特点以及当前实用主义话语已经成为当今司法调解的主导话语的现状。第五章从几个具体案件出发,对所转写的语料进行民族志式的研究,从微观话语的角度,分析、探讨了当今法官经常使用的四种语言策略,并探究它们与实用主义话语之间的一脉相承的关系。第六章在对当代话语的权力关系及其后果进行探讨的同时,对我国"调审合一"背景下的离婚案件司法调解制度进行了理论反思,并从话语实证和理论分析两个角度对当前的离婚案件司法调解制度进行了检讨。第七章对离婚案件司法调解的宏观话语的未来趋势进行了展望,同时对其他国家与离婚有关的调解制度进行了考察,并在获得相关启示的基础上提出了中国离婚案件司法调解"现代化转型"的基本思路。

本书为了呈现一个生动、真实的法庭审理和调解的实况,对于所摘录的语料,借鉴了《法律、语言与权力》一书中的转写惯例,即:

　　——　　表示话语被打断或者重新开始(开启新的话题);

　　黑体　　表示大声说话;

　　(3.5)　 表示沉默时间长短(秒);

　　楷体　　表示说话者用强调的语气;

　　(　)　　表示其中的话语听不太清楚;

　　{　}　　行为人的行为。

第 2 章　新中国①离婚法②的实践

在我国,婚姻家庭案件一直由法院民事审判庭③审理。一般来说,虽然各地各级法院的各民事审判庭管辖的案件范围各有不同,但是负责审理婚姻案件的民事庭还负责审理人格权、继承、劳动人事争议、不当得利、无因管理、侵权等传统民事案件,现在有的还负责审理涉及房地产和涉农的合同纠纷。④ 民事庭审理第一审民事

---

① 这里是指中国共产党领导下的政权范围,既包括中华人民共和国,也包括新中国成立前共产党领导下的革命根据地。

② 在我国并没有单独的离婚法,有关离婚的相关法律规定只是《婚姻法》的一章,但由于司法实践中适用《婚姻法》主要是在离婚案件中,故本书沿用了黄宗智先生和贺欣教授等学者的提法。分别参见黄宗智、巫若枝:《取证程序的改革:离婚法的合理与不合理实践》,载《政法论坛》2008 年第 1 期;黄宗智:《离婚法实践:当代中国法庭调解制度的起源、虚构和现实》,载黄宗智编:《中国乡村研究》(第 4 辑),社会科学文献出版社 2006 年版;贺欣:《离婚法实践的常规化——体制制约对司法行为的影响》,载《北大法律评论》(2008 年第 9 卷第 2 辑),北京大学出版社 2008 年版;徐碧纯:《法庭调解在离婚法实践中的变迁》,载《法制与社会》2013 年第 5 期(中);马姝:《自由抑或压迫:论离婚法与女性地位的变迁——基于女性主义视角》,载《学术交流》2012 年第 5 期;雷春红:《新中国六十周年离婚法学论争纪实与评述》,载《河北法学》2010 年第 3 期等。

③ 也包括基层法院的派出法庭。

④ 2005 年 12 月 31 日,时任最高人民法院民一庭副庭长(现最高人民法院审判委员会专职委员)杜万华做客中国普法网介绍最高人民法院民事审判第一庭审理案件的范围时提到,根据最高人民法院机关内设机构的规定,民事审判第一庭审理案件的范围主要包括以下几个方面:审判第一、二审有关婚姻家庭、劳动争议、不当得利、无因管理等传统民事案件;房地产案件(包括房屋买卖、房屋租赁、房屋预售、房屋按揭、开发合

案件时，由法官与陪审员共同组成合议庭，或者由法官组成合议庭，合议庭的人数要求必须是单数①，即 3、5、7、9、11 人等，但在司法实践中一般是 3 人。基层人民法院和它的派出法庭在审理简单的民事案件时，都适用简易程序，即由一名法官独任审理。② 一般来说，基层法院都愿意把婚姻案件视为简单的民事案件，以适用简易程序审理，笔者所在地的各基层法院民事案件的独任审判率达到了 83%③，而其中的婚姻家庭案件则稍高。④ 人民法院审理民事案件和审理刑事案件一样，都需要按照一定的程序、步骤进行，只不过在审理民事案件过程中，法官和当事人之间的距离不再那么远，法官所使用的语言除了一些必要的法言法语外，会使用一些日常生活用语，从而消除当事人对法院、法官的惧怕，拉近法官和当事人的距离，也间接地为下一步案件的调解奠定基础。

人民法院审理民事案件，包括婚姻案件，法庭庭审主要有四个阶段或环节：法庭调查、法庭辩论、法庭调解和宣判。⑤ 按照普通程

同案件、土地使用权出让、转让合同案件、建筑工程承包合同案件）、不动产相邻关系案件、邻地利用权案件以及其他不动产案件（包括山林、水利、草原、滩涂、铁路、机场、公路、桥梁、港口、堤坝等不动产引起的案件）；农村承包合同案件；自然人之间、自然人与法人、自然人与其他组织之间的合同、侵权案件；审理撤销相关仲裁的案件；审理适用特别程序的案件；办理相关的申请复议案件；审批高级人民法院相关案件延长审限的申请；指导人民法庭的工作。中国法院网：http://blog.chinacourt.org/wp-profile1.php?p=6147&author=1612? url=www.shunufang.com，访问日期：2012 年 11 月 5 日。

① 参见我国《民事诉讼法》第 40、142 条。
② 参见我国《民事诉讼法》第 142 条。
③ 笔者所在的中级人民法院共下辖六个基层人民法院，这个数字是各院的平均数。2012 年，六个基层法院中简易程序适用率最高为 87.83%，最低为 67.7%，平均适用率为 83.16%；2013 年，适用率最高的法院达到了 91.68%，最低为 63.83%，平均适用率为 83.38%。
④ 2012 年离婚案件简易程序适用率为 86.22%，2013 年为 85.76%。
⑤ 参见 Xin He and Kwai Hang Ng, Pragmatic Discourse and Gender Inequality in China, *Law & Society Review* Vol. 47, No. 2, 2013, pp. 279—310.

序审理的案件,需要严格按照四个阶段进行,而适用简易程序审理的案件,开庭程序则不受四个阶段顺序的限制。"尽管在大多数案件中,前三个环节各自独立,但它们有时会被整合。"[1]实际上,在法庭正式开始庭审之前还要经过一个法庭准备阶段,即开庭预备,因此,完整的庭审过程分为五个阶段。

开庭预备,主要是为了让当事人和其他诉讼参与人作好出庭准备。这个环节的工作,更多是在幕后进行的。就笔者所在法院的情况而言,本院受理的一审案件,由立案庭的送达人员负责将起诉状、答辩状、开庭传票等相关法律手续送达当事人。大多数案件的送达,会采用直接送达方式,而对于当事人下落不明的,会依法采用公告送达方式,其他送达方式的使用率则不高。二审上诉案件的传唤工作,则是由审判业务庭的人员来负责进行,他们更多是通过电话通知的形式传唤,对于以各种理由推拖不到庭的当事人,会按照当事人确认的送达地址邮寄送达开庭传票。如果案件涉及国家秘密、个人隐私,或者存在法律规定的情况,人民法院会不公开审理案件。而离婚案件、涉及商业秘密的案件,案件是否公开审理,则取决于当事人是否向法院提出了不公开审理申请。[2]对于符合公开审理条件的案件,人民法院在开庭前还要张贴公告,允许他人进行旁听。[3]开庭审理前,书记员会询问当事人及其他诉讼参与人是否到庭;对于没有到庭的当事人,由审判长查明当事人未到庭是否有正当理由,并根据不同情况依法作出决定。对于符合开庭

---

[1] 参见 Xin He and Kwai Hang Ng, Pragmatic Discourse and Gender Inequality in China, *Law & Society Review* Vol. 47, No. 2, 2013, pp. 279—310.
[2] 参见我国《民事诉讼法》第134条。
[3] 参见我国《民事诉讼法》第136条。

审理条件的案件,书记员宣布法庭纪律后,由审判长或独任审判员宣布正式开庭,并对当事人的自然情况、委托代理人的代理权限进行核对和审查,之后宣布案由、审判人员及书记员名单,告知当事人诉讼权利和义务,询问当事人是否提出回避申请。[①] 对于不明白什么是回避的,审判长或独任审判员会用通俗易懂的语言向当事人作以解释。对于当事人提出的回避申请,人民法院会针对申请回避对象的不同,由不同的组织和人员作出决定。

法庭调查是法庭审理的核心,此时案件才真正进入实质审理阶段,案件事实主要在此阶段查清。我国《民事诉讼法》对法庭调查的顺序进行了明确规定:(1)当事人陈述;(2)告知证人的权利义务,证人作证,宣读未到庭的证人证言;(3)出示书证、物证、视听资料和电子数据;(4)宣读鉴定意见;(5)宣读勘验笔录。[②] 当事人一般按照原告、被告、第三人的顺序依次进行陈述,根据当事人的陈述,法庭会对案件争议焦点进行归纳,并询问当事人是否有异议和补充。当事人表达意见后,法庭再次确认争议的焦点,开始由当事人举证、质证,后由法庭进行认证。举证、质证也是按照原告、被告、第三人的顺序进行,对于当事人提供的证据,有的法官会采取"一证一质"的形式,也有法官采取针对争议事项由当事人把所有证据提供后,再由对方进行质证的形式,这一切取决于案件的疑难程度和法官审理案件的习惯。在当事人举证、质证后,根据查明的事实,法庭需要对当事人无争议的、能够确认的事实予以确认。证人出庭作证的,会对证人的身份进行查询,并且告知证人的

---

① 参见我国《民事诉讼法》第137条。
② 参见我国《民事诉讼法》第138条。

权利、义务及作伪证应负的法律责任。证人不能参加案件的旁听,庭审过程中需要其出庭作证的,法庭会传唤其到庭,作证后告知其退出法庭,等候签字。对于证人未到庭的,查询证人未到庭的原因。如果证人无正当理由而未出庭作证,其证言不能单独作为认定案件事实的依据。① 对于当事人提供的有正当理由未到庭的证人证言,应当宣读。有两个以上证人的,应分别到庭陈述。证人证言之间有矛盾的,可以当庭对质;经法庭许可,当事人可以向证人发问。对于当事人提供的书证、物证和视听资料等证据,先由当事人辨认真伪,然后当庭宣读书证的内容或展示物证,录音、录像也要当庭播放。对于鉴定意见和勘验笔录,一般是先宣读,然后由当事人进行质证。当事人可以向鉴定人、勘验人发问。当事人对于鉴定意见有异议的或者人民法院认为鉴定人有必要出庭的,鉴定人应当出庭作证;经人民法院通知,鉴定人拒不出庭作证的,鉴定意见不得作为认定事实的根据。当事人可以申请人民法院通知有专门知识的人出庭,就鉴定人作出的鉴定意见或者专业问题提出意见。② 当事人在法庭上可以要求重新进行调查、鉴定或者勘验,是否准许,由人民法院决定。③ 人民法院是否准许,主要根据当事人提出的申请,是否符合法律规定的可以重新鉴定的条件以及对方当事人对该重新鉴定申请的态度。④ 由于法官才是庭审的指挥者和控制者,在审判实践中,法庭调查是按法官的指令进行的,当事人对证据的质疑及证人有关问题的发问均由法官控制。在法庭

---

① 参见最高人民法院《关于民事诉讼证据的若干规定》第69条。
② 参见我国《民事诉讼法》第78条、第79条。
③ 参见我国《民事诉讼法》第139条第2款。
④ 参见最高人民法院《关于民事诉讼证据的若干规定》第27条。

调查阶段，法官还会依职权就与案件有关的事实询问当事人及证人。

法庭辩论是法庭组织当事人对法庭调查的事实、证据，提出各自的看法，陈述自己意见的过程。通过当事人的言词辩论，达到查明事实、分清是非的目的。法庭辩论和法庭调查一样也是按原告、被告、第三人的顺序进行，各方发言后，可以相互辩论。一方发言，另一方不得随意插话；在互相辩论时，一方当事人对另一方进行侮辱、谩骂、攻击的，或者当事人的辩论与案件无关以及叙述过多重复性语言的，审判长或独任审判员会及时制止和打断。如果通过辩论，当事人提出了与案件有关的新的事实、证据，或者审判长或独任审判员认为还有一些案件事实需要调查，审判长或独任审判员有权决定停止辩论，恢复法庭调查。

法庭辩论终结后，由审判长或独任审判员征询各方最后意见，即通常所说的最后陈述。实践中，当事人双方都是表达希望法院依法审理的意愿，这个过程一般都是一笔带过。

在当事人最后陈述完毕后，庭审进入调解阶段。值得一提的是，案件的调解工作不只是在这个阶段才进行，事实上，有些调解工作在开庭审理前就会进行。虽然法律规定只有离婚案件必须进行调解，其他案件是否调解取决于当事人的意愿，但是当前基于信访的压力，各级法院都把调解作为一项重点工作来抓，强调调解优先、调判结合，对法官也有一定的案件调解指标要求。所以说，法官对案件的调解已经贯穿于审判的各个阶段。在调解阶段，法官和当事人的互动性体现得非常明显。在有的案件中，虽然双方当事人都有调解的意向，但是当事人在到法院之前已经积怨很深，在调解过程中，双方当事人会各执一词，双方的矛盾可能又会激化，这时法官会及时地制止当事人,对当事人作出言语上的批评,并及时明理释法。在当事人争执不下时,承办法官也会针对当事人的调解意见提出折衷方案,或者采取"背靠背"的方式,分别作当事人的调解工作。有时当事人的亲属来参加旁听的,法官也会请他们参与调解,目的就是说服当事人接受其提出的调解方案。对于当庭调解的案件,法院会及时作出调解书,予以调解结案,当事人之间的纠纷就此了结。如果当事人一方不同意调解或一方当事人未到庭,只有委托代理人到庭,而委托代理人又没有调解权限的,法庭也会让同意调解的一方当事人将调解意见表达出来,并责成对方委托代理人将调解意见带给委托人,由其对调解意见予以考虑;如果庭审后双方当事人还有调解意愿的话,法官会再组织双方当事人进行调解。有的案件即使当事人均没有调解意愿,法官也会在法庭上做当事人的工作,庭后也会分别做当事人的调解工作,这时法官的角色相当于居民委员会主任。但是不论怎样,如果案件最终以调解结案,对于法官来说都是一件值得高兴的事情,一方面当事人双方都基本满意,避免了案件的上诉、上访,另一方面法官也不用花较长时间写冗长的判决书了。

对于调解未成的案件,则要进入评议宣判。对于适用普通程序审理的案件,合议庭讨论案件实行少数服从多数的原则;对于合议庭成员在评议案件中的不同意见,必须如实记入笔录。现在当庭宣判的案件很少,因为法官对于有调解可能的案件,判决前还需要多次做当事人的调解工作。判决宣告后,法官必须向当事人告知上诉权及上诉的有关事项。宣告离婚判决时,法官还应告知当事人在发生法律效力前不得另行结婚。① 对于整个法庭开庭审理的全过程,书记员应当记入笔录,庭审结束后,由当事人或其他诉讼参与人进行阅读;当事人对自己的陈述认为记录有差错或者需要补正的,有权申请补正。法庭笔录应当由审判人员、书记员以及当事人和其他诉讼参与人签名或盖章,当事人拒绝签名或盖章的,应由书记员将此情况记录在卷。②

2.1 离婚法的立法实践

当代中国离婚法的历史可以追溯到 20 世纪 30 年代初期。在中国共产党建立了自己的根据地后,伴随着根据地实行的社会民主改革,以 1931 年 3 月颁行的《闽西婚姻法》和 1931 年 7 月颁行的《鄂豫皖工农兵第二次代表大会婚姻问题决议案》为代表的法令拉开了根据地婚姻家庭制度改革的大幕。③ 随着全国性的工农政权的建立,1931 年 12 月 1 日,中国共产党领导下的中华苏维埃政权借鉴苏联 1926 年《婚姻与离婚、家庭与监护权法》,颁布了《中华苏维埃共和国婚姻条例》④,这成为了中国共产党政权下的第一部有关离婚的统一的法律。该《条例》引起社会强烈反应的是第 9 条"确定离婚自由,凡男女双方同意离婚的,即行离婚。男女一方坚

---

① 参见我国《民事诉讼法》第 148 条。
② 参见我国《民事诉讼法》第 147 条。
③ 参见杨大文:《婚姻家庭法》(第 5 版),中国人民大学出版社 2012 年版,第 32 页。
④ 参见黄宗智:《法史与立法:从中国的离婚法谈起》,http://www.aisixiang.com/data/31096.html?page=5,访问日期:2012 年 12 月 6 日。

决要求离婚的,亦即行离婚"的规定。① 这一规定与当时农村社会②的现状,尤其是农民的思想观念是极不相称的,同时这一规定对中国共产党领导下的人民军队的稳定也产生了影响。"对农民来说,婚事乃是一辈子一次性的大花费,不能像今日西方世界那样,有时候小夫妇一闹意见,动不动便可离婚。从农民的视角来说,因单方要求便准予离婚的规定是不符合农村生活实际的,也是违反大多数人的意愿。而从中国共产党的视角来看,农村人民对党的支持至为关键,在大革命失败之后,党的存亡可以说完全取决于为红军提供战士的农村人民。"③基于此,这条在今天看来仍属激进的规定是不可能得到严格执行的。不久,共产党的政策在这一点上就开始了松动。"首先是在1934年的《中华苏维埃共和国婚姻法》中上一条之后,立刻加上这样一条:红军战士之妻要求离婚,须得其夫同意(第10条)"④,以对军人的婚姻进行特别保护。在抗日战争时期,多个边区甚至规定,军人的配偶只有在军人一方下落不明满4年或5年才可以提出离婚请求。⑤ 有的边区还就保护军婚制定了单行办法,如1943年1月《陕甘宁边区抗属离婚处理办法》和1943年6月《山东省保护抗日军人婚姻暂行条例》等。⑥

---

① 这一由单方提出便可离婚的"无过错离婚"法律原则,在西方则是在20世纪60、70年代才建立起来的。参见黄宗智:《法史与立法:从中国的离婚法谈起》,http://www.aisixiang.com/data/31096.html?page=5,访问日期:2012年12月6日。
② 当时共产党领导下的革命根据地都在农村。
③ 黄宗智:《法史与立法:从中国的离婚法谈起》,http://www.aisixiang.com/data/31096.html?page=5,访问日期:2012年12月6日。
④ 同上。
⑤ 如晋察冀和晋冀鲁豫边区规定,军人的配偶只有在军人一方生死不明满4年才能提出离婚请求;陕甘宁边区规定,至少5年以上没有军人一方的音信才能提出离婚。参见同上。
⑥ 杨大文:《婚姻家庭法》(第5版),中国人民大学出版社2012年版,第33页。

同时,"这些边区的条例甚至放弃了江西苏维埃时期的表达,模仿国民党民法,规定了准予离婚的几种条件,包括重婚、通奸、虐待、不人道和不能治愈的疾病等,完全放弃了苏维埃时期基于双方任何一方的请求便可准予离婚的规定"①。实际上这是从制度层面上对《中华苏维埃共和国婚姻条例》中过于超前的有关离婚的规定进行了修正。从抗日战争时期到解放战争时期,中国共产党控制的各边区制定了许多地区性的以规范结婚和离婚为主要内容的婚姻关系条例②,这些条例"均对双方自愿离婚和一方要求离婚在程序上加以区别,前者依离婚登记程序办理,后者由县政府依法处理或依诉讼程序处理。不少条例中还列举了一方要求离婚的法定理由"③。在此背景下,为了解决激进的法律规定和社会现实之间的矛盾,司法实践中调解作为一剂缓解矛盾的"灵丹妙药"应运而生。当代中国法庭调解制度也就起源于此。④

1949年新中国成立后,不但延续了原来边区保护军人婚姻的

---

① 黄宗智:《法史与立法:从中国的离婚法谈起》,http://www.aisixiang.com/data/31096.html?page=5,访问日期:2012年12月6日。
② 如1939年的《陕甘宁边区婚姻条例》、1941年的《晋西北婚姻暂行条例》、1942年的《晋冀鲁豫边区婚姻暂行条例》、1943年的《晋察冀边区婚姻条例》、1945年的《山东省婚姻暂行条例》、1946年修订的《陕甘宁边区婚姻条例》和1949年的《修正山东省婚姻暂行条例》等。
③ 杨大文:《婚姻家庭法》(第5版),中国人民大学出版社2012年版,第33页。
④ 黄宗智教授指出,离婚法实践是"毛主义法庭调解"制度传统的核心,对今日的制度影响深远。这种实践产生于独特的历史条件:在中国共产党早期的激进允诺(一经请求就准予离婚)和农民反对的现实之间寻找一条中间道路的必要,以及农民的惯习与共产党治理的融合。参见黄宗智:《离婚法实践:当代中国法庭调解制度的起源、虚构和现实》,载黄宗智编:《中国乡村研究》(第4辑),社会科学文献出版社2006年版。

特别规定①,而且还在新中国首部法律——1950年《中华人民共和国婚姻法》中,对"离婚自由"这个问题做出了"让步":男女双方自愿离婚的,准予离婚;男女一方坚持要求离婚的,经区人民政府和司法机关调解无效时,亦准予离婚。② 这就意味着行政机关调解和法院调解成为离婚案件当事人单方申请离婚的一个必经程序,即任何单方提出离婚的请求都必须首先经过"调解和好"这个程序才有可能获得批准。之所以采取这样的政策规定和实践策略,其"背后的思路十分明显:在农村人民广泛反对草率离婚的现实之下,党的决策是尽一切可能减少党的婚姻法律与农民大众之间的矛盾,选择的手段是一起一起案件地来处理所有有争执的离婚请求,试图尽量缓和矛盾。正是在那样的历史情境之下形成了当代中国比较独特的法庭调解制度"③。也正是在这样的法律和社会背景下,实践中高压式的不分情况、不计成本的"调解和好"成了常态。"强制和高压无处不在,但从不单独行动。存在着大量的强调道德——意识形态的'批评'和'教育'。"④在制度的实际运作中,形成

---

① 即使是在20世纪50年代初期打击一夫多妻、婢女、童养媳、父母包办和买卖婚姻五种"封建婚姻"的婚姻法运动中,对于涉及军人的妻子是童养媳以及属父母包办或买卖婚姻的,仍然坚持了原来保护军人婚姻的规定。
② 这是1950年《婚姻法》第17条第1款的规定,在第2款中对此问题进一步规定:男女双方自愿离婚的,双方应向区人民政府登记,领取离婚证;区人民政府查明确系双方自愿并对子女和财产问题确有适当处理时,应即发给离婚证。男女一方坚决要求离婚的,得由区人民政府进行调解;如调解无效时,应即转报县或市人民法院处理;区人民政府并不得阻止或妨碍男女任何一方向县或市人民法院申诉。县或市人民法院对离婚案件,也应首先进行调解;如调解无效时,即行判决。
③ 黄宗智:《法史与立法:从中国的离婚法谈起》,http://www.aisixiang.com/data/31096.html?page=5,访问日期:2012年12月6日。
④ 黄宗智:《离婚法实践:当代中国法庭调解制度的起源、虚构和现实》,载黄宗智编:《中国乡村研究》(第4辑),社会科学文献出版社2006年版。

了不顾当事人意愿的无论如何不允许离婚的做法。① 法院在处理离婚案件时掌握偏严,这样做对于反对那种对婚姻关系采取轻率态度和喜新厌旧的资产阶级思想起到了积极的作用,但同时也带来了用法律来强行维护已经破裂的婚姻关系,使当事人长期痛苦,甚至矛盾激化,造成人命案件的后果。② 尤其是在1978年党的十一届三中全会后,改革的春风吹遍了神州大地,不但经济、社会正在发生着翻天覆地的变化,人们的思想观念乃至婚恋观也在发生着变化,原有的一些法律表达已经与社会现实不符。有鉴于这些,在总结30年实践经验的基础上,根据一些地方和部门的意见,1980年颁布的《婚姻法》对于男女一方要求离婚的程序和实体条件都做出了有别于1950年《婚姻法》的规定。首先,对于男女一方要求离婚的,在程序上规定可由有关部门进行调解或直接向人民法院起诉。其次,在实体上增加了有关离婚的法定理由——"感情确已破裂"的规定。③ 最后,"在离婚后子女的抚养教育、财产和生活等问题上,也根据新的情况进行了适当的修改"。④ 进入21世纪后,为了更好地调整和规范婚姻家庭关系,完善婚姻家庭制度,在总结以往经验的基础上,2001年4月28日,第九届全国人大常委会第二十一次会议通过了修改《婚姻法》的决定。修订的《婚姻法》

---

① 参见黄宗智:《法史与立法:从中国的离婚法谈起》,http://www.aisixiang.com/data/31096.html?page=5,访问日期:2012年12月6日。

② 参见武新宇:《关于〈中华人民共和国婚姻法(修改草案)〉的说明》,载《人民司法》1980年第10期。另参见衣仁翠:《新中国第一次离婚潮的法社会学分析》,载《桂林师范高等专科学校学报》2011年第2期;胡永恒:《陕甘宁边区的离婚法实践》,载《史学集刊》2011年第1期。

③ 我国1980年《婚姻法》第25条规定:男女一方要求离婚的,可由有关部门进行调解或直接向人民法院提出离婚诉讼。人民法院审理离婚案件,应当进行调解;如感情确已破裂,调解无效,应准予离婚。

④ 杨大文:《婚姻家庭法》(第5版),中国人民大学出版社2012年版,第36页。

重申了原《婚姻法》中的基本原则,增加了新的原则和补充了一些内容:增加禁止有配偶者与他人同居和禁止家庭暴力的规定;增加了夫妻应当相互忠诚、家庭成员应当相互帮助、维护家庭和睦、文明的倡导性规定;增设了无效婚姻制度;明确了夫妻共同财产和个人财产的范围,完善了夫妻约定财产制;增加了子女应当尊重父母再婚的自由等规定,从制度层面对老年人权益加大了保护力度;对法院判决离婚的条件进行了列举性规定,并确立了离婚补偿和过错赔偿原则。①

2.2 离婚法的司法实践

革命根据地时期及新中国成立后的离婚法司法实践是与立法实践一脉相承的。如前所述,20世纪30年代激进的"离婚自由"②原则的确立,与当时农村及农民的婚姻观念产生了激烈的碰撞,为了缓和这一冲突,中国共产党不但在立法政策上有所让步,还在实践中对激进的法律规定进行了"技术性"的淡化,即用调解来解决离婚纠纷。"由法庭(而不是由亲友)来调解基本是现代中国革命党在特定历史情境中所创建的制度。"③而且,以此为开端,为了调

---

① 参见夏吟兰:《婚姻家庭继承法》,中国政法大学出版社2012年版,第30—32页。

② 《中华苏维埃共和国婚姻法》第10条规定:确定离婚自由。男女一方坚决要求离婚的即可离婚。参见杨大文:《婚姻家庭法》(第5版),中国人民大学出版社2012年版,第133页。

③ 黄宗智:《法史与立法:从中国的离婚法谈起》,http://www.aisixiang.com/data/31096.html?page=5,访问日期:2012年12月6日。

解有争议的离婚纠纷,法庭"逐步形成了一整套的方法、程序以及作风:要求法官深入村庄社区,诚心访问群众(亲邻以及当地党组织),调查研究、了解当事人婚姻的背景以及现状,解剖其婚姻矛盾起源,然后积极参与并使用各种手段——包括政治教育,组织压力,物质刺激等——尽一切可能试图挽回当事双方的婚姻,要求做到调解和好绝大多数由单方提出离婚要求的婚姻"。① 调解有效地化解了大量的离婚纠纷,但是调解制度的过度使用,也"导致毛泽东时代的普遍过分强制性的调解和好制度"②。直到20世纪80年代改革开放后,"方才兴起对强制性调解的反思,之后逐步放弃,今天已经基本不再使用强制性的调解"③。

对于离婚案件的处理,法院一般有四种方式:调解和好、调解离婚和判决离婚、判决不准离婚。调解和好是法庭处理离婚案件的首选方式,也是法庭处理有争议的离婚案件时的追求目标。这种实践最早是为了应对新婚姻制度给社会带来的冲击,尤其是农民的反对。随着法庭实践的演进,这样的行动和方式成为了常规模式。如前所述,在20世纪80年代以前,其曾经被过度使用,由此也产生了一些社会问题。离婚案件引发的缠诉现象越来越多,甚至引发命案等恶性事件。据山西省50多个县的不完全统计,1949年1—10月发生妇女人命案464起,其中被直接迫害致死的占25%,因要求离婚不成而自杀的占40%,因受虐而自杀的占

---

① 黄宗智:《法史与立法:从中国的离婚法谈起》,http://www.aisixiang.com/data/31096.html?page=5,访问日期:2012年12月6日。
② 黄宗智:《中西法律如何融合?道德、权利与实用》,载《中外法学》2010年第5期。
③ 黄宗智、尤陈俊:《调解与中国法律的现代性》,载《中国法律》2009年第3期。

20%,其他家庭纠纷自杀的占15%。① 《榆林地区审判志》也曾记载过一起因屡次离婚未成导致丈夫勒死妻子的命案。这起命案发生后,高等法院对各地法院作出了"勿得片面劝说抑制,以免发生意外事件"的指示。② 实际上,"调解和好的做法隐含的乃是不允许离婚的判决性立场"。③ 从司法程序上来看,调解和好案件最终是以原告撤回起诉而结案的。调解离婚适用于男女双方对解除婚姻关系基本无争议的案件,一方起诉离婚,"对方一般都爽快地同意离婚,或至少不强烈反对。对这类情形,法院通常仅仅协助拟定一份双方都能接受的离婚条件方案"④。判决离婚是除了调解离婚之外的另一类以离婚为结局的案件。"这种类型的结局发生的情形通常是一方当事人并不是真想和好而是出于法律不认可的动机而提出反对——常常是为了迫使对方多作让步或仅仅是为了泄愤。"⑤ 第四种方式是判决不准离婚。俗话说:"宁拆十座庙,不毁一桩婚。"对于进入到法院的离婚案件,法院首先是做调解和好的工作;如不成功,则一般会建议当事人换个角度来考虑问题——考虑离婚以摆脱并不幸福的婚姻生活——调解离婚。但是,有时法院尽管为了调解和好或调解离婚,对当事人施加了强大的压力,当事人仍会坚持离婚或不离婚,"如此,法院会迫不得已而直接判决不

---

① 参见衣仁翠:《新中国第一次离婚潮的法社会学分析》,载《桂林师范高等专科学校学报》2011年第2期。
② 参见胡永恒:《陕甘宁边区的离婚法实践》,载《史学集刊》2011年第1期。
③ 黄宗智:《中国法庭调解的过去和现在》,载黄宗智、尤陈俊主编:《从诉讼档案出发》,法律出版社2009年版。
④ 黄宗智:《离婚法实践:当代中国法庭调解制度的起源、虚构和现实》,载黄宗智编:《中国乡村研究》(第4辑),社会科学文献出版社2006年版。
⑤ 同上。

准离婚。全国的统计数据显示，这种情况相对调解和好要少"①。在离婚法的司法实践中，一个显著特点就是改革开放后"判决不予离婚已经取代了改革前及改革初期调解和好的模式而成为处理具有严重争议的首次离婚请求的主要方式，而判决准予离婚成为处理再次请求的常规做法"②。

有关离婚法司法实践的另外一个问题就是关于离婚标准的问题。主导整个新中国时期关于判决离婚最重要的标准是"感情是否确已破裂"。③ 实际上，不只是新中国，早在根据地时期，共产党就形成了一种以感情为基础的构造。按照这种观念，夫妻感情是婚姻的最基本的要素，只有当这种基础根本不存在或被破坏而导致夫妻感情破裂时才应当离婚。离婚法的实践与这一观念紧密相联，即夫妻感情是结婚和离婚的决定性基础和标准。④ 这也就使得离婚判决书中经常出现两种经典的话语表达：当法院驳回离婚请求时，理由是"夫妻感情尚好还能修复"；当法院判决准予离婚时，理由是"夫妻感情破裂无法修复"。⑤ 感情标准起源于根据地时期，"从上世纪40年代起就在实践中广为运用"⑥，而在20世纪50年代，不但在法理上初步形成了以夫妻感情作为审核所有离婚案件

---

① 黄宗智：《离婚法实践：当代中国法庭调解制度的起源、虚构和现实》，载黄宗智编：《中国乡村研究》（第4辑），社会科学文献出版社2006年版。
② 贺欣：《离婚法实践的常规化——体制制约对司法行为的影响》，载《北大法律评论》（2008年第9卷第2辑），北京大学出版社2008年版。
③ 马忆南：《婚姻家庭法新论》，北京大学出版社2002年版，转引自同上。
④ 黄宗智：《离婚法实践：当代中国法庭调解制度的起源、虚构和现实》，载〔美〕黄宗智编：《中国乡村研究》（第4辑），社会科学文献出版社2006年版。
⑤ 同上。
⑥ 同上。

的标准,而且法庭已经相当普遍地使用夫妻感情标准及其话语。①尽管如此,1950年《婚姻法》并没有提及"感情破裂"一词,直到1980年这一概念才见诸法律规定②。这一通过长期司法实践而形成的逻辑——夫妻感情标准,有其历史合理性和必然性。黄宗智先生认为,把感情作为一切婚姻的基础,既可以用来打击封建婚姻,又可以用来反对资产阶级的轻率态度和喜新厌旧思想,而且感情是个比较抽象和模糊的概念,更容易让法院在处理离婚案件时,根据实际情况,按照需要、依据政策来处理每一起离婚案件,以尽量减少婚姻法与人民之间的可能冲突。事实上,感情范畴的灵活性既允许严格(以及过分严格)的执行,也允许松弛的执行。③ 但是,单纯一个感情标准并不能解决太多的问题,而配以必经的调解制度就会使感情标准如虎添翼,其灵活性和实效性就会彰显,实践中可以根据社会形势的发展变化而相应地从严或从宽掌握这一标准。回顾一下中国离婚法实践的历史,正是这样走过来的。20世纪30年代,随着妇女解放运动的兴起,无过错的离婚自由进入了实践层面,一方坚决要求离婚就可获得批准,尤其是"多妻、婢女、童养媳、父母包办和买卖婚姻",因为属于不讲感情的封建婚姻,便成为可以离婚的法定理由。但随着传统理念与社会现状两个方面阻力的影响,执政者开始放弃和改变原来的表达和实践逻辑,在司法方面,除用调解来逐一处理每一起离婚案件,还开始采取许多灵

---

① 参见黄宗智:《法史与立法:从中国的离婚法谈起》,http://www.aisixiang.com/data/31096.html? page=5,访问日期:2012年12月6日。
② 参见我国1980年《婚姻法》第25条第2款的规定。
③ 参见黄宗智:《法史与立法:从中国的离婚法谈起》,http://www.aisixiang.com/data/31096.html? page=5,访问日期:2012年12月6日。

活变通的手段①。这也就意味着离婚标准的掌握开始由宽变严,离婚由易变难。新中国成立后,基本延续了根据地时期的思维和实践逻辑,尤其是形成一个所谓的普遍共识,即"在社会主义中国,绝不应像西方资本主义社会那样轻率地对待婚姻,因此离婚应当也必须更加难以获得批准,尽管法律制度仍然强调结婚和离婚自由以及性别平等的原则"②。在这种理念和实践逻辑的指引下,"法院调解和好一直是离婚法实践中的主要做法"③,而且"如果离婚诉讼是由过错方提起,法庭一般会驳回"④。这一时期可以说是离婚比较难的时期之一。⑤ 改革开放以后,随着社会的变化,人们传统的婚姻观念及法院对于离婚的认识也发生了一些变化,伴随着"感情标准"入法,司法实践中对于感情标准掌握过严⑥的做法也逐渐放松,"20世纪80年代我国进入了第二次离婚高峰期,离婚被看成

---

① 如尽量避免作出离婚判决,并创设了"犹豫期"(或"考虑期")制度;在判决离婚的案件中,让女方赔偿男方一定的损失;在实践中允许民间采取一些虽不合法但能解决实际问题的手段。参见胡永恒:《陕甘宁边区的离婚法实践》,载《史学文集》2011年第1期。
② 黄宗智:《中国法庭调解的过去和现在》,载黄宗智、尤陈俊主编:《从诉讼档案出发》,法律出版社2009年版。
③ 贺欣:《离婚法实践的常规化——体制制约对司法行为的影响》,载《北大法律评论》(2008年第9卷第2辑),北京大学出版社2008年版。
④ 黄宗智:《中国法庭调解的过去和现在》,载黄宗智、尤陈俊主编:《从诉讼档案出发》,法律出版社2009年版。
⑤ 尽管在20世纪50年代出现了第一次离婚高潮,许多遭受封建婚姻制度摧残的妇女从不幸的婚姻家庭中摆脱了出来,但随着1956年前后新型婚姻家庭制度的基本确立,受极"左"思想的影响,传统婚姻制度中一些腐朽、落后的东西复活,很快"理由正当"成为法院判决离婚的标准,法律赋予人们的离婚自由权受到很大限制。参见雷春红:《新中国六十年离婚法学论争实与评述》,载《河北法学》2010年第3期。
⑥ 1980年《婚姻法》制定时,全国人大法制委员会副主任武新宇就认为:"多年来,法院在处理婚姻案件时掌握偏严。"参见黄宗智:《离婚法实践:当代中国法庭调解制度的起源、虚构和现实》,载黄宗智编:《中国乡村研究》(第4辑),社会科学文献出版社2006年版。

是一种重新选择的机会,而不是人生的重大挫折"①。但由于关于夫妻感情破裂并无具体的标准,导致实践中不可避免地出现了随意性。1989 年最高人民法院在总结审判经验的基础上,出台了认定夫妻感情确已破裂的"十四条意见",实际上是对夫妻感情破裂标准的具体化。② 人民法院在确定是否准予当事人离婚这个问题时,开始从较多感性走向了较多理性。因此,20 世纪 80 年代和 90 年代是一个离婚相对比较容易获得法院准许的时期。进入 21 世纪,尤其是近些年来,人民法院为了追求"两个效果"的统一③,开始更多地从实用主义④出发来运用感情标准⑤。对于一方坚持不同意离婚的离婚案件,法院通常采取以"感情尚未破裂"来驳回首次离婚申请而以"感情确已破裂"来批准再次的离婚申请。⑥

有关离婚法实践的最后一个问题是法院取证程序的变化。在审判方式改革以前,民事案件的调查取证主要是由法院的办案法官负责,当时有句话对这一取证程序进行了批判性的逼真描述:

---

① 雷春红:《新中国六十年离婚法学论争纪实与评述》,载《河北法学》2010 年第 3 期。

② 参见 1989 年 11 月 21 日法(民)发[1989]39 号最高人民法院《关于审理离婚案件如何认定夫妻感情确已破裂的若干具体意见》。

③ 即最高人民法院提出的法律效果和社会效果的统一。这一提法最早出现在 1999 年全国民事案件审判质量座谈会的会议纪要中,该会议纪要提出:"在审理新类型民事案件时,要注重探索,讲求社会效果。"

④ 关于这一点请参见 Xin He and Kwai Hang Ng, Pragmatic Discourse and Gender Inequality in China, *Law & Society Review* Vol. 47, No. 2, 2013, pp. 279—310.

⑤ 我国 2001 年修订的现行《婚姻法》第 32 条规定:"人民法院审理离婚案件,应当进行调解;如感情确已破裂,调解无效,应准予离婚。有下列情形之一的,调解无效,应准予离婚:(一)重婚或有配偶者与他人同居的;(二)实施家庭暴力或虐待、遗弃家庭成员的;(三)有赌博、吸毒等恶习屡教不改的;(四)因感情不和分居满两年的;(五)其他导致夫妻感情破裂的情形。"

⑥ 参见贺欣:《离婚法实践的常规化——体制制约对司法行为的影响》,载《北大法律评论》(2008 年第 9 卷第 2 辑),北京大学出版社 2008 年版。

"当事人动动嘴,法官跑断腿。"除了依当事人的要求,法院也会主动对可能证明案件事实的证据进行调查,特别是离婚案件,法院一般都会到当事人的住所地或其工作单位实地调查了解有关情况,听取当事人亲友、邻里、单位领导和同事的看法甚至是意见。所调查了解到的这些情况都会对法官处理离婚案件,尤其是认定当事人感情是否破裂,从而决定是否准予离婚起着决定性的作用。自20世纪90年代我国实行民事经济审判方式改革以后,法院开始逐渐把证明案件事实的责任更多地分配给当事人,法院主要负责对当事人因客观原因无法自行收集的档案等证据的调取。① 对于离婚案件,法院也逐步改变了实地调查的取证方式,转而由当事人针对自己所主张的事实提供证据,与其他(普通)民事案件一样,庭审中让离婚案件当事人举证和质证,最后由法庭来对当事人所举证据进行采信与否的认证,法庭根据所认证的证据来认定事实,从而适用法律作出裁决。这种当事人主义的取证程序在世纪之交时非常盛行②,法院普遍将"一步到庭率"和"当庭宣判率"作为考核法官业绩和能力的两项重要指标。这种超前的规定虽然符合民事审判未来的发展方向,但是其与中国当前的社会发展水平和普通百姓的法律素养是不相称的。因此,在不改变法律表达的前提下,人

---

① 参见 1991 年《民事诉讼法》第 64 条及最高人民法院《关于民事经济审判方式改革问题的若干规定》[法释(1998)14 号]的相关规定。

② 2002 年 4 月 1 日起正式施行的最高人民法院《关于民事证据的若干规定》就是贯彻当事人主义取证程序的产物。该《规定》不仅将人民法院依职权调取的证据严格限定在"涉及可能有损国家利益、社会公共利益或者他人合法权益的事实"和"涉及依职权追加当事人、中止诉讼、终结诉讼、回避等与实体争议无关的程序事项"(第 15 条),而且第 16、17 条将当事人可以申请人民法院调取的证据限定在三种:"(一)申请调查收集的证据属于国家有关部门保存并须人民法院依职权调取的档案材料;(二)涉及国家秘密、商业秘密、个人隐私的材料;(三)当事人及其诉讼代理人确因客观原因不能自行收集的其他材料。"

民法院通过不断扩大人民法院调取证据的范围和加大调取证据的力度来对当事人主义的取证程序进行修正。法院依职权调取证据又成为民事案件取证程序中的重要内容,无论是法院还是当事人也越来越看重法院的调查取证。但是,法院在审理离婚案件过程中,法官更愿意开展针对争议财产的调查,而对于婚姻关系之中影响感情的一些主张,如家庭暴力和婚外情等,法官将其视为"费力不讨好"而且很难查清的问题。当事人要求调查时,法官一般也不会去调查,而是选择将这些问题予以忽略①。

---

① 这一结论来源于笔者在某县法院的调查和访谈。笔者共随机调阅了近三年来136件离婚案件的卷宗,其中,有47件案件涉及一方家庭暴力、婚外情、酗酒、打麻将、不做家务等主张,11件案件中当事人有申请法院调查的意思表示,4件案件中当事人明确要求法院调查核实,但是从最后的判决书和调解书中来看,法院一律未进行调查。随后对3名民事法官的访谈也印证了笔者有关这种调查属"费力不讨好"的判断。

第 3 章　改革①开放前的宏观话语

3.1　离婚案件档案中展现的时代话语

萨利·安格尔·梅丽在听取了调解和法庭的 170 件案件的讨论并阅读了有关的记录之后，发现了三种话语在庭审和调解中构成了居支配地位的意义框架，它们分别是关于权利和法律、公平和道德以及治疗和帮助的话语，即法律话语、道德话语和治疗性话语。②

梅丽认为，"法律话语是一种关于财产、权利、对自我和私人物品的保护、产权归属、事实和真相的话语"，法律所规定的诸如合同和财产这类概念以及"非法侵入""蓄意破坏""违反合同""攻击""骚扰"等错误行为，是这种话语的核心。因此，它必然涉及书证、物证及证人证言等相关证据，最终通过采信证据并选择适用的法

---

①　1978 年 12 月 18 日至 22 日，中国共产党第十一届中央委员会第三次全体会议召开，作出了改革开放的重大决定，标志着中国进入了全面改革开放的历史新时期。本书中所说的改革开放前和改革开放后即以此时点来划分。

②　参见〔美〕萨利·安格尔·梅丽：《诉讼的话语——生活在美国社会底层人的法律意识》，郭星华等译，北京大学出版社 2007 年版，第 152—153 页。

律条文来解决问题。"法律话语在这里不是指特定的法律或法律条文,而是指对法律关系、法律程序、合同概念、财产,以及对以理性讨论和'确凿无疑'的证据为基础作出决定的过程的理解。"隐私权、财产权以及侵权等一系列概念构成了这种话语。"这些一般的法律范畴逐渐进入了(人们的)政治和宗教观念中",久而久之,融入人们的思想意识和行为观念之中。因此,当事人虽然对与案件有关的特定的法律条文和准则不够了解,但他们都有一种朴素的对公平正义的理解,这种理解源于财产权利、合同义务和个人权利等法律概念及范畴。[①] 当遭遇到个案时,当事人一般不会直接想到具体的法律规定,而是会凭着自己的直觉想到一般性的法律概念。

道德话语则是一种涉及邻里关系、家庭关系等人际关系间道德义务的话语。道德话语的语言是与各种社会关系的定义相联系的责任和义务,它依据人际关系所作出的道德判断来对事件作出解释;它是一种关于日常生活以及关于家庭和邻里生活的道德秩序的表述,解决问题依靠公平、合理和妥协三者之间的相互作用。道德话语的特征之一是关注名声和尊重,这也就意味着人们有时是"为荣誉而战"。总之,在梅丽看来,道德话语中既包括关于流言蜚语和名声的争执,也包括关于公平以及家庭和邻里角色应具有何种行为模式的纷争。[②]

治疗性话语是一种来自于专业援助人员的话语。伴随着20世纪20—30年代援助性职业的出现,将犯罪看作是环境因素的产物而不是天生之罪恶,以及将青少年犯罪看作是家庭环境所造成

---

① 参见〔美〕萨利·安格尔·梅丽:《诉讼的话语——生活在美国社会底层人的法律意识》,郭星华等译,北京大学出版社2007年版,第153—154页。
② 参见同上书,第155页。

的结果等一系列新观点"涌入"法院,治疗性话语开始进入法律领域。这种话语认为,诸如攻击性行为等错误行为是由社会造成的,而不是个人意愿的结果,它将行为归咎于环境而非个人的错误。攻击性行为并非源自于内在的罪恶,而是一种需要帮助的表现,因此,解决方法依赖于对有问题的人的"治疗"。人们运用治疗性话语,有时是为了使他们自己获得帮助,有时是试图使他人接受帮助。这种话语模式强调困难而不对行为对错作出判断,侧重对行为作出解释而不去责备当事人。虽然治疗性话语不对行为做是非判断,但其包含着一个认定对方的人格不完整的逻辑前提:既然人们对一个人的期望本来就不高,因而这样的人就不能称为一个成熟的成年人,他的行为也就不应该受到责备;他是一个患者,他是一个需要治疗的有问题的人。由于在治疗性话语中失范行为被看作是环境所造成的,因而是可以被理解和接受的,所以这种话语采取的是为攻击性行为进行辩解的形式,这样就使过错得以减轻。不过,同样的治疗性语言也可以被用于将对方归为某一类人而受谴责和诋毁。因而,治疗性话语中所包含的控制有别于法律话语,法律话语强调的是权利和证据。在美国,治疗性话语被广泛用于处理家庭问题、青少年问题以及酒精与毒品相关的问题。①

概括而言,法律的话语主要是关于权利和证据;道德的话语是关于人们应该怎样对待他人,关于人际关系、尊重和声誉;治疗性话语是关于治疗和矫正,关于环境和社会压力下的行为方式。②梅丽对三种话语的研究极具实践意义,她的研究基于美国社会邻里

---

① 参见〔美〕萨利·安格尔·梅丽:《诉讼的话语——生活在美国社会底层人的法律意识》,郭星华等译,北京大学出版社2007年版,第157—158页。
② 同上书,第19页。

关系和婚姻家庭关系现状,那么,中国的情况会有所不同吗?特别是中国的社会制度和经济社会发展水平与美国存在较大差异,在中国法院处理离婚案件的过程中,当事人及法官反复出现的讨论问题的话语和模式与美国有何不同?在不同历史时期的社会背景下,其主流话语是否会不同?首先,可以到离婚案件的档案中去找寻、发现答案。

对法庭这种机构中的话语进行研究,最好的方法是参与观察,但是由于历史事件的不可再现性,案件档案就成为研究者唯一的语料来源。康利和欧巴尔就曾说过:"当我们追寻过去的时候,书面的文本成了我们窥见法律话语的唯一窗口。"[1]本书对调取的475件离婚案件档案中涉及当事人的起诉内容和答辩内容以及法官询问及调解内容进行了研究,这是一种梅丽所说的"根据其直觉对这些资料进行筛选和组织,这是一种归纳性的、民族志的方法,而不是直接来自于对当事人的观察"[2]的方法。在这些档案中,最早可上溯至20世纪40年代末,均是中国共产党执政以来的案件档案。这部分档案中20世纪70年代以前的都非常珍贵,因为离婚案件一般都不属重大案件,其档案保存期限不属永久保存,因此大多数法院受档案存放空间所限,都将早期的离婚案件档案销毁了,这也是笔者只能找到为数不多的20世纪70年代以前的档案的原因。这些早期的档案内容很少,多数案件没有正式的起诉状;

---

[1] 〔美〕约翰·M.康利、威廉·M.欧巴尔:《法律、语言与权力》(第2版),程朝阳译,法律出版社2007年版,第155页。
[2] 〔美〕萨利·安格尔·梅丽:《诉讼的话语——生活在美国社会底层人的法律意识》,郭星华等译,北京大学出版社2007年版,第152页。

有的案件档案有询问当事人的笔录①,其中询问的内容就是离婚双方有关离婚的意见,其性质基本等同于起诉状和答辩状,只不过询问笔录的内容是由审判人员主导完成的,不像当事人或其委托代理人所写的起诉或答辩内容那样比较杂乱无章。有的案件也有类似于起诉状和答辩状的东西,虽然其名称可能是"离婚申请书""离婚意见书"或"事情经过"等,但是其内容都属于起诉与答辩的内容。从中可以发现,越是早期的案件,这种特点越是明显。为了弥补早期档案材料的不足,本书还调取了某基层法院保存的1965—1976年民事卷宗中被销毁后留下的裁判文书,主要是调解书,也有一部分判决书。在这些档案中,能够真实反映法庭对当事人离婚纠纷调解过程的并不多。因为调解工作都是在庭审前或庭审后进行的,即使是在庭上进行的,这一过程也未被完整地记录下来。如果调解达成协议,则一般是将达成的协议记录在卷;如果达不成协议,则直接由法官宣布"双方(一方当事人)不同意调解,法庭调解不再进行,现在宣布休庭,由双方当事人核对笔录"而结束法庭的调解工作。即使卷宗中有调解笔录,那也只是记载法庭工作的一个简单过程,而真正促使双方当事人达成协议的工作则是在没有记载的调解工作中完成的。如在1985年某区法院审理的王某英与孙某田离婚纠纷一案的卷宗中,有两份调解笔录。时间为1985年5月14日的笔录中,法官询问了双方当事人家庭的一些基本情况,如"(离婚)什么原因""什么时间结婚的""婚前怎么认识的""婚后感情怎样""都什么原因打仗""婚后几名子女""家中都有

---

① 当时可能是受"重刑轻民"思想的影响,现在民事案件中普遍使用的"询问笔录",在当时都使用了刑事案件中的叫法,统称为"讯问笔录"。

什么财产"及"能否再继续生活下去"等问题。在原告对法官询问的"你能否再继续生活下去"的问题回答"不行,就是死也不能和他再过了"之后,法官转而询问被告"被告你同不同意",被告表示"我坚决不同意"。法官宣布:"今天先谈到这里,由原告预交诉讼费立案处理。"由上述记载可知,这次调解实际上是一次立案前的调解,如果这次调解能够促使双方和好的话,法院可能就无需立案;而法庭如果能通过调解让双方当事人达成离婚的协议,法院可能也只是履行立案手续,同时将此次调解的笔录直接放入卷宗中,再给当事人出具一份民事调解书而结案。由于立案前的简单调解未起作用,因此案件就必须通过立案正式进入到诉讼程序中,由法官来继续做深入细致的工作,尽最大努力促使双方当事人达成调解协议,而法庭会将这次达成调解协议的调解笔录,或者通过庭下做双方当事人工作而使双方同意或接受法庭提出的调解方案时法院"做"的笔录入卷存档。就如本案中,有记载的立案后的调解笔录只有一份,即在立案后的1985年5月20日,也就是立案前进行调解的第六天,该笔录记载如下:

问:被告,原告提出离婚,你现在什么意见?

被告答:我不想离婚。如果她实在不和我过,我同意离。

问:原告,你对离婚是怎么考虑的,实在不能和好了吗?

原告答:说什么也得离,我不能和他过了。

问:子女抚养你什么意见?

原告答:小的我要,两个大的孩子,如果他要,我给抚养,他拿抚养费,我给养到18岁,再送回来。

问:被告,什么意见?

被告答：我同意。

原告：多有多拿，少有少拿。

被告：我每月拿10元，多有，我还多拿。

原告：我同意。

问：房子，你们什么意见，怎么分？被告，你什么意见？

被告答：三间房我要，外债550元，我还。

问：原告，什么意见？

原告答：我同意。

问：被告，抚养费你怎么付？

被告答：我每年一次寄去。

原告：我同意。

问：抚养费从今年6月1日开始给付，你们什么意见？

原被告均答：同意。

问：诉讼费40元你们（谁）承担？

被告：她自己拿吧。

原告：我可以自己拿。

  笔录最后是双方当事人的签名和捺印。从初次调解时被告提出"我不同意"，到表示"我不想离。如果她实在不和我过，我同意离"，虽然没有中间法官做了多少次工作的记载，但是通过被告无可奈何的表示，仍然可以知道，这中间一定是经过法官许多如"强扭的瓜不甜"等劝导之后，被告才能最终同意离婚。之后，从子女抚养到财产分割，直至诉讼费的承担，无论是哪一方最先提出的意见，对方都爽快地表示"我同意"。由此可见，在这份笔录形成以前，对于上述问题，双方已经形成了共识。这中间到底经过了多少次"讨价还价"？法官"背靠背"做了多少工作？虽然具体情况不得而知，但是有一点是明确的：这个形成共识的过程，绝不会是像笔录中记载得这么简单。这一点也可以从本案办案人员一个不经意的疏忽中得到了证实：本案调解笔录的制作时间为 5 月 20 日，调解书的落款时间也是 5 月 20 日，而案件承办人的拟稿时间和核稿人签发时间，则是 5 月 18 日。尽管利用历史档案无法复原或直接观察具体的调解过程，但以案件档案中双方当事人的书面陈述（如起诉状、答辩状）、法庭对当事人等的询问笔录以及法庭调解或庭审笔录中的记载内容为研究对象，通过对这些资料的考察来分析离婚案件话语的时代特征，也只能是当前唯一可行的研究路径。

3.1.1 改革开放前的主流话语

如前所述，道德话语是一种涉及邻里关系、家庭关系等人际关系道德义务的话语。道德话语强调家庭与社会关系中的责任和义务[1]，它依据人际关系作出的道德判断来对事件作出解释，因而它是一种关于日常生活以及关于家庭和邻里生活的道德秩序的表述。"道德话语是一种伦理化和情感化的语言，与其他语言相比，它更侧重于对人的行为以及人与人之间的关系进行道德伦理上的评判，主要适用道德劝诫和道德伦理表达，使用主体通常无需经过专业训练即可较为准确地进行使用，是一种平民化、非精英化的语言。"[2] 道德话语的表达方式是人文的、与生活相关的，多采用日常生活或者古代儒家思想进行情感表达，容易将听众带入到熟悉的

---

① 刘思达：《当代中国日常法律工作的意涵变迁(1979—2003)》，载《中国社会科学》2007 年第 2 期。

② 卢婷：《判决中的道德话语研究》，山东大学 2013 年法律硕士学位论文。

话语环境,亦更容易获得大众的理解以及内心的信服,这是强调逻辑严密性和词语准确性的法言法语无法做到的。当事人可能会无视法律的强制性规范①,但是很难无视道德要求带来的内心以及外界的影响。

至于何为政治话语,学术界众说纷纭。②虽然有一些论文涉及了此概念,但是作者都未对其进行明确的概念界定。③抽象地说,作为宏观话语的一种,政治话语同法律话语和道德话语一样,也是一种"谈论和诠释事件的不同方式"④,它"不仅指谈话本身,而且包括某事被谈论的方式"⑤,它与政治实践、政治活动有关,是一种关于执政者进行政治实践、相关群体过政治生活及公民参与政治活动的话语。具体来说,政治话语就是直接体现执政者思想,在政治实践过程中与政治活动有关的一种普遍的话语表达;政治话语以政治眼光看待问题,以"政治正确"为其核心价值和评判标准。不同的国家其政治话语肯定有别;同一个国家,在不同的历史时期,其政治话语亦明显不同。如在中国,改革开放以前的政治话语主

---

① 中国至今未能真正实现法律的权威,此种权威不是依靠强制力实现的,而是通过普遍大众对于法律的信仰而产生的。

② 参见侯菊英:《对法律概念同政治话语相分离的思考》,载《河南大学学报》(社会科学版)2012年第6期。

③ 参见张蓉、王逸飞:《论政治话语向法治话语转向的制度建构逻辑》,载《求索》2012年第10期;侯菊英:《对法律概念同政治话语相分离的思考》,载《河南大学学报》(社会科学版)2012年第6期;黄洁玉:《理智管好政治话语权——试以卢曼系统论理论分析法律与政治子系统》,载《法制与社会》2012年第19期(上);贺梦依:《政治话语的分析视角》,载《贵州师范大学学报》(社会科学版)2012年第4期;李旭东:《法律话语的概念及其意义》,载葛洪义主编:《法律方法与法律思维》(第5辑),法律出版社2008年版等。

④ 〔美〕萨利·安格尔·梅丽:《诉讼的话语——生活在美国社会底层人的法律意识》,郭星华等译,北京大学出版社2007年版,第149页。

⑤ 〔美〕约翰·M.康利、威廉·M.欧巴尔:《法律、语言与权力》(第2版),程朝阳译,法律出版社2007年版,第9页。

要以"以阶级斗争为纲""抓革命、促生产""封建残余思想""资产阶级生活方式"等为主,而在改革开放后,尤其是今日之中国则以"以经济建设为中心""科学发展观""以人为本""和谐社会""社会主义核心价值""中国梦"等为常用语。而且,政治话语具有易变性,即使是在同一个政党执政时期,不同时期的话语也可能完全不同,如改革开放以前"不讲矛盾不是马克思主义",到改革开放初期"发展才是硬道理",再到今天的"以人为本是科学发展的核心"。政治话语在短期内就可能发生颠覆性的变化,如从"造反有理"[①]到"致富光荣"的变化。[②]

在新中国成立初期至改革开放前,离婚案件当事人在诉辩过程中都愿意使用道德加政治的话语。离婚的申请人即原告,在介绍离婚的原因时,往往都愿意把自己描述成不幸婚姻的受害者,而将对方描述成道德品质不好、政治上不进步(落后)的"坏人",首先抢占道德高地,并借助"父母包办""买卖婚姻""童养媳""反革命分子""阶级敌人""划清政治界限"等当时离婚政策允许离婚的几大事由强化自己的主张。而被告在答辩或被询问时,则一般也会陈述自己如何对家庭负责任,对党的事业负责任,也会努力不使自己从道德高地上完全跌落下来,不使自己从政治上落后于当时的时代形势。相应地,官方也体现出了对这些道德和政治话语的亲近感。对于当事人提出的包办婚姻或要与对方划清政治界限等主张,法院一般都会在调查认为属实时,调解离婚,即使调解不成,法院也会判决准予离婚。道德话语和政治话语成为改革开放前法院

---

① "造反有理"暗含了"越穷越革命,最穷最光荣"的逻辑。
② 参见侯菊英:《对法律概念同政治话语相分离的思考》,载《河南大学学报》(社会科学版)2012年第6期。

离婚案件中的主流话语。

1972年由一名解放军战士所提交的"离婚申请"案件就非常典型,极具代表性。该离婚申请是由申请人写给某派出所,由派出所转交至人民法院的。在该申请中,申请人宋某某写道:根据国家法令、婚姻自由的原则,我坚决要求与高某某离婚。烦请贵所和有关单位给予办理离婚手续。离婚理由:(1)高道德败坏,一贯追求资产阶级生活方式;(2)违反国家法令,曾多次与王、毕乱搞两性关系;(3)态度恶劣,拒不老实交待,没有悔改之意;(4)与这样的人长期生活下去将影响我的政治进步和我在部队的工作,严重破坏了家庭团结,为了维护社会秩序,我强烈要求政法机关给予离婚,目的是为了甩掉包袱更好地为人民服务。面对这样一份道德及政治色彩都极为浓厚的离婚申请,其结果是可想而知的。很快,双方当事人就经法院调解达成协议。法院出具的民事调解书全文如下:"原告人宋某某,男,26岁,汉族,下中农出身,学生成分,八年文化,山东省乳山县人,系现役军人。被告人高某某,女,22岁,汉族,贫农出身,学生成分,六年文化,吉林省长白县人,现住八道沟公社不大远大队社员。上记当事人因离婚一案,经本院审理,现查明:当事人双方于1969年春,经孙某某介绍自由恋爱,1970年7月2日自愿登记结婚。婚后夫妻感情一般。宋某某同志1966年3月应征入伍,参加中国人民解放军。高某某在宋某某服役期间,先后与毕某某、王某某通奸多次。宋某某同志于1972年4月探家时,发现高某某的作风问题后,以女方道德败坏、丧失感情为由,提出离婚。故经本院调解达成协议如下:(1)宋某某与高某某自愿离婚。(2)高某某的衣服全部和被褥各一床归高某某所有,其他财产归宋某某所有。本调解书与判决书起同等效力。1972年12

月 15 日(××人民法院印)。"

在上述宋某某的离婚申请中,既有对高某某道德上的谴责,也有政治上的控诉,可谓道德话语和政治话语并用,使用"道德败坏""乱搞两性关系""态度恶劣""没有悔改之意"等话语对被告做出道德评价,而"一贯追求资产阶级生活方式""拒不老实交待""严重破坏家庭团结"等话语则对被告进行了政治定性。在此基础上,原告又以与被告这样的人长久生活下去将严重影响个人的政治进步及其在部队的工作,离婚的目的是"为了甩掉包袱更好地为人民服务",为其离婚的正当性和合理性添加了政治砝码。很快法院就将此案调解结案①,并在出具的调解书中对原告主张的被告在原告服役期间先后与两人多次通奸的事实予以确认②。这都说明原告这份充满着道德和政治话语的离婚申请契合了法院这一机构中的话语模式,引起了法院的共鸣,得到了法院的重视和认可。

语料 3.1

某某县人民法院民事判决书

1951 年度法民字第 28 号

原告王某某,女,19 岁,家务,现住二区半截沟村。

被告李某某,男,23 岁,现住一区白山村。

当事人因离婚一案,经本院审理终结判决如下:

主文

一、原告王某某与被告李某某离婚。

---

① 包括法院与原告两次的通信,从法院接到原告的申请到结案,前后一共不到 3 个月的时间,这在对案件审限根本不重视的时期,已经是非常快了。

② 这与当今法庭调解中的运作是不同的,当今的法庭调解中,不管当事人能否达成调解协议,法庭一般都会将当事人有关婚外情的主张有意予以忽略。

二、准予原告将新被褥一套、假袜一件带走。

事实及理由

原告说:1950年7月14日与被告结婚。未经过真正恋爱,而是父母参加意见说这样地方多么好,又经媒人介绍而成婚的。婚后双方经常发生纠纷并不断受婆母精神上刺激和谩骂,并限制我参加社会活动,家中丢了东西说我干的。因此丈夫听信其母之话,便对我发生不好之感,而引起感情破裂,并因其家庭落后,现提出坚决离婚。

被告说:结婚并非自由恋爱,而是媒人介绍。婚后女方对做活方面不好,不负责,并且我家丢了袜子、药材、皮鞋、鸡蛋、鲜肉等物,女方干的。因此女方不满而发生了意见,现提出离婚,我基本不同意。在结婚时给了女方东北币200万元让其买衣服、行李用,但是什么未买。我母便又给了女方被褥、假袜,现我不负责。

查原、被告结婚一年之久,双方感情尚不融洽。其家庭基本是封建家长制,婆母仍不断谩骂、虐待妇女,严重限制了原告参加社会活动。被告更迁就其母之落后思想,也不同意原告参加社会活动。尤其丢失物资诬为原告所为,因而双方关系日渐破裂。

根据以上情况业经本院调查了解及街坊四邻之证明,被告家中确系存有浓厚封建思想,限制妇女自由。经过原、被告之辩论无甚结果。本院为消灭封建家长制及坚决贯彻《中华人民共和国婚姻法》的执行和保护妇女之合法要求起见,故判决如主文。

对本判决如有不服,应于收受送达后20日内提出上诉状,上诉于辽东省人民法院。

语料 3.1 系 1951 年某县人民法院的一份民事判决书。该判决书中包含了较为完整的道德及政治话语的元素。首先,在原告的陈述内容中,既有受婆母谩骂及被诬偷拿家中物品这类有关人际关系中的道德评价的话语,也有包办婚姻、限制参加社会活动①及"家庭落后"等以"政治是否正确"为评判标准的政治话语。其次,被告在陈述中也对原告进行了道德评价,如婚后原告"做活方面不好",家中丢失物品是原告"干的",结婚时给女方钱买衣服等原告未买(意味着原告不诚实),实际上是以相应的道德话语来针对原告的主张进行了答辩。最后,法庭在判决书中也体现出对当事人道德话语及政治话语的重视和认可,也使用了相应的道德及政治话语,"双方感情尚不融洽""丢失物资诬为原告所为""谩骂虐待妇女""限制原告参加社会活动""迁就其母之落后思想"及"浓厚封建思想""限制妇女自由""封建家长制"等道德及政治话语形成了其做出判决所依据的事实和主要理由。可以说,该判决书中通篇都是以道德评价和政治判断来作为思考和谈论问题乃至采取行动——做出判决的主要方式,体现了法庭当时对道德及政治话语的认可和习惯性使用。② 虽然判决书中也提到了为"坚决贯彻《中华人民共和国婚姻法》的执行和保护妇女之合法要求",法律话语似乎有所呈现,但是从法院判决的理由来分析,被告家中封建思想严重、限制妇女革命自由是判决离婚的主要原因,法院判决离婚的

---

① 在当时,妇女参加社会活动亦属执政者进行政治实践的一个方面。
② 特别是"文革"期间的判决,法官依据的仅仅是抽象的政治主张和含糊的社会道德,而不是清晰、明确的法律。参见郭忠:《一份"文革"判决书的启示》,载《人民法院报》2013 年 3 月 22 日。

目的之一就是"消灭封建家长制"。因此,道德和政治仍然是法院判决考虑的主要因素,而法律尚未成为当事人乃至法庭思考、谈论和处理案件的主要依据,即法律话语并未能同道德和政治话语一样,成为当时离婚案件中的主流话语。

虽然并非所有当事人的主张和答辩内容都像前述解放军战士的离婚申请和法院的判决书那样典型地包含着道德和政治话语,但是从总体上来说,多数当事人的诉辩内容中都包含了道德和(或)政治话语的元素。同时,法院在其整个审判及调解的具体过程中,也都表现出了对这两种话语的重视和习惯性使用。以下是本书抽样的几份卷宗中的语料。①

语料 3.2

法院负责同志:今去信不为别事,关于陈家人这次胡作非为,我考虑这不是一般的问题,而是阶级斗争问题。这证明了陈家的阶级本性是不会改变的,"土地改革"时被斗,"文化大革命"时陈某某的爷爷上吊自杀,这些没有改造好的富农分子今天一次又一次跳出来为他们的阶级本性卖力。上次在马路沟陈某某不但不承认错误,还说我母亲得了精神病是个人碰的,全家把我们打了还不承认。根据陈家的所作所为,我在陈家不能过下去了,将来和小汤一样性命尽可难保。希望法院负责同志在工作的百忙中给办理离婚手续。

语料 3.3

上列当事人,因离婚一案,由原告人向本院提出申请。经

---

① 为了保证本书所引用的语料能有一定的代表性,笔者在某法院20世纪70年代前的档案中随机抽取了十分之一,又在这十分之一中选出这几份语料。

审理,现查明:原、被告于1968年11月经人介绍,双方自愿登记结婚。婚后因被告不务正业,经常不上班,吃吃喝喝挥霍浪费,被原告劝阻多次。但被告不仅不改正错误,反而借故打架,打骂原告人多次,为此,原告人提出坚决离婚,经原单位和公社多次调解无效,甚至被告人在调解期间,有班不上,曾多次私自外出流窜,长期不归。在审理中,虽经调解,但双方均无和好之诚意,原告坚持离婚,被告亦表示同意离婚,故双方达成如下协议……

语料3.4

上列当事人之间,因离婚一案,经本院审理,查明:原告人夏某某与被告人高某于1953年4月经刘某某介绍订婚,当年8月1日登记结婚。婚后感情一般。被告人高某于1958年被定为"右派"分子以后,不仅不服改造,反而更加顽抗,散布反动言论,多次恶毒攻击无产阶级司令部。为此,1968年7月28日定现行反革命罪,判处有期徒刑10年。原告人夏某某于1974年5月4日以被告人高某顽固不化,坚持反动立场,与反革命分子划清界限为由,向本院提出坚决离婚。据此,根据婚姻法精神,判决如下:一、准予原告人夏某与被告人高某离婚。……

语料3.2是当事人的一份离婚申请,语料3.3和3.4分别是法院的调解书和判决书。三份语料也都体现出了明显的道德和(或)政治话语唱主角的特点。这里既有对当事人性格、人品及行为的道德评价,如"胡作非为""吃吃喝喝挥霍浪费""不务正业""不承认(改正)错误""打骂原告人""有班不上""外出流窜"等,也有对当事人自身及其行为乃至问题的政治定性,如"富农分子""右派分子""反革命分子""跳出来为他们的阶级本性所卖力""不仅不服改造,反而更加顽抗,散布反动言论,多次恶毒攻击无产阶级司令部""顽固不化,坚持反动立场""不是一般的问题,而是阶级斗争问题""与反革命分子划清界限"等。这些道德和政治话语构成了当事人要求离婚及法庭调解和判决离婚的主要考虑因素。尽管囿于历史档案记载内容的有限性,我们无法直接观察到当时调解离婚案件时法官或其他调解人进行调解时所使用的具体话语,但是从大量的具有一定相似性的调解笔录中我们仍可以窥见其端倪。

语料 3.5

调解笔录

时间:1974 年 6 月 8 日。

地点:法院办公室。

主持调解人:王福祥(法官)、刘凤花、周桂英(陪审员)。

参加人员:双方当事人(原告杜某某和被告尹某某)。

调:(进行教育)看看女方先谈谈。

杜:已经二年啦,我早就考虑好了。

调:(进行和好的教育)。

杜:回头那天是没有,坚决离婚。

调:你有哪些要求也行。

杜:我也没有要求,我早就考虑好了,回头那天我是没有,我也绝不后恢(悔)。自己卡倒①自己爬。

调:你应当很好想想。(进行教育)

---

① 东北方言,指跌倒。

尹：你能走吗？我想一日夫妻百日恩，三年夫妻似海深。我见你过去我还回头看看你，你说没有感情吗？你到我家，我挣一个交给你一个。我有错误，我今后改。我没有对不起你的地方。

杜：都是你好，俺不好。

调：应当很好地想想。（进行教育）

尹：你走了，我是望你回来，要不我不离婚，等着你。你回去我也不嫌户（弃）你，我也不能看不起你，还和过去一样，你回去我不让你生二次气、打二次仗。

调：你看人家多诚恳。（进行教育）

杜：回去那天是没有，我也不要你的东西。

调：（进行和好教育）。

杜：不行，坚决不干。

尹：你回去给我看看门也行。

杜：我也不给你看那个狗门。

调：老尹在表示决心，你应考虑。

尹：这是法庭，我说话是算数的。

杜：我不管什么庭不庭的，我就是这样，回去那天是没有。

调：（进行教育）。

……

语料 3.6

调解笔录
姜某某、牛某某离婚一案

调解人：大队范（某某）、公社郑（某某）、县法院张传荣。

记录人：县法院金成范。

调:(进行教育)。双方做自我批评。

范:你们俩都多谈自己的问题,看谁先谈,小姜先谈怎么样?

姜:我先谈吧。我们结婚时间不长,俩口子的日子过的不好,大队干部给解决过好多次……

调:还有什么想法,心里话说一说。

姜:我说心里话,确实没有离婚的想法。过去我确实对她有外心,一弄就跑,对她再没有别的想法。

调:住家过日子方面,看看小姜还有什么不足的地方。(进行教育)

牛:结婚2年了,刚结婚挑水、刷碗我都干了,可是婆婆在外边说我什么也不干。我去看朝鲜族跳舞回来完(晚)了干了仗……

调:(进行教育)。

姜:我把思想话说出来吧……对于我过去的错误我决心坚决改。在这坐的有大队、公社、法院的领导,我决心脾气也得改。

调:(进行教育)。

姜:过去的事已经过去了。今后,为了好,你有什么想法就说什么吧。

牛:有时吵架我多说两句,他就打我……

调:你有哪些错误?

牛:有时起来完(晚)了,做饭做完(晚)了他就找事打我。

有时我脾气扭①。

调：（进行教育）。

牛：他天天骂我，有时不让我吃饭，把饼子也夺下来不让我吃。我也有一会儿半会儿不对的地方。

调：（进行教育）能不能回去重新过好日子？

牛：我已经听他的好话听够了……

调：（进行教育）好好教育姜某某，今后不打不骂，你好好过日子行不行？

牛：我信不着他。

调：（进行教育）好好想一想。

牛：我还是信不着小姜，也不知道怎么办好。

调：（进行教育）回去好好想一想。

牛：我也不知道怎么好，回去想一想再说吧。

  该两份语料只是本书从众多类似的调解笔录中随机选取的两份。从中可以发现，不断有法官或其他调解人做"教育"当事人工作的记载。"教育"意味着有权者对无权者、职位高者对职位低者、上级对下级、组织对个人、思想先进者对落后者进行的说服，这种说服具有一定的强制性，不管当事人愿意不愿意，同意不同意，"教育"都可进行，而且"教育"往往是有效果的，否则使用者就不会不厌其烦地反复使用。尤其在改革开放以前，"教育"成为党领导人民群众进行革命和建设事业的常规手段，因此，在法庭中，"教育"手段的使用也是理所当然的。由于在法律和法治尚未成为当时人

---

① 东北方言，指脾气倔。

们思考问题及采取措施的主导因素①,因此,那时"教育"的内容只能是道德说教和政治教导。尽管在笔录中只是简单地记为"(教育)"或"(进行教育)",但是可以推知在改革开放前,法庭在离婚调解中进行"教育"的主流话语无外乎道德话语和政治话语这两种话语。

政治话语与道德话语成为改革开放前离婚案件中的主导话语,既与传统有关,亦与当时的政治、经济及社会形势密切相关。之所以跟中国的社会传统相关,是因为中国历来都重视道德说教,而"具有情绪煽动力和伦理感染力的道德话语可以达到预期的说服目的"。② 因此,新中国成立以来,在处理离婚案件的过程中,那种涉及熟人之间人际关系的道德义务的道德话语一直是主导话语之一,无论是当事人在陈述自己的主张时,还是在反驳对方的主张时,他们都愿意以此来抢占道德的高地。因为这种话语的语言是与社会关系的定义相联系的责任和义务,因此这种话语对事件所做的解释都是依据人际关系作出的道德判断,它们在离婚案件的档案中随处可见:当事人会相互指责"他丧失了人性""他喝酒成性""他肆意造谣""他作风不好""他好吃懒做""他赌博成性""他不孝敬老人""他不照顾家"。而私底下,法官或其他调处案件的人也会使用诸如"是个怪人""疯子""家教良好""善良人""屡教不改"等词语来描述当事人。"这是一种关于日常生活以及关于家庭和邻里生活的道德秩序的表述,一种不需要特殊训练就可以进行彼此

---

① 新中国成立后,法制虽有一定的发展,但很快就陷入了法律虚无主义的境地。直到中国共产党十一届三中全会召开前,这一现象未产生根本的改变。参见张蓉、王逸飞:《论政治话语向法治话语转向的制度建构逻辑》,载《求索》2012年第10期。

② 吕晓彤:《判决书中的道德话语研究》,载陈金钊、谢晖主编:《法律方法》(第13卷),山东人民出版社2013年版。

心知肚明的交谈。"①道德话语的力量在于采用大众最能接受的伦理弥补人际关系的裂痕,而不在于这种弥补来源于当事人内心的真诚忏悔,还是迫于道德话语背后的舆论压力。② 这对于当时尚处于熟人社会③的中国广大地区而言当然会很有作用。基于中国古老的传统文化,道德话语一直以来都是离婚案件中的重要话语之一,尤其是在 20 世纪,无论是在法庭或其他调解机构中,还是在百姓的认知和评价中,无论是法庭在裁判离婚案件时,还是当事人在诉辩的争议过程中,道德话语都是在离婚案件中大家最愿意使用而且经常起作用的话语。

政治话语在离婚领域的出现并成为主流话语,则是与当时的政治、经济及社会形势相联系的。新中国成立后的很长一段时间内,国家和社会治理都以政策和群众运动为基础④,政策和群众运动是国家和社会的治理模式。而且,当时中国实行高度集中的计划经济体制,而计划经济的特征是行政命令主导,它内在地、本能地要求"人治",执政者的权力得以充分涉透至社会生产生活的各个方面。虽然经历了短暂的法制建设实践,但很快就归于法律虚无主义,"人治"得以大行其道。因此,国家和社会的治理主要依靠政策和个人权威。一旦政策和个人权威成为国家和社会的治理手段,政治也就渗透至整个国家和社会的方方面面。从政治的眼光

---

① 〔美〕萨利·安格尔·梅丽:《诉讼的话语——生活在美国社会底层人的法律意识》,郭星华等译,北京大学出版社 2007 年版,第 155 页。
② 参见吕晓彤:《判决书中的道德话语研究》,载陈金钊、谢晖主编:《法律方法》(第 13 卷),山东人民出版社 2013 年版。
③ 在"熟人社会",人们知根知底,群众的眼睛总是雪亮的。参见陆而启:《法官角色——从社会、组织和诉讼场域的审视》,法律出版社 2009 年版,第 7 页。
④ 参见张蓉、王逸飞:《论政治话语向法治话语转向的建构逻辑》,载《求索》2012 年第 10 期。

出发，以政治的标准对待问题，国家和社会生活的各个方面随之被政治化，离婚案件的处理亦不可避免地被政治化，即当事人之间的纠纷、解决方法乃至纯粹的纠纷发生都已具有政治意义。"不管调解者在解决具体纠纷时实际上是否阐明政治问题，也不管政治化可能多大程度地影响纠纷解决，政治化的目标和惯常性的影响十分显然。"①在这样的大背景下，"阶级成分""封建思想""资产阶级生活方式""划清政治界限""实行无产阶级专政"等话语，不但在当事人的书面材料中，而且在法院的文书中也比比皆是。作为一种从政治出发来谈论、思考问题乃至采取相应行动的方式，政治话语成为了离婚案件中的主流话语。同时，改革开放前的中国社会是"以阶级斗争为纲"的社会，社会矛盾被分为敌我矛盾和人民内部矛盾。处理敌我矛盾的方式是专政，而处理人民内部矛盾，如离婚纠纷，则以教育和动员为主。教育意味着对当事人进行政治教育和道德教育，动员也意味着发动所有可以利用的资源来共同向当事人施压，既包括政策攻心和道德说教，也包括组织压力和物质刺激②。因此，政治话语与道德话语成为了改革前离婚案件司法调解的主流话语。

3.1.2 特别起作用的政治话语

改革开放前，政治话语不但与道德话语一样成为了离婚案件中的主流话语，而且在特定历史时期，政治话语变得比道德话语更

---

① 陆思礼：《毛泽东与调解：共产主义中国的政治和纠纷解决》，许旭译，王笑红校，载强世功编：《调解、法制与现代性：中国调解制度研究》，中国法制出版社2005年版。

② 参见黄宗智：《法史与立法：从中国的离婚法谈起》，http://www.aisixiang.com/data/31096.html?page=5，访问日期：2012年12月6日。

有力量,成为了那个时期特别起作用的话语。

政治话语成为特别起作用的话语首先体现在法庭对当事人政治话语的重视上。

1977 年,在某区人民法院调解离婚的一件案件中,原告李某在给人民法院负责同志的两封信中就使用了大量在当时非常盛行的话语,如"我坚决同犯罪分子离婚""他的犯罪,我不同情,因为毛主席指出的大打钢铁之仗,罪犯代(带)来最严重的恶果,影响了大抓革命,猛促生产""我是贫农的女儿,怎么能不痛心。在马列毛泽东思想的普极(及)下,我要为社会主义做贡献""(婚姻使我)从思想和工作中有很大的压力,经过各个方面的多次反复考虑,不马上去掉这个负担,工作是干不好的,最影响我在继续革命的大道上前进""(男方)平常不学习,满脑子资产阶级坏东西""去掉六年的精神压力,所有的力量献到大干社会主义的大道上""我有劳动的双手,在(再)大的困难也能战胜""我在工作中,要靠近党组织,对处理任何事情,要有分析事物的能力。最主要是多学习马列理论,武装头脑,把永(有)限的生命投入到无限的为人民服务之中去。最后让在(再)一次感谢党对我的关怀,今天我又得到生命的(两个字辨认不清),让我放声高呼伟大的中国共产党万岁!毛主席万岁!万万岁!""此致。革命敬礼"等。卷宗中记载,该案原告的第一份离婚申请书的所署时间是 1975 年 7 月 3 日,因原告当时住在某县,受理案件的某市法院于 1976 年 6 月 18 日将案件移送该县法院,该县法院认为"原告虽在我县辖区,但婚姻构成和婚后生活均不在我县,并且被告住址不在我县,按规定由被告所在地法院处理的精神",又于同年 11 月 24 日将此案转回该市人民法院。该案从当事人申请离婚到案件调解结案持续了两年多的时间,但是从当事人提交给法院的两封信（落款时间分别是 1977 年 5 月 4 日和 6 月 6 日）到 7 月 28 日调解结案，则也就是两个多月时间，可以推断当事人充满了政治口号的两封信发挥了作用。

另外，从这一时期的离婚案件档案及留存的裁判文书汇总中可以看出，除非是双方当事人都同意离婚，否则法院判决离婚的比例是非常低的。而且，法院能够比较痛快地判决支持原告离婚请求的案件，往往都与被告犯罪或当事人提出了与当时的"政治"事由有关，这也足见政治话语的分量。笔者通过查阅某基层法院 1965—1976 年的 153 件案件档案，汇总制作了以下两份统计表：

表一　某法院 1965—1976 年离婚案件处理方式统计表

方式 件数	调解和好	调解离婚	判决不准离婚	判决离婚
153	59	73	14	7

表二　某法院 1965—1976 年 7 件判决离婚案件情况统计表

起诉 理由	封建包办婚姻	资产阶级生活方式	对方犯罪	封建专制虐待	不参与革命建设	与人民为敌	家庭出身不好①	与政治无关
涉及件数②	1	3	2	3	1	1	1	1

在上述 153 件案件中，有 132 件是通过调解解决的，即调解不离婚（或称为调解和好）和调解离婚，有 14 件判决不准离婚，只有 7 件判决离婚。在这 7 件判决离婚的案件中，原告主张的离婚理由

---

① 这是改革开放前一个特别被看重的反映某人阶级成份的概念，"地主""资产阶级""官僚""上中农"属于不好的出身，而"贫下中农""贫农""工人"则是好的出身。当时，家庭出身往往直接影响一个人的就业和政治前途。参见陆思礼：《毛泽东与调解：共产主义中国的政治和纠纷解决》，许旭译，王笑红校，载强世功编：《调解、法制与现代性：中国调解制度研究》，中国法制出版社 2005 年版。

② 由于在一件案件中当事人有时提出两个以上的相关起诉理由，故此处所计算的件数之和并不是 7 件。

分别包含着"封建包办婚姻""追求资本主义生活方式""好吃懒做不参加革命建设""与人民为敌""搞封建专制虐待家人"等在当时来说极为敏感的政治口号式的话语（词语）的案件就有6件，只有1件案件的起诉理由与当时的"政治"无关。由此可见，在这一时期，政治话语对离婚案件中的离婚与不离婚绝对是有效的话语。在这些判决离婚的案件中，有2件是一方当事人被判处了刑罚，占到了判决离婚案件的近三分之一。在特定的历史时期，阶级斗争是个"纲"，敌我矛盾被放大，一个人一旦被判刑，那也就意味着他站到"敌人"的阵营里，如果他的配偶要求与其离婚，脱离夫妻关系，划清政治上的界限，那应当是再正常不过的要求了。因此，一旦是要求"划清政治界限""轻装上阵干革命""摆脱不幸婚姻羁绊，更好地为党和人民工作"，话语的杀伤力就会变得格外大，也就会在法庭决定是否准予离婚时变得格外奏效。由此可见，那是一个政治至上的年代，只要是以政治的名义，一切都容易得到贯彻和执行。如在1979年的一个案件中，原告离婚申请的最后陈述写道："在无产阶级专政条件下，我们的法律是保护人民进行有秩序的生活和建设。我是一名工人，一心想着加强学习做好工作，为实现四个现代化能多做点贡献，但我这长期只存在于法律上，而不存在实际生活中，感情彻底破裂的夫妻关系，对我们学习和工作影响极大，为此我再次向法院申诉，请能给予处理，依法判决离婚为盼。"从中可以看出，该当事人在试图努力用以"政治至上"来作为思考和谈论问题的方式，即试图用政治话语来放大自己离婚申请的正当性：不批准其离婚请求就可能与无产阶级专政相抵触；不批准其离婚请求就可能影响其为实现四个现代化做贡献。反对无产阶级专政和破坏四个现代化的"帽子"在当时来说"很吓人"①。当然,通过这段陈述可以发现,在20世纪70年代末期,在当事人的层面上,法律话语也开始出现,他们已经有意或无意地把法律作为其思考和谈论问题的方式,"感情彻底破裂的夫妻关系"②"依法判决离婚"已经体现出了对法律话语的重视和试用。

从1968年开始至1972年③,有一个现象引人注目,在人民法院保存的卷宗中,裁判文书中的人民法院名称都变成了"中国人民解放军某省某县公安机关军事管制委员会",落款盖的也是军事管制委员会的印章,个别的也有加盖"某县革命委员会"印章的。相应地,当时的案件号也改为了(××年)军法民字第××号。而且,每一份文书的首页最上方都写有④或印有一句毛主席语录:"政策和策略是党的生命,各级领导同志务必充分注意,万万不可粗心大意。"或者是"最高指示":"谁是我们的敌人,谁是我们的朋友?这个问题是革命的首要问题。"除了这些变化之外,虽然文书的格式和内容都与以前加盖人民法院印章的文书没有什么明显的不同,但是我们不得不相信,在政治运动时期,政治话语无疑会成为社会中最有力量的话语,离婚亦不例外。

政治话语的特别有效还体现在另外一个方面,那就是作为政治组成部分的"群众"和"组织",在当事人离婚的问题上具有很大

---

① 当时大规模政治运动虽然已结束,但是其影响尚未消除,人们的思想观念还深受之前政治运动的影响。
② 在1979年,在最高人民法院的相关司法解释中,已经开始把"感情是否破裂"作为离婚案件的标准了。
③ 笔者通过前述宋某某离婚案件的落款时间推测,应该是在1972年的年末,法院开始恢复使用人民法院印章来处理民事纠纷。
④ 当时的调解书还有个别是手写的。

的话语权。

通过对相关档案的调查发现,在特定的历史时期,对于离婚案件,法庭和当事人所在单位或村社等组织及人民群众是起着主导和决定性作用的。当事人只是提起了一个诉讼,但是对于是否离婚的问题,绝不单纯取决于双方当事人的态度,有时即使双方均同意离婚,那也得征求双方当事人周围的群众、所在单位或所属基层组织的意见。对于一方不同意离婚的,则更是慎之又慎,法庭会根据当事人的主张,做大量的调查,找当事人的邻居、同事、所在工作单位或基层组织的领导了解情况。在调查的过程中,法庭还会征求他们关于双方当事人离婚的意见,最常见的问话是:"你看他们还能过吗?"或"你看他们是离好还是不离好?"有时,还会召集相关人士开座谈会,听取大家对当事人能否离婚的意见。

笔者查阅的某法院20世纪70年代的离婚案件卷宗中,凡是法院准备判决离婚的案件,全都有群众座谈会的记录在卷。1978年,某县法院判决离婚的一件案件,是其中比较典型的一例。该案卷宗中有3份座谈会记录,4份大队和公社(相当于今天的村和乡)两级组织出具的反映两级组织对当事人离婚处理意见的证明材料。这3份座谈会记录记载的时间分别是1977年9月14日、1978年6月15日和1978年8月8日。在1977年9月14日的记录中,参加座谈会的人员包括当事人所在大队的革委会主任、当事人所在四队的队长、大队的赤脚医生和三队的一名社员,四人均为中共党员。在该次会议上,只记录了四位代表对夫妻经常打架事实的介绍以及对双方性格和劳动表现的评价。

1978年6月15日"群众座谈会"("关于赵某某与孙某某家庭纠纷问题的意见")的参加人员为当事人所在四队的16位社员。

其中记载了11位社员的发言:

第一位社员发言:"他们两个人打仗叫我说没有一个好的,全有错误,我的意见是看看政府快给处理吧。"

第二位社员发言:"小赵这小子啤(脾)气快(坏),他老婆也懒,总闹意见。关于手表是小赵买的,不是他老婆买的。他老婆提出离婚,我看不能给离。"

第三位社员发言:"他俩总打仗,我看也没么大事。小赵的啤(脾)气坏,他老婆又懒,所以他一看就打他老婆,这就叫她抓住理了,天天要离婚。我看穷人说个媳妇不容易,我看离婚条件还不够,看在小孩的份上也不能给离。"

第四位社员发言:"他俩的事我们大家全知道,闹了这么长的意见,要求离婚,我的意见不能离。小赵的啤(脾)气也不好,他老婆也有缺点,我看动员小孙①回来好好过日子祘(算)吧。"

第五位社员发言:"他俩以前过的很好。从小赵的小姨子来后,就闹的不向(像)话了,他小姨子和她姐姐一起打他姐夫。小赵有缺点,我看他老婆也够呛,往死的懒,队里一点活也不干,家里造的特别埋汰,打仗以后他老婆提出离婚,我看不能离。"

第六位社员发言:"这个事,他俩是一个个全不好,以前还行,从他小姨子来后,这才闹的不祘(算)完了,一天比一天厉害,闹的要离婚。从小赵去长白后,回来很好,但他老婆还不祘(算)完,连小孩全不要了,走了好几个月,非要和小赵离婚。我看不能离。"

其他五位社员均表示"同意以上人所谈的情况"或"同意以上意见,不同意给予离婚"。

---

① 指女方。

最后一份是1978年8月8日下午的"群众大会"("关于孙某某与赵某某离婚的座谈会")记录,记载的内容如下:"大队与院①情况介绍:(略)。代有志:根据几天的工作情况,女方决心没有变。今天大家讨论一下怎么办好,讨论一下。顾秀英:我作工作她也是不变,坚决要离婚。我从孩子家庭等各方面都向她讲了,总是听不进去,一至(直)到晚上10点多钟。老赵家在这里和邻居一般的关系,去关里找对象不说实话,说是工人,拿别人工作证,名字还不对,这样做就不对了。有一次小赵家里②去扒苞米,衣服叫别人坐了一下,她老公公回来对小赵不知怎么讲了,两口子打起来了。我看他俩和好是困难的。朴星龙:情况不太了解,皮(脾)气是不太好。都两个孩子不离好。一个离一个不离,不好办,还是不离好,叫他逼的没办法。金文焕:我家离他家很远,有一回打仗,动没动手没看着。小赵皮(脾)气太爆,家里也不干净,不收拾,小赵说没时间。这个事一个要离一个不离,不好办,看小孩不离好。张学仁:具体情况不清,小赵皮(脾)气不好,大家都知道。他这个事,还是不离好,离了孩子受苦。都想叫他们合好,依靠上级处理吧。徐秀:他两(俩)的事,都想叫他们好,不想叫他们离,看情况是合弄不到一块去。李春海:我来时间短,看小赵皮(脾)气是不好,他家里挺懒,不大干活,也不能都愿小赵。要离了,小孩不好办。先不给离,叫她把钱花完再说,看她怎么办。大家统一意见:还是不离好,按政策办吧。"

根据上述座谈会情况,公社和大队各出具了两份意见。1978

---

① 此处的院应是指法院。
② 北方方言,指妻子,后同。

年 6 月 15 日大队党支部的意见:"根据群众的意见,我们党支部认为上述情况属实。我们根据上述情况和他们当前家庭实际情况,希政府对他们进行教育,加强团结不能离婚。因他们二人都有缺点,男的皮(脾)气暴。女的皮(脾)气说谎话,同时也很懒,所以才造成天天打架,闹不团结。女要求离婚,男方坚决不同意。根据他们家庭情况,现有小孩两个,如果离婚,男方日子不好过。我们党支部同意群众意见,对他们加强教育,不给他们离婚。"6 月 16 日当事人所在人民公社革命委员会的意见:"我公社佳在水大队第四生产队社员赵某某同志闹离婚问题,公社根据大队党支部和群众意见,希望对他们进行教育,不给离婚。同意以上意见,给赵某某同志夫妇进行教育,不给离婚。"8 月 9 日大队处理意见:"我大队四队社员赵某某和他老婆常年打架,闹不团结,女方坚决要求政府给离婚,但男方坚决不同意离婚。党支部为了他们的家庭团结,三番五次做了很多工作,但不见效。群众意见不同意他们离婚,他们不听闹成这样,希上级政府按政策处理。我们党支部根据群众意见和实际情况不同意离婚,但根据情况我们没有办法,因我们做了工作。希上级政府按政策处理。"8 月 10 日公社出具《对佳在水大队社员赵某某、孙某某家庭纠纷的处理意见》:"赵某某、孙某某夫妇结婚后常年不和,经常发生口角,并引起男方对女方的毒打,故女方提出离婚。对此,大队、公社及有关部门进行了多次长时间的调解和好工作,但并无转心之意,确系调解无效。鉴于赵某某、孙某某夫妇婚前基础不好,婚后常(长)期不和,公社同意给予办理离婚手续。"8 月 17 日,法院作出判决:"原告孙某某与被告赵某某依法准予离婚。"

在本案中,有三次群众座谈会的记载均是不同意或不赞成离婚的意见,四次两级组织的处理意见中,前两次的也是不赞成离婚的意见,而后两次中大队的意见有所松动:"但根据情况我们没有办法,因我们做了工作。希上级政府按政策处理。"基于这一松动的意见,公社于 8 月 10 日出具了明确的意见:"公社同意给予办理离婚手续。"而人民法院于 8 月 17 日作出判决。有理由相信,如果基层组织不出具同意的意见,法院是不会判决当事人离婚的。由此可见,在那个特殊的年代,离婚绝不只是两个人的事,它是社会的事,决定离婚与否的因素,绝不仅是感情是否破裂,还要考量很多因素。其中,政治上的因素更会影响着法院的判决和调解,而作为政治一部分的"群众"和"组织",当然对当事人的婚姻生活有发言权,甚至可以说是决定权,即"群众意见"和"组织处理"既是离婚的前提,更是离婚的决定因素,这也决定了政治话语在离婚案件中非同一般的作用和地位。

实际上,"群众意见"和"组织处理"在我国是有着久远的传统的。笔者所能查到的最早的一件离婚案件档案是某县法院 1947 年的一份卷宗,案卷内容非常简单,只有四页纸,其中,《第一次审问口供用纸》两页,《判处书》两页。① 《第一次审问用纸》包含了当事人姓名等基本情况、家庭经济状况和口供三部分,其中,口供记载的内容实际上就是当事人的起诉和答辩内容。如该卷宗中有关女方的口供记载:"我于三年前给李振华定婚,当时双方同意,于去年 4 月时我们就结婚啦,结婚后两月感情颇好。在去年 12 月时,因写对联子吵起架来,同时我丈夫又打我几下,我婆母中间在挑拨,结婚后我和婆母意见不合,因我婆母吸鸦片,时常劝她儿子也

---

① 该县于 1945 年 12 月 25 日解放,开始归共产党治下。

吸,因此我们这次打仗她也帮助她儿子。我一看这情形,我就跑出来了,后来我就到我一个同学家(吕桂兰)中住了好几天。李家的人来劝我,后来我就回我娘家了。经大家说数次,我也是不回去。我现在至死决不回去,就是李振华忌好,我仍然不回去。"卷宗中有关男方的口供记载:"我在三年前经父母之命媒妁之言与崔殿奎之女崔桂芬定婚,于去年4月时我们结婚啦。最初几月感情很好。以后她时常去到她家去串门,对于家务不负责,有时因一点小事就吵起嘴来,因我母亲有吸鸦片的嗜好,她和我母亲关系也不好,也时常闹些意见。于去年12月底写对联子,我叫她找书,她不去找,后来我们吵起嘴,我又打她几下,不一会功夫吧就跑了,当初跑到哪里我也不知,因当日天黑啦,也就没去找。第二天邻人大家帮助解决,后来知道她住在同学家(吕桂兰)。吕桂兰在长白(是)很出名的一个浪漫女子。经数次的邻人劝她回家,但她仍不回来。我诚(承)认我的错误,以后决不触犯她。我母亲(吸)大烟这个(事)我们也一定改,决不和她有口角的发生。如果犯时,我甘愿受政府制裁。"

另有两页1947年2月15日作出的制式《判处书》,其中一页记载的姓名为李振华(男方),审讯结论:"(1)该人能改过自新。(2)该人虽时常吸鸦片,但能决心克服,其他家庭口角并无违反原则的错误。判处结果及根据:(1)根据群众反映(如离婚大家都些恐怖心)。(2)该人向其女人坦白数次(坦白改过自新)。判处机构:县政府。判处人:民教科司法股。保人栏空白。备考:(1)该人之女人经政府数次解劝,始终不允归回该人之家,同时特别不讲道理,因此送到公安局处理……"另一页姓名为崔桂芬(女方)的判处书中记载:"审讯结论:无条件离婚。(1)但该人丈夫吸鸦片由政府负责忌掉。(2)该人不受丈夫虐待又不婆母虐待。判处结果及根据:(1)根据群众的反映不可离婚,如离时有些恐怖心影响群众。(2)该人坚持各(个)人意见过甚。判处机构及判处人同上。保人拦空白。备考:须司法解决,转送公安局处理。(1)本人经政府数次调解及劝导始终无效……"虽然从上述记载中,此案的处理结果似乎比较模糊,但从案件档案的封面上,可以看到,本案的结果实际上是判决不准离婚。从该案的处理中也可以看出,在当时的社会,婚姻不只是两个人之间的事,也是社会的事。因此,男方才会表示,如果违反了自己与女方相处的承诺,愿意接受的惩罚是"甘愿受政府制裁"。离婚亦不被简单看作是双方当事人之间的事,其承载了过多的社会责任在里面,是否准予离婚还要看对人民群众有什么影响,如"根据群众的反映不可离婚,如离时有些恐怖心影响群众",则不能准予离婚;如果对处理机关的规劝无动于衷,那么本来是民事的离婚案件,也可能被认定为违法犯罪。就如本案中,坚决要求离婚的女方,因"本人经政府数次调解及劝导始终无效",就要被移交给专司处理违法及犯罪行为的公安机关来处理。这明确表明:政治是当时社会的头等大事,相比于统治阶级的政治,个人的私权利实在是不值得一提。在这里,群众的意见和组织的处理都是政治的一部分,政治话语能够在特定的时期成为特别起作用的话语也就不足为奇了。

本书通过对改革开放前离婚案件档案的观察和研究发现,离婚案件调解的话语具有时代性特征。受中国传统文化的影响,道德话语一直是离婚案件中的基础性和常规性话语,在离婚案件的调解过程中,无论是法官、其他参与调解的人员以及诉讼当事人,都能熟练地使用道德话语来展开自己的故事或推行调解方案。随着政治渗入到经济、社会、生活的方方面面,政治话语与道德话语一道成为离婚案件调解的主流话语。在特定时期,"政治正确"成为组织和个人行为的唯一判断标准,政治话语成为在法庭中特别起作用的话语。也正因为如此,陆思礼才提到了"因为'小资产阶级'丈夫有'封建'行为的话,离婚即极为容易,所以喜欢另一个男人的妻子就会通过提出政治上的而不是更基本的原因来试图结束这段婚姻"①的现象。法律话语虽偶有体现②,但尚未步入主流地位。

3.2 政治话语展现出来的权力关系和后果

话语与权力的关系密不可分。正如福柯所言,哪里有话语,哪里就有权力,权力是话语运作的无所不在的支配力量。③ 同时,话语又是以微妙的、隐含的方式行使权力的。④ 话语权力主要表现为通过语言表述来达到一种意义、价值和规范的建构,这种建构与政治制度和法律意义上的直接建构一样,规范着人们的思想行为、价

---

① 陆思礼:《毛泽东与调解:共产主义中国的政治和纠纷解决》,许旭译,王笑红校,载强世功编:《调解、法制与现代性:中国调解制度研究》,中国法制出版社 2005 年版,第 187—188 页。

② 如前所述的当事人离婚申请中"感情破裂"的主张,以及法院的文书中依据《婚姻法》等做出调解或判决的表述。另外,在 1948 年的一份档案中,当事人所达成的《甘结》(中国旧时官府审判讼案后由受审人出具的自承所供属实或甘愿接受处分的文书。不过,奉命承办官府事务时所立的保证,也称"甘结"。此处则是指在官方的指导下当事人之间达成的协议)中,出现了"保障人权"的字样。这当然也属于偶然性的使用。

③ 参见傅春晖、彭金定:《话语权力关系的社会学诠释》,载《求索》2007 年第 5 期。

④ 〔美〕萨利·安格尔·梅丽:《诉讼的话语——生活在美国社会底层人的法律意识》,郭星华等译,北京大学出版社 2007 年版,第 149 页。

值观念。①

谈论和诠释事件的不同方式构成了话语。每种话语既包含着一整套具有一定一致性的关于行为的范畴和理论,即用于命名事件和人物的一系列语汇以及用于解释行为和关系的某种理论,也包含着证明合理性和进行解释的明确指令,而且还内在地隐含着关于人们为什么以某种方式行事的理论。同样的事件、人物、行为等,可以用完全不同的方式去讨论和解释。将某一特定的话语用于讨论一个行为或事件,从而解释该事件的意义并确定其背后的动机就是一个行使权力的过程。② 针对所要处理的问题或纠纷,不同的讨论方式争夺主流地位,即不同的话语之间强加与被强加、征服与被征服的过程就构成了权力关系。

在中国这样一个从漫长的封建社会转型而来的国度里,饱含人情伦理的道德话语③一直在人们社会生活的方方面面起着至关重要的作用,法院对离婚纠纷的处理过程中也不例外。从古至今,官方一直表现出了对道德话语的重视,从古代的"德主刑辅"④到今天的"依法治国与以德治国相结合"⑤,道德都是治国理政不可或缺的因素。作为政权工具的法庭⑥在处理"熟人社会"中最熟悉的人们之间的关系——婚姻家庭关系时,当然会毫无例外地表现出对

---

① 参见吕万英:《法庭话语权力研究》,中国社会科学出版社2011年版,第45页。
② 参见〔美〕萨利·安格尔·梅丽:《诉讼的话语——生活在美国社会底层人的法律意识》,郭星华等译,北京大学出版社2007年版,第149—152页。
③ 参见吕晓彤:《判决书中的道德话语研究》,载陈金钊、谢晖主编:《法律方法》(第13卷),山东人民出版社2013年版。
④ 刘畅:《论司法裁判中的道德话语》,载《人民论坛》2012年第36期。
⑤ 参见中共中央《关于全面推进依法治国若干重大问题的决定》。
⑥ 参见全国人大常委会办公厅、中国社会科学院法学研究所编:《马克思、恩格斯、列宁、斯大林论法》,法律出版社1986年版。

道德话语的重视。无论是法官为了促使双方和好而对当事人进行的道德说教,还是当事人之间有关人格、品行以及在家庭中的责任与义务①的强调和指责都是依赖道德话语而展开的。从古代的"仁、义、礼、智、信"到今天的"社会公德、家庭美德、职业道德",小到对家庭的责任和义务,大到对社会和国家的责任和义务,这些经常使用的话语以及对相关人与事"好与坏、对与错、美与丑"的判断性话语,无不是在道德话语层面上展开。道德话语虽然一直是在中国的法庭中适用广泛和持久的话语,但是在改革开放前政治泛化的那个年代里,政治话语虽未能完全取代道德话语,但是其已变得比道德话语更起作用。例如,无论是前文中的宋姓解放军战士"甩掉包袱(离婚)更好地为人民服务"的离婚申请,还是原告李某包含着"(男方)平常不学习,满脑子资产阶级思想""去掉六年的精神压力(结束六年的婚姻),所有的力量献到大干社会主义的大道上"等大量政治口号式的话语作为离婚理由的信函,都在客观上起到了促进离婚请求获得重视和准许的作用。而且,在笔者研究的某法院153件离婚案件中,只有7件为判决准予离婚,而这7件判决离婚的案件中,原告主张的离婚理由中包含着在当时来说极为敏感的政治口号式话语的就有6件。而且,一般只有经过"群众"讨论、"组织"原则同意的情况下,法院才会判决离婚,这一切都说明了政治话语在当时的格外有效性。因此在那个"政治挂帅"的年代,政治话语一定会比道德话语引人注目,它也更符合本来就属

---

① 有学者认为,道德话语是强调家庭与社会关系中的责任和义务的话语形式。参见刘思达:《当代中国日常法律工作的意涵变迁(1979—2003)》,载《中国社会科学》第 2007 年第 2 期。另参见刘畅:《论司法裁判中的道德话语》,载《人民论坛》2012 年第 36 期;卢婷:《判决中的道德话语研究》,山东大学 2013 年法律硕士学位论文。

"政治"的一部分的官方机构的兴趣,更能与官方的话语相对接,也更契合那个时代的话语表达方式,无疑会变得比道德话语更具力量,也更为起作用和有效。

政治话语成为在那个时代特别起作用的话语,即机构中的主流话语,至少带来两个后果。

首先,政治话语导致并助长了强制调解和变相强制调解的盛行,离婚标准掌握过严,绝不轻易判决准予离婚成为当时处理离婚案件的主流方式,感情是否破裂标准成为空文。道德话语是根据道德的范畴和解决方法①,政治话语则是根据政治的范畴和解决方法,它以"政治正确"为核心价值②。而政治同各种权力主体的利益密切相关,其作为权力主体维护自身利益的方式,主要表现为以国家权力为依托的各种支配行为和以对国家的制约性权力为依托的各种反支配行为。这些行为的共同特点是都以利益为中心,具有不同程度的强制性、支配性和相互斗争性。政治作为权力主体之间的关系,主要表现为上述特定行为的相互作用。③这也就说明政治代表着、意味着并充斥着强制。因此,在政治话语的语境之下,作为离婚案件的主要解决渠道的司法调解,也必然会打上政治强制性的烙印;受其影响,强制性调解和变相强制调解的盛行也就成为必然。特别是在改革开放前,国家对包括婚姻关系在内的私人

---

① 参见〔美〕萨利·安格尔·梅丽:《诉讼的话——生活在美国社会底层人的法律意识》,郭星华等译,北京大学出版社 2007 年版,第 16 页。
② 参见毛高杰:《法庭调解的文化根源:老传统、新传统与当代融合》,载《兰台世界》2013 年第 18 期。
③ 百度百科:"政治"词条,http://baike.baidu.com/link?url=YhmMM8cRTGAn5tzx-JN11vvAfQvwabTvQzyd4iwUnW0ftIm_FW6ZVCfSBrham0vX,访问日期:2014 年 4 月 20 日。

领域的干预进一步加强,许多日常生活的细节被"提高"到更大政治原则层面,政治话语大行其道,"亲戚邻里被贴上了'群众'甚至'社会'的标签;家长式的态度和行为被贴上'封建'的标签;懒惰和喜好漂亮衣服则对应着'资产阶级';工作和生活方式,则是由党来进行政治评价的'表现'"①,司法权力的行使也经过了政治的包装,询问群众称为"访问",询问当事人称为"谈话","调查研究"成为法官用以行使权力的话语中不可或缺的部分,强调道德—意识形态的"批评"和"教育"成为调解工作的主要方法和手段,"有关婚姻和离婚的一整套语言本身即传达了党的立场和对那些要求离婚的人们的压力"②,致使离婚案件的调解中"强制和高压"无处不在。调解标准被政治化③,这意味着本是当事人之间的问题、解决方法乃至单纯的纠纷都渗入了政治意义;个人认为是私人的小冲突,在法官等调解者的眼中则可能是大不相同的问题。因此,在今天看来原本纯属私人事务的离婚可能会因被认为影响"安定团结"而受到压制:"调解者适用抽象原则,强调为了国家团结、集体生活和提高生产而无争并相互协助,而双方当事人的争议淹没于其中。"④在离婚领域,通过调解达成和解曾是法官处理此类诉讼的标准模式,大多数离婚诉讼在法院做出最终判决之前要么被调解,要么在社会

---

① 黄宗智:《离婚法实践:当代中国法庭调解制度的起源、虚构和现实》,载黄宗智编:《中国乡村研究》(第4辑),社会科学文献出版社2006年版。
② 同上。
③ 有关"调解标准的政治化",参见陆思礼:《毛泽东与调解:共产主义中国的政治与纠纷解决》,许旭译,王笑红校,载强世功编:《调解、法制与现代性:中国调解制度研究》,中国法制出版社2005年版,第183页。
④ 同上书,第188—189页。

压力之下和解。① 在那个时代,"国家深深地渗透到整个社会生活的私人领域"②,全社会提倡"大公无私""公而忘私",因此,与"革命事业"相比,个人之间的感情以及婚姻都不算什么,只要是影响"革命事业"和与"阶级斗争"相左的,都会被无情地剔除。在这种指导思想下,法庭对于准予离婚的诉讼请求非常抵触,并坚持通过调解达成和解,即便是原告多次起诉也无济于事。③ 同时,由于国家对私人生活的强烈干预,作为社会细胞的婚姻也不再是私人的而是社会的事情,离婚更不简单只是两个人之间的事;是否应当准予当事人离婚,不但要看当事人双方的态度,还要听取群众以及组织的意见。"强制和高压无处不在,但从不单独行动。存在着大量的强调道德—意识形态的'批评'和'教育'。这种控制的关键之一是将日常生活的细节'提高'到更大的政治原则层面。"④在改革开放前的很长一段时间内,除非双方当事人对离婚毫无争议,否则离婚诉讼很难获得支持,而法官作为庞大国家机器的一员,认为他们有责任纠正失和夫妻所犯的"错误"。⑤ 因此,在大多数案件中,所谓的"离婚自由"只是一种幻想。⑥

---

① Xin He and Kwai Hang Ng, Pragmatic Discourse and Gender Inequality in China, Law & Society Review Vol. 47, No. 2, 2013, pp. 279—310.

② 贺欣:《离婚法实践的常规化——体制制约对司法行为的影响》,载《北大法律评论》编辑委员会编:《北大法律评论》(2008年第9卷第2辑),北京大学出版社2008年版。

③ Xin He and Kwai Hang Ng, Pragmatic Discourse and Gender Inequality in China, Law & Society Review Vol. 47, No. 2, 2013, pp. 279—310.

④ 黄宗智:《离婚法实践:当代中国法庭调解制度的起源、虚构和现实》,载黄宗智编《中国乡村研究》(第4辑),社会科学文献出版社2006年版。

⑤ Huang, Philip(2010) Chinese Civil Justise, Past and Present, 转引自 Xin He and Kwai Hang Ng, Pragmatic Discourse and Gender Inequality in China, Law & Society Review Vol. 47, No. 2, 2013, pp. 279—310.

⑥ Jian Wang, To Divorce or Not Divorce: A Critical Discourse Analysis of Court-ordered Divorce Mediation in China, International Journal of Law, Policy and the Family 27(1), 2013.

政治话语带来的第二个后果是政治话语强化和加剧了两性不平等。尽管法律界奉行"法律面前人人平等",但这种原则在实践中并不是都能落到实处,因为参与诉讼的个体在话语能力、知识背景和身份地位方面总是存在差异的。① 政治话语系统多出现在政府执政权力触及的层面和领域②,因此这种话语的机构性特征很明显。即使是在改革开放前,对于普通百姓来说,这种明显带有机构性和时代性特点的话语,与普通民众驾轻就熟的道德话语和平民话语系统相比,还是会给人"阳春白雪"的感觉。

改革开放前,女性参政的人数和机会明显少于男性。在1949年9月21日召开的中国人民政治协商会议第一届全体会议上,有69名女性参加了会议,占全体代表的10.4%。1953年,在各级人民代表大会中当选为基层人民代表的女性占代表总数的17%。到1955年底,全国女干部人数虽达到了74.6万人,但也只是占全国干部总数的14.5%。③ 1978年以前,从五届全国人大代表和政协委员中的女性所占比来看,第一届全国人大代表女性所占比为12%,第二届所占比为12.3%,第三届所占比为17.8%,第四届所占比上升为22.6%,第五届所占比又回落至21.2%。全国政协女委员情况也类似,第一届时女委员占委员总人数的6.6%,第二届时占14.3%,第三届时占8.1%,第四届时占6.3%,第五届时占

---

① 参见吕万英:《法庭话语权力研究》,中国社会科学出版社2011年版,第266—267页。

② 参见公方彬:《政治体制改革需要新的政治观支撑》,http://theory.people.com.cn/n/2012/1008/c49152-19192764-6.html,访问日期:2012年12月14日。

③ 姜萌:《改革开放以来女性参政问题研究》,河北大学2011年思想政治专业硕士学位论文。

14.5%。① 由此可见，女性代表和委员仍然是当时中国政治舞台上的"少数民族"，那么她们接触、使用政治话语的机会乃至对这种话语的熟悉程度必然不如男性。因此，在中国这样一个传统的男权社会里②，法庭等官方机构对政治话语的偏爱必然进一步固化这种男性霸权，对女性权利形成压制，从而进一步加剧了男女的不平等。虽然囿于案件档案中记载内容的限制，本书无法通过男女话语特征的对比来进一步论证这种男性霸权对女性的压制，但是国内外许多从事相关研究的学者在他们的著作或文章中都多次确证了这一点。如康利和欧巴尔指出："调解人的语言策略之所以可能会发生作用，恰恰是因为它们利用了某些致使妇女处于相对无权地位的社会倾向。随着调解变得越来越根深蒂固——因为它越来越被看作'起作用'——其结果将会是去巩固妇女的那种无权地位。"③梅丽通过对生活在美国社会底层人法律意识的研究，发现女性在邻里和婚姻家庭关系中表现得比较软弱，与男性相比，她们更易于把这些问题带到法院来，而且她们更易于接受调解的建议并为此做出妥协。④贺欣和吴贵亨通过实用主义话语的视角，展示了法院如何制造两性不平等，尤其是在一些男性提起的以传宗接代或找寻新欢为目的的离婚诉讼中，并一针见血地指出："尽管法官真诚地希望保护女性权利，但他们在不经意间再生并强化男权主

---

① 参见姜萌：《改革开放以来女性参政问题研究》，河北大学 2011 年思想政治专业硕士学位论文。

② Xin He and Kwai Hang Ng, Pragmatic Discourse and Gender Inequality in China, *Law & Society Review* Vol. 47, No. 2, 2013, pp. 279—310.

③ 〔美〕约翰·M. 康利、威廉·M. 欧巴尔：《法律、语言与权力》（第 2 版），程朝阳译，法律出版社 2007 年版，第 77 页。

④ 参见〔美〕萨利·安格尔·梅丽：《诉讼的话语——生活在美国社会底层人的法律意识》，郭星华等译，北京大学出版社 2007 年版，第 6 页。

导的标准。调研材料体现了男性霸权式的主导是如何在本应维护两性平等的法院中自我强化。"①李祥云发现,男性的交际方式更具有竞争性,而女性则更注重合作,或者说保持同他人的亲密关系,女性因为她们的交际风格而导致在法庭上受到不公正的待遇。②陈雪飞认为,法官话语所流露的男性偏好本身,常常是一种集体无意识,他们并不认为自己的言语有任何偏差,反而认为自己恰恰照顾到了弱者,维护了司法公正。而司法格式化的过程则加强了法律话语同普通大众的分离,同时也强化了法律的男性色彩,这令女性话语的生存环境更加恶劣。③

政治话语是理性的、非情感的,它不可能去关注和在意婚姻家庭关系中的情感因素。但是,婚姻毕竟不是政治,婚姻家庭关系虽属社会关系的一种,但究其本质则是私人的,"感情往往是这些问题的核心,总会出现在审判和调解的讨论中"④。因此,在政治话语在离婚案件的审理和调解中占据主流地位的时代,离婚法的司法实践既不会实现婚姻法的"婚姻自由"和"男女平等"的目标⑤,也会与"感情是否破裂"的离婚标准渐行渐远。

---

① Xin He and Kwai Hang Ng, Pragmatic Discourse and Gender Inequality in China, *Law & Society Review* Vol. 47, No. 2, 2013, pp. 279—310.
② 参见李祥云:《离婚诉讼话语中权力和亲密关系的性别解读》,山东大学出版社 2009 年版,"前言"第 3 页。
③ 参见陈雪飞:《离婚案件审理中法官话语的性别偏向》,载《北大法律评论》编辑委员会编:《北大法律评论》(2007 年第 8 卷第 2 辑),北京大学出版社 2007 年版。
④ 〔美〕萨利·安格尔·梅丽:《诉讼的话——生活在美国社会底层人的法律意识》,郭星华等译,北京大学出版社 2007 年版,第 16 页。
⑤ 1950 年 4 月 13 日公布实施的《中华人民共和国婚姻法》第 1 条规定:实行男女婚姻自由、一夫一妻、男女权利平等、保护妇女和子女利益的新民主主义婚姻制度。这里的"婚姻自由",既包括结婚自由,也包括离婚自由。参见杨大文主编:《婚姻家庭法》(第 5 版),中国人民大学出版社 2012 年版,第 50 页。

第 4 章　改革开放后的宏观话语

众所周知,在我国法院审理离婚案件,调解是必经程序[①],因此,离婚案件中的司法调解就显得格外重要。在对司法调解的过程进行话语分析之前,让我们首先来看一下,离婚案件司法调解是如何进行的。

人民法院审理离婚案件,不只是在庭审的调解阶段会进行调解,现实中,法院已经将调解融入离婚案件审理的全过程。一般情况下,在当事人到法院要求立案时,负责接待立案的工作人员便开始了调解工作,他们一般会劝当事人不要因一时赌气而离婚,常说的话是"回去再冷静冷静""回去再考虑考虑"或"等考虑好了再来"等,这种做法对个别因一时赌气而要离婚的当事人来说是起作用的。但是,多数当事人来到法院是经过深思熟虑的,在经劝说无效后,负责立案的法官会将案件接下,并在登记立案后将案件移送负责审理离婚案件的民事审判庭和人民法庭[②]审理。负责审理离婚案件的法官接手案件后,有些法官会在开庭前主动联系当事人来

---

① 参见我国《婚姻法》第 32 条。
② 人民法庭的案件一般由人民法庭自己立案,法庭一般也都设一名专门负责接待立案的工作人员。

进行调解,也有些法官会在立案法官排期开庭日才与当事人会面并做调解工作。但不管是哪一种,他们都会根据实际情况确定是在一起进行调解,还是分别做工作;如果双方当事人都比较冷静,对立情绪不是太大,法官一般会"面对面"地做双方的调解工作;如果一方情绪特别激动,或双方对立和分歧严重,法官则选择"背靠背"地单独做当事人的工作。对于双方当事人都同意离婚的,法官一般也会依惯例做当事人的和好工作,如双方态度比较明朗,且也不属意气用事,法官也就不再做和好工作,而是将精力放在有关财产、子女抚养等实质问题的解决上。如果一方当事人不同意离婚,法官则会首先做原告的和好工作;如果原告态度坚决,法官则多会从实用主义出发,来做被告的工作,看被告是否能同意离婚。在遇到情绪比较激动的原告时,为了安慰当事人并取得当事人的信任,法官也可能像一名受过专门训练的调解人[①]一样,耐心地倾听原告对被告的控诉,而且还可能会时不时地去附和一下原告的观点,与原告一起声讨一下被告。在原告情绪稳定之后,则开始温和地劝说原告,慎重考虑离婚事宜。如果看到原告的态度有所松动,法官就会趁机去做被告的工作,让不同意离婚的被告向原告道歉、承认错误并做出不再犯的保证,这时那些"情绪化离婚"[②]或并非"铁了心要离婚"的当事人可能就会听从法官的劝说,而与被告和好,或同意再给被告一个机会,而撤回起诉。然而,这种情况并不是太多见。多数的情况是一方坚决要求离婚,而另一方坚决不同意离婚,或者双方虽然同意离婚,但是对于离婚后的财产分割、子女抚养和

---

① 参见〔美〕约翰·M. 康利、威廉·M. 欧巴尔:《法律、语言与权力》(第 2 版),程朝阳译,法律出版社 2007 年版,第 54 页。

② 参见同上书,第 63 页。

债务承担等问题争执不下,这时,法官就只能选择开庭审理。在庭审过程中,无论是法庭预备、法庭调查还是法庭辩论、法庭调解阶段,法官还会不失时机地继续做调解工作。对于当庭未能达成一致的调解意见的,如果法官认为还有调解的可能,在宣判前,法官还会传唤当事人到法庭或通过电话与当事人交流,有时也会邀请当事人的近亲属来帮助共同做工作。但是与改革开放前的调解不同,法庭现在已经很少有精力或能力邀请基层组织或当事人所在单位的领导帮助做调解工作了。

除了法院的民事庭和人民法庭负责审理离婚等民事案件外,有的法院还在立案庭安排了专事调解的法官,由他们负责对有可能调解的民事案件在立案后径行调解。如调解成功[①],则直接下发调解书结案或让当事人撤回起诉;调解不成再将案件移送业务庭继续审理。

接下来,本书将按照离婚案件形成乃至处理的过程顺序,从法律与语言研究的角度对司法调解现象做出评价。

4.1 离婚的前奏——争端

所有纠纷都是从争端开始的,离婚纠纷也是如此。争端的集聚、升级,如果不可调和,最终会进入司法系统而变成离婚纠纷案件。

[①] 据笔者的了解,调解成功率并不高,笔者所在的中级人民法院前些年也曾进行过此类的尝试,后因效果不明显作罢。

4.1.1 争端概述

争端,是一个名词,意思是"引起争执的事由。"①"争讼的依据。《左传·昭公六年》:'民知争端矣,将弃礼而征于书。'孔颖达疏:'端,谓本也。今铸鼎示民,则民知争罪之本在于刑书矣。'后多指引起双方争执的事由。"②

较早对争端问题进行关注及对其历史问题做出回答的是威廉·菲尔斯蒂拉、理查德·阿贝尔和奥斯丁·撒那特。他们在其1980年发表的文章中提出了"争端"在初始阶段所经历的三个发展阶段:"争端的出现和转型:认定、指责和主张……"在现实社会中,这三个阶段是很难清晰划分和完整描述的,因为它们总是处于不稳定和相互作用的状态,呈现出复杂多变的特点。即便如此,将争端的发展阶段概念化归纳为认定、指责和主张,则为研究争端行为提供了一个有效的分析框架。③

认定是指一次特定的被认为会对他人造成伤害的经历,指责则是指"在被认识到的侵害和被认为造成这一侵害的当事人之间建立起了某种联系",即确定某一伤害的责任人的过程,而主张则"发生在受害人一方向被认为负责的另一方提出起诉要求某种法律救济的时候"④。认定是争端的前提,现实生活中发生的诸多不快事件,在被看作和认定为伤害之前,仍然只是争端的萌芽。指责

---

① 中国社会科学院语言研究所词典编辑室编:《现代汉语词典》,商务印书馆2005年版,第1734页。
② 夏征农主编:《辞海》(1999年版缩印本),上海辞书出版社2000年版,566页。
③ 参见〔美〕约翰·M.康利、威廉·M.欧巴尔:《法律、语言与权力》(第2版),程朝阳译,法律出版社2007年版,第103页。
④ 参见同上书,第103—104页。

标志着争端发展过程中的一次重要转型。在指责阶段,伤害和造成伤害的责任人都得到了认定。在主张阶段,受害人一般会首先向其认定的责任人提出诸如承认和改正错误乃至给予赔偿等要求,如果被认定为负有责任的责任人接受并遵照执行,问题自然就得到了解决。但是,问题一般不会这样简单。被认定的责任人往往会反对受害人的这种主张,即不承认受害人的认定,或者不接受受害人的要求,这种对受害人主张的否认标志着初始争议的最后一次转型。在此阶段,当双方之间的争议看似无法通过简单的方法予以化解的时候,一个完整意义上的争端就出现了。

上述"菲尔斯蒂拉—阿贝尔—萨那特"的分析框架虽然有用,但也只是争端的一种逻辑模式,并非对"在特定的情况下到底发生了什么"的一种描述。"在现实生活中,这三个阶段可能会因为一个人对伤害的严重程度和谁该为伤害负责的慎重考虑而重复出现几次。在有些案件中,转型的过程可能会延续很长一段时间——甚至一辈子——随着受害者慢慢地意识到伤害,开始对某人提出指责并寻求解决。"①因此,有关争端的这一逻辑模式对于在冲突的每一阶段到底发生了什么或者是什么样的具体事件引发了冲突在发展过程中的转型,却是无能为力的。

康利和欧巴尔通过各种不同的途径收集了日常生活中的语言资料,并通过对这些日常生活中纠纷话语的微观语言分析,建立起了一种以语言为基础的认定指责模式,尽力去扩展和详细论述"认定—指责—主张"的争端模式,从而也认识到了争端的微观话语的

---

① 〔美〕约翰·M.康利、威廉·M.欧巴尔:《法律、语言与权力》(第 2 版),程朝阳译,法律出版社 2007 年版,第 104 页。

重要性。他们将该模式称为"争端的自然史":"认定—指责—主张"仍然是这一模式的核心,他们添加了"认识伤害"这一阶段,并将"明确说出争端"和"对争端定性"分开;在主张阶段之后,描述了"接受"导致达成"同意(一致)"和"否定(拒绝)"发生"争论"两种可能的结果,最终在主张遭到拒绝引发争论时当事人就可能求助于法律,而在任何时候当事人也都可能选择勉强忍受而终结争端。这种"以语言为基础的模式所能增加的是一种对人们在他们感到伤害、认定它们和指责他人的时候到底说了些什么的理解。因此,它可以对其中的各种转型事实上是怎样发生的提供一种解释"。①

威廉·菲尔斯蒂拉、理查德·阿贝尔和奥斯丁·撒那特有关争端的三个阶段,即"认定—指责—主张"模式,尽管简单,但还是为人们考察经常被忽视的纠纷进入到法庭之前的"模样"提供了一个分析工具。但其存在着两个方面的不足:一是该模式中的"认定",只是指明了问题——一次给人造成伤害的特定经历,但是并没有给问题命名——对问题或事件进行定性,如在家庭中常常被提及的"虐待""家庭暴力"或"婚外情"等;二是该模式还只是争端的一种逻辑模式,对于想要了解争端的出现、发展和转型过程中话语层面的细节则是无能为力的。康利和欧巴尔的"争端自然史"模式,则在此基础上更进了一步,不但对争端的出现和转型过程进行了细化,而且将争端的转化过程递进至法律系统,即成为案件之前,建立起了一套以话语为基础的争端分析模式,将人们的视线引向了对纠纷或案件形成过程中的微观话语实践的关注。

---

① 〔美〕约翰·M. 康利、威廉·M. 欧巴尔:《法律、语言与权力》(第 2 版),程朝阳译,法律出版社 2007 年版,第 105 页。

在中国,人们关注纠纷和案件本身,重视纠纷和案件的解决和处理,但对纠纷和案件形成之前的模样考察和研究甚少。人们注重对纠纷和案件解决方式和途径的研究、设计,但不注重从微观话语的角度去分析这些解决方式和途径的适应性和有效性。这也导致人们在解决纠纷和处理案件过程中习惯于"就事论事""就案办案",致使从源头上解决问题不够,影响了纠纷解决和案件处理的实际效果。当前作为社会问题之一的信访问题之所以如此突出[①],跟多年来僵化的治标不治本的纠纷化解和案件处理方式不无关系。因此,借鉴康利和欧巴尔"争端自然史"模式,试着建立我们自己的争端发展模式,把人们的目光引向更为细致和微观的纠纷或案件的话语层面,据此为相关制度建设提供参考,即"通过更密切地关注法律过程的语言细节去挑战现存的思考法律过程的方式"[②],无疑具有格外重要的意义。

离婚案件中的当事人关系的固定性,决定了其争端模式的简单化,因为无论是哪一方配偶的原因,另一方往往会直接将其责任归咎于对方,基本上不需要经过"指责"过程,即在认识到的伤害与被认为造成这一伤害的责任人之间建立联系,因为责任人是固定的,那就是夫妻中的相对方。由此看来,参照"康利—欧巴尔"模式,可以将离婚案件争端的模式简化为:认识伤害→明确说出→定性→主张→(① 接受→同意)或者(② 否定→争论)→法律系统(诉讼)。这就是说,离婚争端始于一方认为受到了伤害或不公正待

---

① 参见管爱民:《信访问题现状特征及对策探讨》,载《四川科技报》2014 年 4 月 18 日。
② 程朝阳:《法律权力运动的语言面相——〈法律、语言与权力〉导读(代译序)》,载〔美〕约翰·M.康利、威廉·M.欧巴尔:《法律、语言与权力》(第 2 版),程朝阳译,法律出版社 2007 年版。

遇,"在那个受到伤害的人对自己说'我受到了伤害或受到了不公正的对待;所发生的事情已经在某种程度上对我造成了损害'之前,这一伤害不被看作是一种伤害"①。当受害方不愿意忍受时,其会向配偶明确说出其感受,并对问题进行定性。此时,如果配偶方认可受害方的定性,并通过改正等方式求得对方谅解,或者受害方选择继续忍受,则争端转化停止;否则受害方将提出主张,如果对方接受主张,承认错误、进行道歉或改正错误,一般就会终结争端。但是当另一方不认可对方或不接受对方的主张时,则会引起争论;当争论无结果时,当事人就会将争端交与第三方来解决。在我国,当事人一般会转向寻求法律系统的帮助,即起诉到法院要求离婚。

4.1.2 离婚争端分析

在社会生活中,离婚原因既是婚姻家庭变化的风向标,也是社会文化习俗变革的缩影。探究离婚原因的变化,可感知特定时代背景下的政治、经济、文化、教育、劳动等因素对婚姻家庭的影响。②发生在离婚案件当事人间的争端虽然因其私人性而不易被外人看到,但是当原告诉诸法律,当事人通过语言进行的陈述(包括书面语的诉辩状和法庭庭审或调解中的口语互动)就被记录在卷,并最终形成案件档案留存。因此,透过这些历史档案还是可以见其端倪。

为了深入分析离婚争端的成因,笔者选取了本辖区某区法院1973年③以来的离婚案件作为研究对象,试图通过实证调查来描

---

① 〔美〕约翰·M.康利、威廉·M.欧巴尔:《法律、语言与权力》(第2版),程朝阳译,法律出版社2007年版,第128页。

② 参见王歌雅:《排斥与救济:女性的离婚权益》,载《学术交流》2011年第9期。

③ 之所以以1973年为研究的起点,是因为该院1973年以前的档案不但已经全部销毁,而且也没有保留任何法律文书存档。

述离婚案件中当事人所主张的离婚原因,以及分析其中的发现。之所以选择该院作为对象法院,基于两个考虑:一是该区法院虽然为区法院,但是它离市区还有近20公里的距离,并非真正意义上的"区",无论从地缘上还是从城乡人口比例上,它又有别于其他县(市)[①]。同时,在本辖区六个县(市)、区中,它的人口、面积及法院受理民事案件数都处于中游位置,相对而言可能会更具代表性。二是笔者曾于2006年至2010年在该院担任过院长,调动相关资源比较方便。由于1993年前的档案已过保存年限被全部销毁,仅保留了这部分档案中的裁判文书,因此,1973年至1992年20年间的案件相关情况系从裁判文书中的记载整理而来。1993年以后的案件相关情况是根据档案中当事人的起诉状、答辩状及当事人在庭审或调解笔录中的陈述综合归纳,因此,针对这些案件所做的统计结果可能会更准确。限于改革开放前十年的案件数量比较少,笔者将改革开放前1973年至1979年的所有案件都纳入了研究范围,并将改革开放后头十年的案件也全部纳入研究范围,而对此后的案件则进行了抽样选取。对纳入研究范围的案件分别从案件数量(分为女方起诉和男方起诉)、离婚原因及数量(分为女方起诉和男方起诉)和婚姻持续时间及数量三个方面进行了数据统计和汇总,具体数据参见下列统计表。

---

① 除市政府所在的区外,市辖的其他五个县(市)区中,该区距主城区最近,辖区面积1348平方公里,人口25万。非农业人口近19万,农业人口6万多。

（一）案件数量统计表

年份 项目	1973—1974	1975—1976	1977	1978	1979
总数	60	59	43	49	36
男方起诉	21	12	12	13	8
女方起诉	39	47	31	36	28

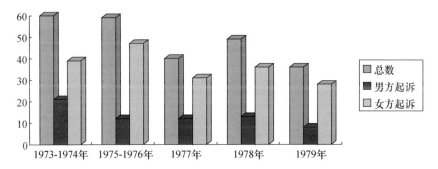

年份 项目	1980	1981	1982	1983	1984	1985	1986	1987	1988	1989
总数	67	75	53	107	86	99	101	126	126	144
男方起诉	16	22	13	35	24	18	31	25	40	28
女方起诉	51	53	40	72	62	81	70	101	86	116

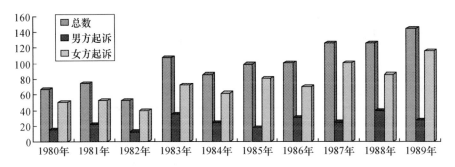

年份 项目	1990	1991	1992	1993	1996
总数	170	313	546	479	850
男方起诉	45	72	175	149	214
女方起诉	125	241	371	330	636

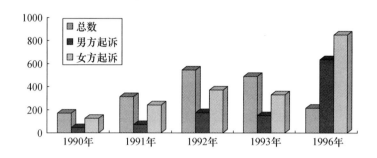

项目 \ 年份	2000	2001	2002
总数	528	532	491
男方起诉	114	107	102
女方起诉	414	425	389

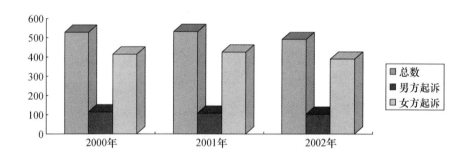

项目 \ 年份	2011	2012	2013
总数	291	265	228
男方起诉	79	68	53
女方起诉	212	197	175

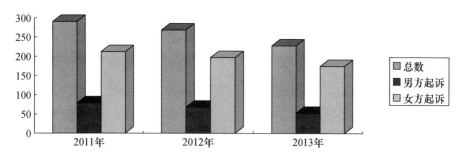

（二）离婚原因及数量统计表

表1-1　1973—1979年女性离婚原因及数量统计表

原因\年份	性格不和	家庭琐事	长期分居	生活作风	家庭暴力	男方疾病	家人矛盾	经济问题	男方犯罪	不良嗜好	成分问题	资产阶级恶习	其他
1973—1974	2	11	2	2	5	2			9	4	2		
1975—1976	1	19		7	3	3			10	2	1	1	
1977	2	17		1	2	1	1	1	3	1		2	
1978	2	13	7		4				7	1	1		
1979	3	15	2	2				1	5		3		1

表1-2　1973—1979年男方起诉原因及数量统计表

原因\年份	性格不合	家庭琐事	长期分居	生活作风	家庭暴力	女方疾病	家人矛盾	经济问题	女方犯罪	婚姻基础不好	子女问题	资产阶级恶习	其他
1973—1974		6	4	4			2	1		4			
1975—1976		5	3	1		1						2	
1977	1	5		1			1		1	3			
1978		4	4		1	1	1					1	1
1979	1	6											

表 2-1　1980—1989 年女方起诉原因及数量统计表

原因\年份	性格不和	家庭琐事	长期分居	生活作风	家庭暴力	男方疾病	家人矛盾	经济问题	男方犯罪	不良嗜好	婚姻基础不好	不尽家庭义务	其他
1980	1	5	4	2	3		2	1	3				30
1981	2	2			1								48
1982	5	16	3		6	1	1	2	2				4
1983	5	22	8		11	3	5	1	7	4	1	4	
1984	7	26	4	7	2	1	1		11	3			
1985	13	22	1	4	2	2		2	10	2			1
1986	17	33	2	2	1	1	2	1	8		3		
1987	8	60	4	3	1			3	12	3	4	2	1（生女儿）
1988	24	35	2	3	1	1	2	2	8	4		4	
1989	23	75	1		2	2		7	6	1			

表 2-2　1980—1989 年男方起诉原因及数量统计表

原因\年份	性格不和	家庭琐事	长期分居	生活作风	生女儿	女方疾病	家人矛盾	经济问题	女方犯罪	婚姻基础不好	不尽家庭义务	其他
1980		4	2	1		1				1		7
1981					1							21
1982	4	4	2	1		1						1
1983	4	12	7			4	2		1	1		
1984	5	12	5	2								
1985	4	11		2		1						
1986	7	13	3	3	1					2	2	
1987	7	11	4					1		2	2	
1988	11	22	4	3								
1989	10	16	1	1								

表 3-1　1990—1993 年和 1996 年女方起诉原因及数据统计表

原因\年份	性格不和	家庭琐事	长期分居	生活作风	家庭暴力	男方疾病	家人矛盾	经济问题	男方犯罪	不良嗜好	婚姻基础不好	不尽家庭义务	其他
1990	15	86	4	4	1	2	1	2	6	4			
1991	36	92	12	28	10	2	9	20	5	14	6	7	
1992	110	179	9	17	10	1		4	4	19	14		4
1993	52	156	8	21	7	5	9	18	22	36			4
1996	197	287	37	15	19	1	4	20	19	18	5	14	

表 3-2　1990—1993 年和 1996 年男方起诉原因及数据统计表

原因\年份	性格不和	家庭琐事	长期分居	生活作风	家庭暴力	女方疾病	家人矛盾	经济问题	不良嗜好	婚姻基础不好	不尽家庭义务	其他
1990	16	25	3	1								
1991	16	32	7	7		1	3	3		1	2	
1992	34	46	13	12		16		4	2		5	
1993	60	61	8	12		3				3	4	
1996	68	101	20	7		2	12	2			2	

表 4.1　2000—2002 年女方起诉原因及数据统计表

原因\年份	性格不和	家庭琐事	长期分居	生活作风	家庭暴力	男方疾病	家人矛盾	经济问题	男方犯罪	不良嗜好	婚姻基础不好	不尽家庭义务	其他
2000	119	187	27	7	15		3	13	14	22		7	
2001	129	190	28	8	12	2		2	12	15	27		8
2002	62	187	32	8	22	2	2	12	10	30	1		1（女方不生育）

表 4-2 200—2002 年男方起诉原因及数据统计表

原因 年份	性格不和	家庭琐事	长期分居	生活作风	家人矛盾	经济问题	婚姻基础不好	不尽家庭义务	其他
2000	37	60	12	2	2	1			
2001	23	54	25	1				2	
2002	21	49	27	1		2		2	

表 5-1 2011—2013 年女方起诉原因及数据统计表

原因 年份	性格不和	家庭琐事	长期分居	生活作风	家庭暴力	男方疾病	家人矛盾	经济问题	男方犯罪	不良嗜好	不尽家庭义务	其他
2011	18	140	10	2	11		5	2	7	16	1	
2012	14	136	6	3	9	1	3	4	5	14	2	4
2013	12	123	4	6	4	1	2	6	3	11	3	

表 5-2 2011—2013 年男方起诉原因及数据统计表

原因 年份	性格不和	家庭琐事	长期分居	生活作风	家庭暴力	女方疾病	家人矛盾	经济问题	不良嗜好	婚姻基础不好	不尽家庭义务	其他
2011	9	60	6			1	1		1		1	
2012	7	54	4	1						2		
2013	4	46	1	2								

(三) 婚姻持续时间及离婚数量统计表 (图)

1973-1979年离婚数量与婚姻持续时间统计图

	1973-1974年	1975-1976年	1977年	1978年	1979年
5年以下	45	38	27	27	23
5-10年	10	14	8	12	8
10-15年	2	5	3	6	3
15-20年	1	1	1	2	0
20年以上	2	1	1	2	1

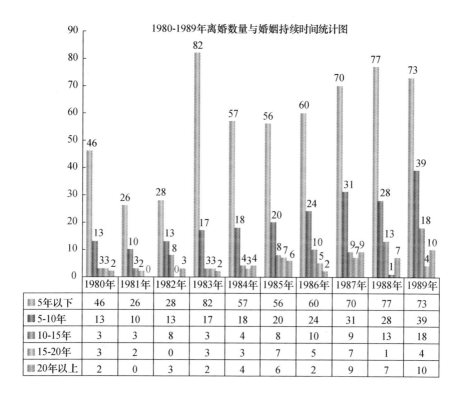

1980—1989年离婚数量与婚姻持续时间统计图

	1980年	1981年	1982年	1983年	1984年	1985年	1986年	1987年	1988年	1989年
5年以下	46	26	28	82	57	56	60	70	77	73
5-10年	13	10	13	17	18	20	24	31	28	39
10-15年	3	3	8	3	4	8	10	9	13	18
15-20年	3	2	0	3	3	7	5	7	1	4
20年以上	2	0	3	2	4	6	2	9	7	10

1990—1993年和1996年离婚数量及婚姻持续时间统计图

	1990年	1991年	1992年	1993年	1996年
5年以下	79	167	252	185	193
5-10年	49	84	162	157	267
10-15年	24	40	87	87	284
15-20年	9	14	24	38	64

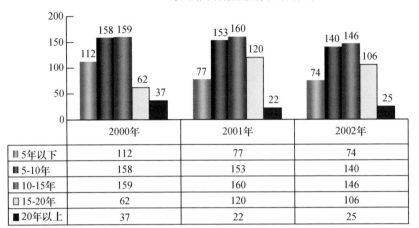

2000-2002年离婚案件数量及持续时间统计图

	2000年	2001年	2002年
5年以下	112	77	74
5-10年	158	153	140
10-15年	159	160	146
15-20年	62	120	106
20年以上	37	22	25

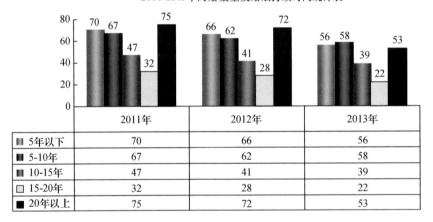

2011-2013年离婚数量及婚姻持续时间统计表

	2011年	2012年	2013年
5年以下	70	66	56
5-10年	67	62	58
10-15年	47	41	39
15-20年	32	28	22
20年以上	75	72	53

通过对以上数据①的分析和研究,可以发现以下几个特点:一是无论是改革开放前的十年,还是改革开放以来,女方提起诉讼的

---

① 需要说明的是,上述统计表第二部分"离婚原因及数量统计表"中,20世纪70—90年代离婚原因为"其他"的案件均属无法查找到有关起诉原因记载的案件,因为该院1993年以前的档案已经销毁,只留存了裁判文书,而部分案件的裁判文书(含调解书中)中未记载起诉原因。

比例一直远远高于男方,而且年度变化不大,基本都维持在 75%
左右,即女方提起离婚的比例是男方的 3 倍,这一比例与其他学者
的同类研究及相关报道基本相同①。二是当事人提出离婚主张的
主要理由是家庭琐事、性格不和、长期分居、生活作风(婚外情)、家
庭暴力、一方疾病、家人矛盾、经济问题(家庭财务)、一方犯罪、婚
姻基础不好、不尽家庭义务、一方不良嗜好等。在改革开放前,还
有以"成分问题"和"资产阶级恶习"作为提起离婚诉讼理由的。具
体而言,女方提起诉讼的理由排在前几位的分别是家庭琐事、性格
不和、长期分居、男方犯罪、家庭暴力和男方不良嗜好,而男方则主
要以家庭琐事、性格不和、长期分居和女方有婚外情为提起离婚诉
讼的理由。三是从当事人提起离婚诉讼时婚姻持续的时间来看,
婚姻关系持续不足 10 年的占离婚诉讼的绝大部分,而婚姻关系持

---

① 王晓玲在对某西部法院 2003—2005 年的离婚案件的研究中发现,由女性提起诉讼的比例达 72.61%。参见王晓玲:《冲出围城:M 法院离婚案件调查报告》,载徐昕主编:《司法》(第 2 辑),中国法制出版社 2007 年版。另参见彭文浩:《中国调解制度的复兴:法院调解》,载强世功编:《调解、法制与现代性:中国调解制度研究》,法律出版社 2005 年版;陈青:《女性离婚自由的现实困境及破解》,载《福州党校学报》2012 年第 2 期;老迅:《当前离婚案件中女原告多的原因及审理中应当注意的问题》,http://blog.sina.com.cn/s/blog_71ff9a350100oj4n.html,访问日期:2014 年 9 月 27 日;窦昆、潘楚义、卢燕红:《离婚案原告多为女性——女人为何不再沉默》,载《楚天都市报》2003 年 7 月 6 日;张蕾、肖菲:《七成离婚案女性当原告》,载《北京晚报》2006 年 3 月 8 日;孙克峰、李利华、潘辉:《九百份判决书透视聊城式离婚,原告以女性居多》,载《聊城晚报》2014 年 8 月 20 日;江雪、吴蔚、景振宇:《西安:离婚案女性原告占七成》,载《华商报》2001 年 8 月 16 日;陈治家:《离婚案七成原告是女性,遇家暴女性不再忍气吞声》,载《广州日报》2013 年 3 月 7 日;罗江红:《近两年离婚诉讼案件中女性原告多于男性原告》,载《浙中新报》2009 年 9 月 9 日;李松、黄洁、杨秀芝:《北京顺义法院调研显示"70 后"仍是离婚案主力,四分之一提起离婚女性婚龄超 20 年》,载《法制日报》2011 年 3 月 3 日;陈维国:《关于妇女离婚问题的社会性思考》,http://blog.sina.com.cn/s/blog_548d77bd01016xnf.html,2014 年 9 月 27 日访问;湖南省临武县妇联权益部:《关于妇女离婚问题调查与思考》,http://www.110.com/falv/hunyin/hunyindiaochaquzheng/2010/0902/430190.html,访问日期:2014 年 9 月 27 日。

续 10 年以上的所占比重较小,但有逐渐上升的趋势,且在 21 世纪前后差别明显。2000 年以前,婚姻关系持续不足 10 年的占离婚诉讼的绝大部分,而婚姻关系持续 10 年以上的所占比重较小。而 2001 年以来,婚姻关系持续 10 年以上,甚至 20 年以上的提起离婚的比重增加较大。自 2001—2002 年、2011—2013 年的有关统计数据表明,婚姻关系持续 10 年以上的已占全部离婚案件的 50% 以上[①]。

女性更好讼吗?

对于离婚案件中女性起诉的比例居高不下的现象,王晓玲等学者的研究以及相关报道给出的原因是:第一,女性思想观念的更新,平等、独立意识的增强,不再坚持"嫁鸡随鸡、嫁狗随狗""从一而终"的传统封建婚嫁观念。[②] 第二,妇女权利意识和法律意识的增强,促使她们能够并愿意运用法律武器来解决自己的婚姻问题。同时,法律加强了对妇女儿童合法权益的保护,诉讼离婚较之协议离婚可能带来更大收益。[③] 第三,女性社会、经济地位的提高,不再

[①] 具体而言,2001 年为 56.77%,2002 年为 56.42%,2011 年为 52.92%,2012 年为 52.42%,2013 年为 50%。

[②] 参见王晓玲:《冲出围城:M 法院离婚案件调查报告》,载徐昕主编:《司法》(第 2 辑),中国法制出版社 2007 年版;李松、黄洁、杨秀芝:《北京顺义法院调研显示"70 后"仍是离婚案主力,四分之一提起离婚女性婚龄超 20 年》,载《法制日报》2011 年 3 月 3 日;陈维国:《关于妇女离婚问题的社会性思考》,http://blog.sina.com.cn/s/blog_548d77bd01016xnf.html,访问日期:2014 年 9 月 27 日。

[③] 分别参见陈维国:《关于妇女离婚问题的社会性思考》,http://blog.sina.com.cn/s/blog_548d77bd01016xnf.html,访问日期:2014 年 9 月 27 日;王晓玲:《冲出围城:M 法院离婚案件调查报告》,载徐昕主编:《司法》(第 2 辑),中国法制出版社 2007 年版;老迅:《当前离婚案件中女原告多的原因及审理中应当注意的问题》,http://blog.sina.com.cn/s/blog_71ff9a350100oj4n.html,访问日期:2014 年 9 月 27 日;窦昆、潘楚义、卢燕红:《离婚案原告多为女性——女人为何不再沉默》,载《楚天都市报》2003 年 7 月 6 日;李松、黄洁、杨秀芝:《北京顺义法院调研显示"70 后"仍是离婚案主力,四分之一提起离婚女性婚龄超 20 年》,载《法制日报》2011 年 3 月 3 日;江雪、吴蔚、景振宇:《西安:离婚案女性原告占七成》,载《华商报》2001 年 8 月 16 日;福建省永春县人民法院课题组:《离婚案件情况分析及法律适用探讨》,载《福建法学》2007 年第 2 期。

依赖男性,即使离婚也能独立生存,增强了重新选择、把握自身命运的自信,因而有勇气提出离婚。① 第四,女性对婚姻生活质量的要求提高,"男主外、女主内"的传统家庭模式在当代中国仍是主流,女性对婚姻家庭投入了更多的精力和时间,必然会对婚姻有更高的要求,容易引发对丈夫和婚姻的不满。② "现代婚姻思想的冲击和影响是出现这一现象的最大原因。如今的女人已经不满足于只是'居家过日子'的婚姻生活了,女性对高质量婚姻的渴望和追求有所增强。从这个方面来说,女性作为离婚案件原告的比例高应是社会进步的体现。"③武汉大学妇女研究中心主任、社会学教授罗萍也认为:"女性提出离婚,感情不合因素占了很大比重,这说明女性朋友在追求生活的高质量方面有了很大进步,这也是社会进步的一种体现。"④第五,女性较之男性有着更为细腻的情感感受,其对婚姻琐事更为敏感,在一些男性看来不足以影响婚姻的因素或矛盾,女性却难以忍受。⑤ 随着人们物质生活条件的改善和提高,大多数家庭摆脱了经济的束缚,夫妻之间的交流等精神生活开

---

① 参见老迅:《当前离婚案件中女原告多的原因及审理中应当注意的问题》,http://blog.sina.com.cn/s/blog_71ff9a350100oj4n.html,访问日期:2014年9月27日;王晓玲:《冲出围城:M法院离婚案件调查报告》,载徐昕主编:《司法》(第2辑),中国法制出版社2007年版。

② 参见王晓玲:《冲出围城:M法院离婚案件调查报告》,载徐昕主编:《司法》(第2辑),中国法制出版社2007年版。

③ 江雪、吴蔚、景振宇:《西安:离婚案女性原告占七成》,载《华商报》2001年8月16日。

④ 窦昆、潘楚义、卢燕红:《离婚案原告多为女性——女人为何不再沉默》,载《楚天都市报》2003年7月6日。

⑤ 参见王晓玲:《冲出围城:M法院离婚案件调查报告》,载徐昕主编:《司法》(第2辑),中国法制出版社2007年版;李松、黄洁、杨秀芝:《北京顺义法院调研显示"70后"仍是离婚案主力,四分之一提起离婚女性婚龄超20年》,载《法制日报》2011年3月3日;陈维国:《关于妇女离婚问题的社会性思考》,http://blog.sina.com.cn/s/blog_548d77bd01016xnf.html,访问日期:2014年9月27日。

始上升为情感细腻女性的首要需求。① 这些都说明女性对于婚姻状态的满意度和容忍度低于男性,她们更容易成为离婚案件的原告。除了上述原因,本书认为,由于女性在夫妻双方的争执及对抗中处于弱势,更容易遭受家庭暴力,在尝试其他方法都失败之后,提起诉讼就必然成为她们维护自己权利不得不使用的一个最后的有力武器②,这也是原告多为女性的一个重要原因。这样看来,女性成为离婚案件起诉的主体,并不能说明女性比男性更好讼。相反,可能会有另外一种猜想,即虽然法律规定在婚姻关系中男女平等,但是,是否正是因为在现实社会的婚姻关系中还存在着实质上的不平等,才迫使女性较男性更多地提起离婚诉讼呢?

家庭暴力和婚外情问题值得关注

无论是改革开放之前还是之后,家庭暴力问题一直都是女性提出离婚主张的重要事由。在 20 世纪 70 年代的离婚案件中,"家庭暴力"是排在"家庭琐事"和"男方犯罪"之后提起离婚诉讼的第三大原因。改革开放后,除 20 世纪 90 年代外,"家庭暴力"也一直排在女方起诉离婚原因的前五位。虽然研究数据表明,自 20 世纪 80 年代以来,其所占比例已不大③,但是,来自其他方面的信息也表明,当事人主张因家庭暴力而要求离婚的占离婚案件的比例还

---

① 参见李松、黄洁、杨秀芝:《北京顺义法院调研显示"70 后"仍是离婚案主力,四分之一提起离婚女性婚龄超 20 年》,载《法制日报》2011 年 3 月 3 日。

② 梅丽也认为,上法院打官司,对当事人来说意味着深思熟虑之后的行动,因为这样做可能会激怒对方从而使冲突进一步升级。除非当事人感到他们坚守的一些重要的原则受到威胁,否则他们是不会上法院的。参见〔美〕萨利·安格尔·梅丽:《诉讼的话语——生活在美国社会底层人的法律意识》,郭星华等译,北京大学出版社 2007 年版,第 231 页。

③ 20 世纪 70 年代女性以家庭暴力为由起诉离婚的曾占女性起诉离婚案件总数的 10%,而自 20 世纪 80 年代以来,其比例已降至 5% 以下,详见前文统计表中的《离婚原因及数量统计表》。

可能更高①。同时,由于家庭暴力的受害者基本都是女性②,因此,如果这一问题不能引起足够的重视,官方一直提倡的"男女平等"只能是"平等的幻想"。关于婚外情(生活作风)问题,研究数据表明,在20世纪90年代以前,女方好像比男方更能容忍对方的出轨行为,而20世纪90年代以后则出现了相反的情况。20世纪70年代时,女方将"生活作风"作为起诉理由的仅占2.78%,而男方则占到9.09%;20世纪80年代时,女方将"生活作风"作为理由的占3.35%,而男方则占5.83%;20世纪90年代时,女方将"生活作风"作为起诉理由的上升为4.98%,而男方也相应地上升为6.35%。而2000年以来,女方以"生活作风"为由提起诉讼的比例开始高于男方,但双方间的差距不大:2000—2002年女方为1.91%,男方为1.25%;2011—2013年女方为1.86%,男方为1.5%。从研究数据中看,在提起离婚的理由中,婚外情(生活作风)所占比重虽然很小,但来自其他方面的信息③可以证明,婚外情

---

① 如2012年至2014年6月,江苏省徐州市贾汪区人民法院共审结离婚案件1247件,其中349件案件当事人主张因家庭暴力要求离婚,占离婚案件的27.98%。参见王牧、岳敏、王道强:《妥善审理家庭暴力案件 保障受害者合法权益——江苏省徐州市贾汪区法院涉家庭暴力案件审理情况调研报告》,载《人民法院报》2014年7月31日。律师陈维国在《关于妇女离婚问题的社会性思考》一文中认为:"本文所研究的案例中,女性因家庭矛盾而被暴力侵犯无法忍受提出离婚的高达83%。"参见陈维国:《关于妇女离婚问题的社会性思考》,http://blog.sina.com.cn/s/blog_548d77bd01016xnf.html;访问日期:2014年9月27日。

② 从前文统计表中可以看出,在这些离婚案件中,只在20世纪70年代有2件案件男方提起离婚诉讼的理由为"家庭暴力"。

③ 2011年5月11日,重庆市婚姻收养登记管理中心通过《重庆晨报》发布:第一季度共有27535对夫妻离婚,其中有548对离异夫妻坦承离婚原因是"小三"搅局,排在离婚原因的第三位。无独有偶,2010年年底以来,郑州市管城区民政局婚姻登记处工作人员沈某某历时8个月,先后对220对离婚夫妻进行询问调查,发现离婚原因中婚外情约占20%,是导致离婚的第二大原因。参见施方群:《试论第三者侵害他人婚姻关系行为之私法控制》,载《人民司法》2012年第17期。另外,福建省永春县人民法院2006年审结的案件中,有13.9%的原告起诉时称被告和婚外异性保持不正当关系。参见福建省永春县人民法院课题组:《离婚案件情况分析及法律适用探讨》,载《福建法学》2007年第2期。

问题远比进入到法院的离婚争端中所体现出来的情况严重得多。另外,也有调研显示,家庭暴力和婚外情已成为破坏婚姻的两大"杀手",女性以此理由提出离婚的比例均在27%左右。① 因此,这一问题也应该引起包括司法机关在内的有关国家机关乃至全社会的重视。

婚姻质量成为人们的追求

"家庭琐事""性格不和"成为离婚争端的第一和第二大事由,这说明人们对婚姻质量的要求越来越高,再也不愿像从前一样"嫁鸡随鸡、嫁狗随狗",不再愿意"对付着过日子"了。不论男方还是女方,"长期分居"和"一方犯罪"②也已经成为他们提起离婚诉讼的主要理由。随着社会的发展进步,人们对婚姻质量也越来越看重,长期分居和一方因犯罪被羁押实质上意味着婚姻已经有名无实。在传统的"嫁鸡随鸡、嫁狗随狗""从一而终"的传统封建道德观念影响下,人们可能还会基于道德上的考虑而勉强维持这种所谓的"婚姻",但在社会主义道德观念下,"嫁鸡随鸡、嫁狗随狗""从一而终"的封建糟粕思想早已经成为批判和剔除的对象,人们当然可以明正言顺地对长期分居现实下的所谓"婚姻"说"不"了。另外,进入21世纪以来,离婚诉讼向婚姻关系持续10年以上的配偶蔓延的现象也证明了这一点。③

如前所述,官方一直在倡导和推行男女平等,甚至在某些方面

---

① 参见李松、黄洁、杨秀芝:《北京顺义法院调研显示"70后"仍是离婚案主力,四分之一提起离婚女性年龄超20年》,载《法制日报》2011年3月3日。
② 主要是指男方犯罪,在笔者的研究中,只发现两起男方因女方犯罪而要求离婚的,这与现实中女性犯罪率远远低于男性有关。
③ 当然,这一现象也可能说明,人们开始不再像以前那样"念旧情"和像以前那样惧怕道德谴责,道德的约束变得更加无力。

给予女性政策和法律倾斜,但统计数据表明,离婚诉讼一直以来绝大多数由女性提起,家庭暴力和婚外情仍然比较突出,这不得不让人相信男女平等的法律规定并没有实践其两性平等的目标。然而,仅从简单的数据分析就得出两性不平等的结论似乎尚显武断,那么这种两性不平等现象是如何形成及其实现的具体方式又是什么? 同时,离婚争端成因的多样性和复杂性以及离婚纠纷围绕感情因素(决定婚姻质量)而展开的特点,决定了离婚案件与普通民事案件的不同,离婚案件属于典型的双方关系正在发展的案件,是适合调解的案件类型①,但是用我国现有的"调审合一"模式下的司法调解,即在"法律的阴影下"②来解决这类有别于普通民事案件的纠纷是否是最理想的纠纷解决方式? 这些问题,都有待于做进一步的探讨。

4.2 离婚的起诉与应诉

4.2.1 争端在法律系统的转化

"当人们寻求公正而不是和谐一致的时候,他们会把法院当成

---

① 美国初等法院的调解项目将双方当事人关系正在发展的案件作为适合调解的案件,因此,调解项目主要处理涉及人际关系方面的案件。参见〔美〕萨利·安格尔·梅丽:《诉讼的话语——生活在美国社会底层人的法律意识》,郭星华等译,北京大学出版社 2007 年版,第 43—44 页。

② 参见〔美〕罗伯特·H. 芒金、刘易斯·A. 康豪斯:《法律阴影下的交易:离婚案件》,刘坤轮译,载冯玉军编:《美国法学最高引证率经典论文选》,法律出版社 2008 年版。

最后的求助对象。"① 到法院离婚是从一方当事人提起诉讼开始的。当一方当事人将双方间的离婚争端提交到法院时,法官会首先要求当事人按照法院的要求书写起诉状。②

这张起诉状对于法官和法院来说,虽只是了解案件基本情况的一个背景资料,但是,对于受害人③来说,这可能是对夫妻间争端所涉及内容的第一次认真细致的描述。无论这张起诉状多么简单,它都是对夫妻间争端的一种转化。在起诉状中,当事人被要求填写原被告的姓名、住址及联系方式等基本情况,写明自己的诉讼请求,即要求与对方离婚的明确表示,以及所依据的事实和理由。起诉状的格式如下:

原　告
被　告
诉　讼　请　求

---

① 〔美〕萨利·安格尔·梅丽:《诉讼的话语——生活在美国社会底层人的法律意识》,郭星华等译,北京大学出版社2007年版,第26页。

② 虽然我国2012年修订的《民事诉讼法》第120条(修订前的条文为第109条)规定"起诉应当向人民法院递交起诉状,并按照被告人数提出副本。书写起诉状确有困难的,可以口头起诉,由人民法院记入笔录"。但是随着百姓文化水平的提高和代理诉讼业务的兴旺,法院一般都要求当事人递交书面的起诉状,因当事人书写起诉状有困难而口述后由法院记入笔录的情况已经十分罕见。

③ 离婚案件的受害人实际上就是认为自己受到伤害而提起诉讼的一方当事人。

(续表)

事实与理由
证据和证据来源，证人姓名和住址
此致 　　　　　　　　人民法院 附：本诉状副本　　份 　　　　　　　　　　　　　　　　　起诉人： 　　　　　　　　　　　　　　　　　年　月　日

注：1. 本诉状供公民、法人提起民事、行政诉讼用，用钢笔或碳素笔、中性笔填写。

2. "原告""被告"栏，均应写明姓名、性别、出生年月日、身份证号码（对民事被告的出生年月日确实不知的，可写其年龄）、民族、籍贯、职业或工作单位和职务、住址等。被告是法人、组织或行政机关的，应写明其名称和所在地址，法定代表人、职务，联系电话。

3. "事实与理由"部分的空格不够用时，可增加中页。

4. 起诉状副本份数应按被告的人数提交。

另一方当事人在收到法院送达的原告的起诉状后，一般会被建议或要求向法院提交答辩状，针对原告所提出的诉讼请求及事实和理由，提出自己的抗辩意见，法院为当事人推荐的答辩状格式如下：

答辩人
因　　　　　　　　　　　　　　　　　　　　　一案，
提出答辩如下：
此致
人民法院
附：本答辩状副本　　份
答辩人：
年　月　日

　　注：1. 本答辩状供公民、法人对民事起诉提出答辩用，用钢笔或碳素笔、中性笔填写。

　　2. "答辩人"栏，应写明姓名、性别、出生年月日、身份证号码（对民事被告的出生年月日确实不知的，可写其年龄）、民族、籍贯、职业或工作单位和职务、住址等。答辩人是法人、组织或行政机关的，应写明其名称和所在地址，法定代表人、职务、联系电话。

　　3. 答辩中有关举证事项，应具体写明证据和证据来源、证人姓名及其住址。

　　4. 答辩状副本份数，应按原告的人数提交。

　　起诉状和答辩状将一种关于争端的框架强加给人们，提出离婚请求的一方被命名为原告，而相对的另一方，即对抗离婚请求的一方则被命名为被告。此时，双方的争端已经不得不被简化为原告要求与被告解除婚姻关系。① 而且,当事人被要求在起诉状诉讼请求下的"事实与理由"一项和答辩状中"提出答辩如下"中用几行话做出陈述。

在这种格式化的起诉状和答辩状中,最引起人们注意的并不是当事人的主张内容,而是在于这样一个事实:法庭要求当事人以一种特定的程式化的方式去讲出一些东西。通过这种格式化的诉状,法律与当事人产生了互动,共同对该争端问题做出描述。法律要求一种特定形式的主张,这种主张形式将争端简化为离婚与否,并要求简单明了地为该主张提供理由。通过这种方式转化当事人对争端的叙述,法律在同当事人的第一次遭遇中,已经开始转化争端本身。当该案件移交到法庭的时候,法官首先通过阅读起诉状和答辩状来获得对该争端的初始了解,并通过它们来总结双方当事人间冲突的根源和争议的焦点,为法庭下一步的调解和审判工作做好准备。当法官归纳了当事人的诉辩意见后,再与当事人进行交流时,当事人发现法官转述出来的东西与他们原来所要表述的东西已经发生了很大的变化。"许多诉讼当事人都报告说,当法官将自己的理解重新讲述给他们听的时候,他们不再能够辨认出争端的模样。"②

法庭对当事人争端的转化,还体现在另一个方面,那就是转换当事人的话语,而最典型的就是法庭有权要求当事人对其在诉状

---

① 一般来说,在我国,除当事人请求离婚外,法院是不单独受理和支持婚内财产分割及子女抚养等诉讼请求的。
② 〔美〕约翰·M.康利、威廉·M.欧巴尔:《法律、语言与权力》(第2版),程朝阳译,法律出版社2007年版,第116页。

中的不当话语进行修改。① 在离婚当事人起初递交到法院的诉状中,随处可见这样的例子。例如,有一名案件当事人在递交到法院的诉状中用了许多"破鞋""烂货"②等词语来谩骂、谴责她认为与其丈夫有不正当关系的第三人,负责立案的法官先是劝她"就事论事""不要用这些不中听的词",在原告拒绝收回诉状并进行修改后,他则以法律的名义③拒绝收案:"你如果不听我们的(修改诉状),那你就把状子拿回去,按照法律规定,我们有权拒绝立案。"然而,实际上法律并不是这样规定的。④

法庭对当事人争端的再一次转化发生在法庭对离婚案件调解和好的过程中。在当事人的争端进入法律系统变成案件后,法庭对该案件进行的调解则成为该争端的另外一次转化。离婚争端亦属冲突范畴,在梅丽看来,发生冲突的情况在邻里和家庭中通常被理解为社会关系中所产生的问题。而在法院,这些冲突被解释为案件。它产生于某项指控并要经过一个对该项指控的处理过程。案件的意义和处理过程要由法院来确定。⑤ 案件会有开始、发展和结束,但问题则很有可能会持续发展下去,直到情况发生改变或涉及的关系结束,即当事人之间的关系得到了重新建构。⑥ 离婚争端

---

① 最高人民法院的相关司法解释规定,当事人在诉状中有谩骂和人身攻击之词,送达副本可能引起矛盾激化、不利于案件解决的,人民法院应当说服其实事求是地修改;坚持不改的,可以送达起诉状副本。但现实中,受理案件的法官在审查当事人的诉状时如发现其中有谩骂及侮辱性语言时,他们往往会拒收诉状以迫使当事人修改。
② 我国北方的方言,是对与他人有非法性关系的人的贬称。
③ 关于这一点本书还有介绍。
④ 参见〔美〕萨利·安格尔·梅丽:《诉讼的话语——生活在美国社会底层人的法律意识》,郭星华等译,北京大学出版社2007年版,第43—44页。
⑤ 参见同上书,第119页。
⑥ 参见〔美〕萨利·安格尔·梅丽:《诉讼的话语——生活在美国社会底层人的法律意识》,郭星华等译,北京大学出版社2007年版,第119—120页。

这种人际关系类问题进入法律系统成为案件后,本来应按照案件的发展规律最终走向结束,即判决或促使当事人达成妥协,但当法官优先选择对当事人做和好工作,而让当事人撤诉后,则原有争端又回到了起点——问题上。这实际上意味着离婚案件司法调解和好的过程实际上是争端的一个逆向的转化过程,即当事人间的冲突——争端在进入法律系统变成案件后,经由法官的司法调解,又回到了梅丽所称的问题,即争端。如果当事人间的冲突没有得到根本解决,法庭只是通过调解工作让当事人撤回起诉以完结一件案件,那么这起争端还是会像法院判决不准离婚的案件一样,迟早还是会回到法庭上来。而在这个逆向转化的过程中,想方设法做和好撤诉工作,劝双方回去"冷静冷静""再考虑考虑""再给对方一个机会"等成为约定俗成的劝说话语;让当事人在另一方(一般多为男方)写出保证书①的前提下撤回起诉成为了常规的劝和办法;告诉原告"现有的情况下法院不可能判离,回去再过一段,实在不行,6个月后再起诉"成为了劝说当事人撤诉的有力理由。这样做对于"情绪化离婚"②虽有意义,但是对那些坚决要离婚的当事人来说,则意味着徒劳。这可能就是当前离婚案件经过调解撤诉后当事人再次起诉的比例比较高③的原因。

---

① 一般是针对原告起诉所指出的被告的缺点和毛病,由被告做出改正和不再犯的承诺。
② 参见〔美〕约翰·M.康利、威廉·M.欧巴尔:《法律、语言与权力》(第2版),程朝阳译,法律出版社2007年版,第63页。
③ 笔者曾对某区人民法院2011年起诉后经人民法院调解撤诉后的65件离婚案件进行调查,发现又再次起诉到法院的有27件,占了42%;另外,肯定还有部分案件当事人达成离婚协议,通过民政部门办理离婚的。因此,该比例能够达到50%。另参见饶朝芬《基层法庭离婚案件调解初探》,http://cdzy.chinacourt.org/public/detail.php?id=7495,访问日期:2014年4月12日。

4.2.2 规则导向型叙述与关系型叙述

按照康利和欧巴尔的观点,到法庭打官司的当事人经常使用两种类型的叙述方式,即规则导向型和关系型①。"规则导向型叙述常常诉诸法律规则和法律权利,常常按照一定的顺序连续地、以一种直线性的方式组织和展开,最终落脚在具体的行为人上。相反,关系型叙述则常常散漫悠闲、漫无目的,倾向于利用诸多情境性内容或要素,假定听众一方也具有同样的背景信息。"②相应地,当事人有着两种完全不同的叙述方式。规则导向型叙述把相对人违反具体的职责、义务或规则作为当事人一方提出法律主张的基础,并从始至终根据事件发生的时间顺序来重述事件。在叙述中,规则导向型叙述既明确了对该事件负责的行为主体,也讲明了事件的原因和结果。而且特别重要的是,这种叙述体现了对法律关联感的准确把握,与法院和法律的逻辑相一致,将与主张无关的证据,特别是那些纯属私人性的或社会性的细节主动忽略。而关系型叙述则相反,它把社会行为的一般规则作为其提出法律救济主张的基础。它们的论题常常是,那些履行了社会义务的正派人应该享有公平对待的权利。由于关系型叙述的焦点在于个人的身份和社会地位,因此关系型叙述中常常充斥着法律通常认为没有任何关联的、与说话者生活有关的细节,而且对时间顺序和因果关系

---

① 也有学者将其翻译为规则取向型和关系取向型。参见胡鸿保、张晓红:《语言、话语与法律人类学——从〈规则与关系——法律话语的民族志〉一书谈起》,载《青海民族研究》2010 年第 1 期。

② 程朝阳:《法律权力运用的语言面相——〈法律、语言与权力〉导读(代译序)》,载〔美〕约翰·M. 康利、威廉·M. 欧巴尔:《法律、语言与权力》(第 2 版),程朝阳译,法律出版社 2007 年版。

的表述也比较混乱。①

规则导向型和关系型两种类型的当事人叙述方式,虽然是康利和欧巴尔基于对美国的当事人到法庭打官司时的研究发现,但由于是对特定的群体——案件的当事人,向特定的机构——法庭讲述故事的方式进行的规律性的总结,因此,可能与美国相类似,中国的当事人为打官司而向法庭讲述自己的故事时,也可能会使用这两种或与其相类似的叙述方式。本书通过对当事人向法庭递交的起诉状和答辩状的实证研究,证实了这种猜想。

在改革开放前的离婚案件中,无论是当事人的起诉内容,还是答辩意见,都明显地表现出了关系型叙述的特点,在其中很难发现规则导向型叙述的影子。当事人几乎在每一份诉状或答辩状上都密密麻麻地写上几页纸,甚至十几页纸,上面不只写满了当事人之间争执与纠纷的细节,而且将当事人之间多年生活中的"陈芝麻烂谷子"事情一并写出来,试图把读者带入他们纠纷的现场和日常生活的情境中去,而对法律所关心的内容描述不多。② 改革开放后这种情况发生了一定的变化,尤其是近些年离婚案件的起诉状与答辩状基本上都是规则导向型叙述的模式。笔者随机查阅了某基层法院近 5 年来的 100 件离婚案件卷宗,诉状中叙述的事实和理由采用或接近采用以下较为固定的格式的文书占到 89%:"原告与被告于某年某月某日在某地登记结婚,婚后生育一子(一女),名叫某某某,现年 X 周岁。在共同生活期间,双方感情尚可(或双方因家庭琐事经常争吵)。某某年以来,被告对家庭不负责任(或实施

---

① 参见〔美〕约翰·M. 康利、威廉·M. 欧巴尔:《法律、语言与权力》(第 2 版),程朝阳译,法律出版社 2007 年版,第 87—88 页。

② 鉴于本书篇幅,在此无法进行例举。

家庭暴力、搞婚外恋、赌博等原因),导致夫妻感情破裂(或无感情、不能共同生活下去),请求法院依法判决原告与被告离婚,子女由原告或被告抚养,财产依法分割。"

以下是选自笔者随机抽取的上述100件离婚案件卷宗中的几份诉状和答辩状,当事人为同一基层法院辖区居民,该基层法院所在的县属经济文化欠发达的边境民族区域自治县,只有8万人左右。

语料 4.1

我[①]与被告于1980年登记结婚,婚后生育2个女儿,现均已结婚。由于我与被告夫妻感情基础差,被告经常对我实施家庭暴力,导致夫妻感情完全破裂。2011年3月份,我到法院起诉离婚,经调解撤诉,但被告拒不悔改,仍然对我实施家庭暴力,双方已无法继续生活下去,故请求依法判决离婚。另,我与被告在婚后共同劳动积累如下财产(详见财产清单),因上述财产为夫妻共同财产,故请求平均分割。综上,请求人民法院依法判决,以实现诉讼请求。

语料 4.2

本人[②]与邹某某2002年一起共同生活,生活期间感情还好,在2007年去长白镇登记结婚。自2010年至现在,夫妻因家庭琐事经常发生争吵,且被告经常喝酒闹事,还经常动手打人,经常打人成性,至(致)使本人失去跟邹某某一起共同生活的信心,夫妻也无感情可言。诉至法院,请求依法判决我与被

---

① 原告孙某某,女,汉族,1961年5月20日生,小学文化,农民。
② 指原告包某某,女,1964年4月27日生,汉族,中专文化,自由职业者。

告邹某某离婚。

语料 4.3

原告①、被告经人介绍于 2001 年 12 月在长白镇民政部门登记结婚,婚后双方感情尚可,婚生子蓝某现年 9 周岁。2008 年开始,双方感情出现裂痕,被告每次争吵都以原告挣钱少、心眼小为理由,当着孩子的面打原告,并多次提出与我离婚。现被告把家里的、饭店的锁全部换掉,并把值钱物品全部转移,让我无家可归,原告的衣物、证照也被被告控制。被告的行为使原告的身体、心灵受到严重伤害,导致双方的感情彻底破裂,根本无法生活在一起。因此,现提起诉讼,请求法院依法予以解决。

语料 4.4

我②与被告于 2000 年 6 月 16 日在长白镇政府登记结婚。婚后由于感情不好争吵不断,后期分居 2 年,无子女、无财产,现已感情破裂无法继续生活,请求法院判决与被告离婚。

语料 4.5

2004 年农历 4 月 16 日(原告③)与被告结婚。结婚时原告带一女儿来的。原告的前夫因病死亡。婚后被告对我的女儿不好,处处影响她的学习和成长,(女儿)原来挺开朗的,现在变的很内向了。现在又有一女儿,已经快 5 周岁了。夫妻之间经常打仗,(被告)晚上经常不让原告睡觉,所以身体不好,心脏病是由被告给气出来的。还有一次最严重的是被告把原

---

① 原告蓝某某,男,1975 年农历 6 月 1 日生,高中文化,无职业。
② 原告张某某,男,1975 年 11 月 27 日生,高中文化,下岗工人。
③ 原告赵某某,女,1975 年 6 月 21 日生,初中文化,无职业。

告打的头的后部骨折,所以夫妻之间没有什么感情。原告就为被告不能养家领着两个孩子在外打工一年多他没有关(管)过我们,还怀疑我外面有人,经常出来盯着我。我为了孩子,为了养2个女儿还得忙里忙外,根本就没有被告想的那样。他侮辱我的人格,所以实在过不下去了,诉至法院,请求依法判决我与被告代某某离婚。

前4份诉状都是规则导向型叙述的范例。4位原告虽然文化程度、职业、性别不同,但是他们都明确提出法官要了解该案所必须解决的问题,即双方当事人间的感情是否破裂这一法定离婚标准。4份诉状都是按照时间顺序来展开自己的叙述,其内容是高度事实性的,原告对同居和登记结婚的时间、出现矛盾影响夫妻感情的时间以及矛盾纠纷的内容,乃至生育子女的情况都做了准确的叙述。在语料4.1中,原告甚至列出了夫妻共同财产的清单。从诉状中可以发现,原告的法律诉求均建立在被告对婚姻义务的违反上,明确地指出了原因(家庭暴力、喝酒闹事及打骂原告、争吵不断后期分居2年和不尊重原告、致原告无家可归)和结果(无法继续生活下去、夫妻无感情和感情彻底破裂)。更为重要的是,这些叙述与法律的逻辑是一致的,反映了对法律关联感的准确理解和把握,而将与主张无关的事实和理由排除在外,尤其是那些纯属私人性的或社会性的细节。在语料4.5中,原告受文化水平的影响,话语的连贯性、用语的准确性虽然不佳,但从总体上,她仍然是按照时间顺序,围绕着法律规则即感情是否破裂(原告用的词是"实在过不下去了")来陈述事实和理由,仍然属于规则导向型叙述的范畴。

在 100 件卷宗中,被告提交答辩状的,占到了 47%,答辩内容有长有短,多数是采用法院推荐的格式写就的,但其内容则不像起诉状那样相对规范统一。

语料 4.6

我①不同意离婚。原告说夫妻感情破裂不属实,我与原告结婚的感情基础很牢固,我俩认识两年多之后才结婚,当时因为原告家说先不要孩子,过 2 年再要孩子,所以我怀孕后流产了,这之后我就再没怀孕。我俩有财产②,当时我有工作,原告没有工作,如果原告不给房子的话,我不可能跟原告结婚。原告说分居 2 年不属实,2009 年 5 月原告去山东打工,在 8 月份又回来了,我俩住在一起。2010 年春节张某某(指原告)从山东回来,我俩又住在一起,所以原告说分居 2 年不属实。

语料 4.7

我是被告邹某某③,现就包某某诉你院与我离婚进行答辩,请人民法院接受我的答辩,并帮助我,保全我们的家庭。因为,我不同意离婚,理由是:我与包某某感情没有破裂,我还是很爱她的。从一起生活到现在的 12 年中,我俩一直是在恩爱的生活中渡(度)过的。但在生活中曾经因家庭琐事争吵过,发生过几次争吵时,因为我吵不过她,在(再)加上酒驾着④,动手打过她。打了她我也很后悔,我已多次向她赔过礼、道过歉。今天,我再次向她、向人民法院承认错误,诚恳地接

---

① 前述语料 4.4 一案中的被告,女,1976 年 11 月 19 日生,大专文化,协理员。
② 此处所说的财产应当指的是房子。
③ 前述语料 4.2 一案中的被告,男,1963 年 2 月 20 日生,汉族,高中文化,工人。
④ 东北方言,指某些东西对人的行为在起作用。

受批评教育,甚至是惩罚,动手打人是不对的,我做错了!并且保证:今后,坚决不犯类似的错误,请法院监督我。我不同意离婚,因为我们的感情没有破裂,同时也没有根本的利益冲突。原告在诉状中说我"经常喝酒闹事,动手打人成性",是不符合事实的,我们夫妻都是喜欢喝酒的人,酒后发生口角和争吵都属家庭琐事,是有时候的事,不是经常的。

语料 4.8

我(被告张某某)于(与)李某某夫妻感情未达到破裂无法生活程度。为了我俩的儿女不原(愿)少爹少妈无疼无爱。有妈孩子象(像)个宝,无妈孩子象(像)个草。他现在需要抚养和教育,怎么失母爱,幼小心灵造成不幸的痛苦,今后的处境造成不可设想后果。现在社会犯罪青年多数父母离婚,缺少父母教养才走上犯罪道路,为了儿女负责,双方都应认真反思和改正自己的缺点和不足。我不同意离婚,如果咱俩婚姻达到最危机时非离不可,必须把儿女按(安)排妥善,我没别什么要求,孩子必须有母亲照顾我才放心,我拿抚养费,请求审判员给公正调解。

语料 4.9

2004年农历4月16日与原告结了婚。结婚时原告带一6岁女儿与我结婚,原告前夫因病死亡。我①对其女儿一向很好,一心想和她过好日子,因为对她女儿好就象(像)对她好一样。我并没有影响其学习及成长。她说女儿原来是开朗的,我说是的,如今内向了也是真的,也许是进入青春期了吧!或

---

① 语料4.5中的案件被告代某某,男,1967年9月12日生,小学文化,农民。

许原告经常训她,再就是我们经常闹离婚以及学习压力等。她的内向对(与)我是没有直接关系。那日晚上吵架,是因为她每月给红房子烧烤帮忙2—3天,因为她去年在那干过几个月,去帮忙是因为那里忙不过来,我说忙不过来跟我们没有关系,如果1个月2—3天也给不了多少钱,不如找一个长期工作,1000元不算少,2000元不算多。再就是她再(在)我不知情况下把我银行户头改成她的名,是因为去年春天送小女儿到育儿院,在小台阶摔倒把牙断一节,我在农村干活,我就把密码和存折给她了,她取出1600元之后就改成了她的名。她说是因为用我妹妹的名存的,我跟她说我当时还我妹妹的钱,当时没带身份证,原告对我说她有,那时我们也在闹离婚,所以我并没有也没想过去用原告的身份证。原告身体以前就不好,就有心脏病,并不是被气出来的。去年闹离婚我们之间并没有发生什么事,也许她因为开饭店黄了①心情不好,跟我闹了好几个月离婚,我们夫妻常(长)期分居,对于她在长白县城为什么总是提出离婚,所以(我)才有点想法,当时我在沟里干活。我不是想侮辱她的人格,那样对我也没什么好处。她说我不能养家,领2个孩子在外地打工,是因为那一年她爸病了到白山治病,正好她也在白山干活,因为我把粮食都卖了,又借了钱给邮去,夏天又给自家盖牛棚,所以当年并没时间挣钱,那年收成又不好。我很想与原告过下去,不想离婚,因为我们的感情没有破裂,所以请求法院支持。

---

① 北方口语,指事情失败或计划不能成功,如对象黄了、买卖黄了。

从上面的几篇答辩中,我们不难看出,递交了答辩状的当事人①的叙述方式从主体上来说还是规则导向型的。他们基本上都是围绕着法官决定离婚案件的关键,即感情是否破裂来组织自己的答辩,尤其是针对原告提出的有关双方感情破裂的事实和理由来展开自己的叙述②,同时也针对原告提出的有无财产等问题进行了有针对性的反驳。在语料 4.6 中,当事人为了说明与对方的感情没有破裂,首先阐明"感情基础牢固",证据就是两人"认识两年多之后才结婚"。同时,针对原告提出的双方已分居 2 年的主张,则提出"2009 年 5 月原告去山东打工,在 8 月份又回来了,我俩住在一起。2010 年春节张某某(指原告)从山东回来,我俩又住在一起"来反驳,最终给出自己的结论"原告说分居 2 年不属实",从而进一步证明自己的论点:"原告说夫妻感情破裂不属实。"在语料 4.7 中,被告开宗明义阐明自己的观点:"我不同意离婚。"随之给出了自己对离婚规则未予违反的主张:"我与包某某感情没有破裂,我还是很爱她的。"虽然承认自己曾经动手打过原告,但他很快为自己的行为找到了理由:"因为我吵不过她,在(再)加上酒驾着。"他也强调了自己的补救措施,即"我已多次向她赔过礼、道过歉"之后,表达了自己承认和改正错误的决心:"今天,我再次向她、向人民法院承认错误,诚恳地接受批评教育,甚至是惩罚,动手打人是不对的,我做错了!并且保证:今后,坚决不犯类似的错误,请法院监督我。"这些叙述与法律的逻辑及法官处理案件所要听到的内容是一致的,反映了对法律关联感及法官判案标准的准确把握,

---

① 在笔者查阅的案件卷宗中,许多当事人都不提交书面答辩。
② 这一点从分别对应语料 4.2、4.4、4.5 的语料 4.7、4.6、4.9 中看得更明显。

容易让法官接受其陈述的内容,此案最后以法官做工作让原告撤回起诉结案就是一个很好的例证。语料4.8中的被告虽然只是强调孩子不能缺爹少娘并指出了这样的危害:"现在社会犯罪青年多数父母离婚,缺少父母教养才走上犯罪道路",并未真正给出支持自己论点——"我于(与)李某某夫妻感情未达到破裂无法生活程度"——的理由,但这只是个人能力的问题,并没有改变他将两个人之间的争端看作是社会的最小单元——家庭内部的问题,不去讨论人格或社会关系的倾向,因而并不影响其试图按照法律所认可的规则导向型叙述进行答辩的努力。语料4.9中的被告虽然在答辩时在很大篇幅上采用了关系型叙述,比如他像跟熟人谈话一样,假定他的答辩的阅读者拥有他所讲的那些事件和地点等的背景知识,大方地讲述他那些常被法官称为"陈芝麻烂谷子"的往事,但是他并没有忘记在最后又把思路调整回来,回到了规则导向型叙述那样的表达方式:"我很想与原告过下去,不想离婚,因为我们的感情没有破裂,所以请求法院支持。"这样最终还是避免了在机构话语环境中他前期那种关系型叙述会给一个陌生人(如法官)试图从其叙述中抽象出一组事实并对其适用法律规则的努力带来困难的危险。

上述9份语料摘自于笔者随机抽取的某法院近5年的100件离婚案件卷宗中,因此具有相当的代表性。通过前述对该9份语料的分析,可以看出,虽然当事人的叙述风格和用语规范程度不同,但是从总体上来说,该9份语料都体现出了规则导向型叙述的特点,属于规则导向型叙述的范畴。因此,通过考察上述当事人的诉状和答辩状,可以推断:现在的当事人在书面语中大多使用了法律系统更为青睐的规则导向型叙述。① 之所以会这样,可能跟以下的原因有关系:一是法院及法官的偏好。笔者访谈了 15 位基层法院的民事法官,他们对关系型叙述和规则导向型叙述的概念虽然极为陌生,但当我向他们介绍完两者的大概意思后,他们都表示,肯定希望和喜欢当事人采用规则导向型叙述的方式向法庭陈述其要讲述的事实和观点,因为这样会使法官的庭审进行得更顺畅,更容易使法官达到事半功倍的庭审效果。二是专业法律人士也会按照法律的逻辑来指导当事人。即使是初次到法院打官司的当事人,一般也会主动向立案法官或者他熟悉或认识的法官、律师或法律工作者咨询诉状或答辩状的写法。这时,专业法律人士就会按照法律叙事的逻辑来告诉当事人,要按照时间顺序简单介绍结婚及子女情况,简要写明导致夫妻感情破裂或者感情并未破裂的事实和原因。三是法律规定而引发的实用主义。我国《婚姻法》是将"感情确已破裂"作为判断是否准予离婚的标准。② 因此,无论是向当事人提供咨询的人还是为当事人作代理的人,他们都会紧紧围绕着这一点来做足文章:原告方尽全力主张与配偶间夫妻感情已经破裂,并提供所有能够提供的证据和理由;不同意离婚的被告方

---

① 这也与笔者日常工作中所掌握的情况是一致的,因此,虽说是推断,但是该结论基本上与客观现实不会有太大出入。
② 1950 年《婚姻法》第 17 条曾规定:"男女双方自愿离婚的,准予离婚。男女一方坚决要求离婚的,经区人民政府和司法机关调解无效时亦准予离婚。男女双方自愿离婚的,双方应向区人民政府登记,领取离婚证;区人民政府查明确系双方自愿并对子女和财产问题确有适当处理时,应即发给离婚证。男女一方坚决要求离婚的,得由区人民政府进行调解;如调解无效时,应即转报县或市人民法院处理;区人民政府并不得阻止或妨碍男女任何一方向县或市人民法院申诉。县或市人民法院对离婚案件,也应首先进行调解;如调解无效时,即行判决。离婚后,如男女双方自愿恢复夫妻关系,应向区人民政府进行恢复结婚的登记;区人民政府应予以登记,并发给恢复结婚证。" 1980 年《婚姻法》将"感情确已破裂"确立为判决离婚的法定标准,一直延续至今。

则必须反其道而为之,提供证据和理由来反驳对方关于夫妻间感情确已破裂的主张,并提供反证来证明双方感情并未破裂。四是文化水平的提高。随着国内义务教育的普及,人们文化水平的提高,包括偏远地区的农民,也都能"识文断字",在其准备打离婚官司或者遇到离婚官司时,也都会"临时抱佛脚"去查阅一下有关离婚的法律规定,并依照规定行事。五是代理人制度的蓬勃发展。能够为离婚案件当事人作代理人的除了律师外,还有法律工作者[①]、当事人的近亲属等。法庭也希望当事人能有一个具备一定法律知识或文化水平较高的代理人,这样法官与之进行沟通和交流时也能更顺畅,因而对于当事人委托的即使不属当事人近亲属的亲朋好友作代理人,法庭一般也都准许。这些人由于具备一定的法律知识,即使不具备专业的法律知识,但他们查找法律规定、学习法律知识的能力都比较强。因此,由他们来为当事人书写诉状或答辩状,一般也会较多地按照法律的逻辑来进行,围绕法庭感兴趣的具体问题来展开自己的叙述,而将那些纯属私人的个人状况等内容或对当事人的社会活动来说重要,却与更加有限的、以法律规则为中心的法庭活动无关的一些事情,排除在诉状或答辩状之外。

起诉状和答辩状这种以文字为载体的话语中反映出来的现象表明,现在的当事人在书面语中更愿意使用法官青睐的规则导向型叙述,以期与法律的逻辑相适应,最后更好地服务于自己的主张。但是,当当事人在法庭上进行陈述和辩论时,情况则有所不

[①] 属于具备一定法律知识,在经司法行政机关批准的基层法律服务所中从业的人员,这部分人员不要求必须通过司法资格考试才能执业。

同。通过笔者观察的庭审可以看出,女性对关系型叙述情有独钟①,在法官要求她们向法庭陈述诉讼请求及理由时,她们一般都会不厌其烦地讲述男方如何对不起她们以及自己生活的不容易等,甚至是像流水账一样讲述夫妻之间发生的往事。而男性则显得更理性一些,一般他们不对过往的事情做更多的介绍,而愿意直接去按照法律规定的内容,如"感情不和"或"感情尚未破裂"等为由直接提出自己的主张。康利和欧巴尔对这一现象进行了入木三分的总结:"这种规则对关系的二分法暗含着一些共同的性别成见。规则导向型的结构反映了许多男人对他们自己的一些定义性观念:男人是直线性思维,他们直达要点,他们强调"事实"而不是感情,他们对不顾个人环境、对每个人都适用的一般性规则怀抱忠诚。关系型叙述,另一方面,唤起的却是对女性的思想和行为的一种普遍的男性成见:女性在处理时间方面不准确,她们在讲述故事的时候常常离题,漫无边际,她们让自己的感情影响事实,她们在提出并运用一般性原则的时候太依赖于语境。"②同时,二元论思想也可以作为解释这一现象的一个视角。作为二元论思想体系中的一个至关重要的内容之一,即雄性和雌性的区分:"男性以二元论中的一方来界定他们自己:理性、主动、富有思想、理智、文明、坚强、讲究客观、擅长抽象、注重原则。他们将二元论的另一方加诸于女性:非理性、被动、非常感性、情绪化、自然、脆弱、非常主观、擅

---

① 这一点与康利和欧巴尔的发现相同:"我们观察到大多数规则导向型叙述诉讼当事人都是男性,而大多数关系型叙述的当事人都是女性,虽然这不是一个很严格的必然联系。"〔美〕约翰·M. 康利、威廉·M. 欧巴尔:《法律、语言与权力》(第 2 版),程朝阳译,法律出版社 2007 年版,第 96 页。

② 同上书,第 95 页。

长具体、非常个人化。"①

当然,性别之间的这种差异也不是绝对的。在笔者观察的一起离婚案件中,就出现了相反的情况,男方明显表现出了关系型叙述的倾向,而女方则是典型的规则导向型叙述。在男方喋喋不休地讲述自己在女方生病时如何细心照料等细节时,法官先是通过"你说的本法庭都已听清并记录在卷了"这样的语言非常委婉地告诉他不用再讲了,在其还是继续讲述这些内容的时候,法官则直接打断了他,并告诉他这些与他们所争议的离婚及财产分割问题无关。在这里,既看到了法官对关系型叙述的"不感冒",又可以发现做出规则导向型叙述的能力与一个人的文化水平、商业交往甚至法律素养有关。上述案件中的女方是某县级市的一位副市长,而男方则是该县财政局下属单位的普通工作人员。翻阅该案的卷宗,当事人在诉状和答辩状中已经体现出各自叙述方式的特点。

女方在起诉状中对事实与理由的阐述体现出明显的规则导向型叙述的特点,其内容如下:"原、被告于1990年5月1日在某某县人民政府登记结婚,原、被告自结婚以来,常因家庭琐事吵闹打架,甚至在原告怀孕期间,被告也因家庭琐事打骂原告。原告曾多次提出离婚,在亲朋好友的劝说下,又考虑孩子尚小怕影响其成长,且被告保证不再打原告的情况下,原告最终放弃离婚的想法。但被告打骂原告并没有悔改。原、被告于2005年3月18日曾有过婚内协议离婚。原告曾在2011年1月13日晚因被告的打骂而打'110'报警(有派出所证明),春节过后原告曾又提出离婚,被告

---

① 〔美〕戴维·凯瑞斯编:《法律中的政治——一个进步性批评》(原书第3版),信春鹰译,中国政法大学出版社2008年版,第483页。

同意后再次反悔。原告在打骂中度过了 23 年,身心受到了严重的伤害。现双方已无感情可言,故根据《中华人民共和国婚姻法》第 32 条的规定,向法院起诉,要求与被告离婚。"

被告在答辩中表现出明显的关系型叙述的倾向,他是这样阐述自己不同意离婚的事实和理由:"(1) 被答辩人多病体质,过去需要,今后更需要答辩人的悉心照顾。答辩人与被答辩人经相识,恋爱一年半后于 1990 年 5 月 1 日在某某县某某镇政府办理登记结婚。婚后虽偶尔有口角,但始终相亲相爱。婚后被答辩人说自己有心脏病史和胆囊炎,答辩人想到对方少年失去母亲,在家做大姐只有付出,缺少关爱,遂决心照顾关爱其一生。因此,为被答辩人多方寻求中医良药,熬制中药。结婚初的几年里,每年四季时常陪同她输液。在答辩人的悉心照顾下,其心脏病才慢慢稳定,胆囊炎得以痊愈。但其心脏病在十几年里总有反复,几次住院,我陪她常年治疗,往返于长春、北京之间。……①(2) 被答辩人追求进步,答辩人独立抚养女儿,支持其进步。1995 年初夏,被答辩人有机会到抚松县松树乡任副镇长,女儿刚刚 4 岁,初做父亲的答辩人才 29 岁,毅然答应全心全意照顾女儿,在家坚守爱情,等她回来。一

---

① 该部分省略的内容为:"1997 年被答辩人自乡下返家途中出车祸,因腰部疼痛,卧床不起,答辩人陪被答辩人先后到抚松、白山、长春等各大医院检查,最后确定是腰间盘脱出。答辩人陪同被答辩人到抚松县温泉疗养达 2 个月之久。回到家中,答辩人通过咨询、学习,给她按摩一年有余。她不能弯腰洗衣服,不能接触冷水,所以我承担了一切家务。我原来在银行从事储蓄工作,因为总请假陪妻子看病,被领导讽刺及被同事们嘲笑,后改作保卫工作(不坐班),以方便照顾多病的妻子。2005 年,她又得了阑尾炎,答辩人陪同她到医院检查、输液,并为其寻找中医良方,熬制中药。2006 年,她在临江林业局医院做了阑尾摘除手术,答辩人(当时在抚松水电站工作,工作非常繁忙)请假 10 天来临江全程照顾,端屎端尿。出院后答辩人将其接回抚松家中继续照顾。以上全属事实,北京、长春、抚松、临江的专家可作证,我的亲属、同学、朋友、同事亦可证实。我的心总被她牵着,为她提心吊胆的。"

等就是六年半。2001年她才调回抚松。……① 2006年2月,她又调到临江工作,女儿正面临中考,答辩人又主动包揽一切,在家照顾女儿,做妻子的经济后盾和管家。三年半的时间,女儿两次大考,家务不说,每日接送女儿,谈心消除其考前焦虑。每日与被答辩人汇报孩子的生活、学习、情绪等以免除做母亲的惦念。2009年,女儿以优异的成绩被重点大学录取,我才迫不及待地要来与妻子团聚。被答辩人也积极同意与答辩人来临江团聚。在搬家喜宴上,她还当着亲朋好友的面感谢答辩人,大家笑言我们久别胜新婚。1999年一家三口去北京旅游,2003年一家三口去大连旅游,2010年一家三口去上海旅游(看世博会),照片记录下了我们的幸福。(3)答辩人代替被答辩人行孝,使其安心工作。答辩人自与被答辩人结婚以来,一直善待岳父母,与岳父母感情深厚。2006年,岳父去世,主要都是答辩人操持后事。被答辩人在外地工作,包括岳母迁坟、岳父立碑、修坟等事项,每年的节日祭拜,很多时候都是答辩人独自前行。(4)神经质,地位,分居后的磨合,更年期一切都会过去。夫妻关系多数是晴朗的天空,有时也飘过几片乌云。随着共同生活时间的延长,我们也曾因家庭琐事发生过口角,答辩人与被答辩人天生说话嗓门大,一点小事也像争吵,但我觉得,夫妻之间这种过份(分)的观(关)注,无非是爱情自私性的表现,也是彼此关心和注意的表现,是正常的。根本不像被答辩人所

---

① 该部分省略的内容为:"而1998年,本人因工作繁忙、长期家务劳累、独自照顾孩子、长久寂寞(长年分居)、熬夜等原因,得了胸膜炎,内科主任让我马上住院手术,考虑到她工作繁忙,又心痛钱(长期分居后她总有病,家里经济紧张),我拒绝住院,而是边吃药、打针了半年,边在家照顾孩子,让她安心在乡下工作。她也曾因心痛我而落泪,并信誓旦旦说:'我欠你太多,老了一定回报你。'"

说那样打骂被答辩人,使其'在被打骂中度过了23年'。……①我是一个家庭观念强、看不起离婚人生的人。我女儿今年考研,我希望她不被打扰,顺利过关,女儿学外语,将来要留学,我希望我们夫妻合全力供她至博士以帮她实现当大学老师的理想,我不希望女儿会因父母离异影响她的婚姻和事业。综上所述,答辩人认为双方婚前基础牢固、婚后感情和睦,两人感情并未破裂,答辩人不同意与被答辩人离婚,为了维护家庭的稳定,请法庭驳回被答辩人的离婚诉求。"

从答辩内容可以看出,被告并没有直接对原告提出的感情是否破裂问题进行回应,而是答非所问、长篇大论地叙述他与原告之间共同生活的关系史。这种不着边际的漫谈依照时间、地点的顺序展开。如在讲述对原告生病的照顾时,他就分别讲到了1990年结婚后、1997年、2005年和2006年在抚松、温泉、临江对原告受伤和生病的照顾以及往返于长春、北京等地陪同原告求医问药的过程,把他的听众带到了他的私生活里面,却对法庭感兴趣的具体问题几乎没有涉及。虽然在最后,他概括了他的观点不同意离婚,也

---

① 该部分省略的内容为:"被答辩人是有文化、有收入、个性极强的独立女性。如果诚如她所说,她怎肯忍受?被答辩人年少失去母亲她永远没有安全感,总怀疑自身有病,过分关注自己。这两年我被她的病情搞得有些麻木了,省医院、北京的医生都看不明白她的病。我提议她看心理医生,她就心生怨恨,说我置她的生死于不顾。她还怀疑我会加害于她,2011年1月13日,双方言语不和,发生争吵,她就打'110'报警。23年的婚姻生活,其中因工作而两地分居达11年,现在偶尔的争吵系双方长期分居后的震波。她习惯了领导、左右我,23年的婚姻生活中,她一直是我人生的领导。而我付出、寂寞、承担了这么多年,我多希望她能重视我的存在,和我多一些交流,哪怕偶尔为我做顿饭,对我也能像我对她那样有痛有爱有照顾,没想到她竟无视我的感受,她反说,工作到今天的成就,完全是她个人取得的,我照顾女儿是应该的。她竟然将我的功说成过,歪曲了事实,未真实反映夫妻感情的存在,这可能是她工作压力或更年期导致的。其实,一切都是浮云,人人终归要回归家庭。我也愿意改正自己的缺点,继续做关爱她的人。我不想她背负'现代陈世美'的骂名。"

提到了"两人感情并未破裂"①,但是他好像只是在自言自语地讲述他对被告的感情如何深厚,而对能够说明双方之间感情依旧的内容根本就没有涉及。他的叙述一再提及个人状况,这些对他的个人生活来说重要,但是却与以法律规则为核心的法庭活动没有多大的关系。

做出规则导向型叙述的能力看似是一种习得的技能,与这一技能相关的一个关键因素是对商业文化和法律文化的接触与了解。②律师和法律工作者当然具备这一技能,活跃于政商领域的官员和商人一般来说也都具备这一技能。"由于在我们的社会中这些工作仍然常常由男性来担任,因此,做出规则导向型叙述的能力一直主要是男性的特权。"③如今提交到法庭的诉状和答辩状多表现出规则导向型叙述的特点,既与当事人的代理意识增强有关,亦与法律制度的逻辑有关,因为,"每次当法官倾向于规则导向型叙述结构的时候,这一行为给那些可能会同法律发生互动的人发送了一个信息。这一信息就是,最简捷地接近法律正义的模式是与法律制度的逻辑保持一致,不管这种逻辑可能是多么的具有性别歧视的色彩"④。当被法官人格化的法律对规则导向型叙述做出更加青睐的表示时,"它是在给自古以来一直与男性而非女性更为紧

---

① 这也再次证明了法律规定对当事人叙述方式的影响,虽然当事人囿于商业交往及法律文化知识匮乏而无意识地使用了法庭不喜欢的关系型叙述,但是法律规定又使他不得不试图努力去运用符合法律逻辑的那种叙述方式,迎合离婚案件的法律规则。
② 参见〔美〕约翰·M.康利、威廉·M.欧巴尔:《法律、语言与权力》(第2版),程朝阳译,法律出版社2007年版,第96页。
③ 同上。
④ 同上书,第97页。

密相关的语言实践赋予特权地位"①。而这也正是实用主义在司法领域的表现。

不可否认,人与人之间是存在着差异的,特别是作为人类社会的两个主体——男性与女性,由于天然的生理差别,致使双方无论是在思维方式上,还是在行为方式上,都有着一定的差异。同时,由于存在个体差异、受教育程度、社会阅历等方面的不同,人们在向法庭讲述他们故事时,也存在着规则导向型和关系型两种不同风格的叙述方式。规则导向型叙述的当事人总能根据中立的规则、具体的法律条文来分析他们的问题;在谈论案件时,他们会强调规则而不是个人的需要和社会大众的认知。由于这种叙述方式更容易让法庭了解案件的基本事实,理解当事人的诉讼请求,更易被现有的法律系统接纳。与此相反,关系型叙述的当事人在谈论他们的问题时,总是基于一个广义的社会关联和自我认知来谈论权利和责任,而不是基于法律规则的运用。由于这种叙述中经常包含着不相关的、不准确的信息,"其结果往往是令人失望的,法庭总是无法理解他们的案件"②。这种叙述关注关系,而法庭关注规则,这就使得关系型叙述常常为法庭所排斥,被法官所讨厌。对两种叙述方式的分析提醒我们:不加区分的无原则的平等对待往往会在实质上造成新的不平等或加剧原有的不平等。如果不考虑当事人间的性别、年龄、文化程度、职业等具体的差异,而适用不加区分的统一的审判或调解模式,往往会加剧当事人间已经固有的不

---

① 〔美〕约翰·M. 康利、威廉·M. 欧巴尔:《法律、语言与权力》(第 2 版),程朝阳译,法律出版社 2007 年版,第 97 页。

② 胡鸿保、张晓红:《语言、话语与法律人类学——从〈规则与关系——法律话语的民族志〉一书谈起》,载《青海民族研究》2010 年第 1 期。

平等。因此,"为了达到结果上的实质平等,法律有必要考虑人们之间的既存差异,进而否定形式上的法律平等"[①],或者至少在司法操作的层面上,通过关注这一现象,而有意地去避免因法庭或法官的偏好而造成当事人在法庭内的新的不平等。

4.3 离婚案件的调解

4.3.1 法庭调解中的三种话语

梅丽发现,在法庭上,法律、道德或治疗性三种话语在对特定问题的讨论中时而浮现,时而隐匿。在调解或法庭听证过程中,三种话语模式在案件讨论中通常都会显现,会由不同的当事人提出以尝试其效果。当事人在为案件而争论、为其行为辩护、谴责对方的行为并力图获得调解员或法官支持时,他们会交替变换着各种话语以估量每种话语的效果。调解员、书记官和法官也试图建立和保持一种特定的话语,每当一种话语似乎未达到应有的效果或引起了麻烦时,他们就会转换为另一种话语。当人们觉察到一种话语的效果不佳时,常常会转向另一种话语以观察其效果如何。在调解和开庭审理前的程序中,最常使用的是日常道德话语。在讨论中,有时候会引入法律话语,大多数参与者也会采用治疗性话语。男人比女人更倾向于使用法律话语,女人则偏好治疗性话语。法律话语在邻里问题中最普遍。在婚姻家庭问题的讨论中主要使

---

① 〔美〕戴维·凯瑞斯编:《法律中的政治——一个进步性批评》(原书第3版),信春鹰译,中国政法大学出版社2008年版,第489页。

用道德话语,法律话语则很少被使用。治疗性话语常常出现在家庭问题和男女恋人问题中,这或许是因为,与邻里关系相比,专业援助人员对家庭关系调整的介入更多。①

在我国离婚案件的诉讼中,可以看到与梅丽所描述的情况既相类似又有区别的一幕:在法官对当事人进行调解时,他们往往以道德话语开始,在要求当事人接受其某种提议或对当事人进行教育时,则愿意使用法律话语;而在促使当事人达成协议时,则会更多地使用实用主义话语,而且一旦留意法官的整个调解过程,我们就会发现,在法庭调解中,真正主导整个调解过程的仍然是实用主义话语,法律话语和道德话语已经沦为了实用主义话语的"先锋官"和工具。而当事人在起诉和答辩中,尤其是当事人请人书写诉辩状或有代理人出庭时,他们更倾向于使用法律话语,而无论是在陈述起诉或答辩意见,还是在法庭的调查和调解过程中,他们自己发言时,会不自觉地主要使用道德话语,而在道德话语不奏效时,他们也会不太熟练地转而使用法律话语。但是,在法官主导双方进入实质性的协议谈判时,无论是当事人还是他们的委托代理人(包括律师),他们都会主动或被动地去使用实用主义话语。在离婚案件的审理过程中,虽然当事人和法官都在交替使用三种话语,但因实用主义话语的目的性和成效性更强,道德话语和法律话语成为实用主义话语的导语和工具,用来为实用主义话语服务。实用主义话语成为离婚案件中,尤其是在离婚案件的调解中的主导话语。

---

① 参见〔美〕萨利·安格尔·梅丽:《诉讼的话语——生活在美国社会底层人的法律意识》,郭星华等译,北京大学出版社 2007 年版,第 153 页。

语料 4.10①

法官:法庭准备阶段结束,下面开始进行法庭调查,首先由原告宣读一下起诉状。手中有没有起诉状?

原告:起诉状,没有。

法官:没有,那给你一份来。照着起诉状的内容宣读一下,从那个诉讼请求开始。

原告:我要求离婚,由被告抚养子女,依法分割共同财产。底下还用说吗?

法官:简单地说一下起诉理由。

原告:原告、被告于 2010 年 5 月 21 登记结婚,在××市××区民政局,婚后育有一子,名叫李东泽,孩子未满 1 周岁,由于原告无生活来源,孩子归被告抚养,婚后婆媳关系不和、关系紧张,和被告已无感情,所以请求法院予以离婚,请求法院将孩子交由被告抚养。

法官:下面由被告针对原告的诉讼请求及事实和理由进行口头答辩。

被告:对于说婆媳关系不和,怎么个婆媳关系不和?我感觉从咱俩结婚到现在来讲,咱俩生活,在我父母的房子里住,吃喝不交抚养费。头一年结婚时,那是快过年了吧,就是说当子女的我跟你说,父母不要这个生活费,我感觉到过年了,就是说当儿子、儿媳妇的也应该表示一下,所以说过年吧我和我媳妇商量一下的——

法官:这个被告,我打断你一下,你的口头答辩主要是针

---

① 本章中的以下 4 份语料均来自于第 5 章中所介绍的第一个案件。

对她的诉讼请求及事实和理由,简单提出你的答辩意见就可以了,至于说细节和具体的事实在法庭下面调查的时候再详细说,也就是说她要求,她的诉讼请求是不是分三项?第一项是要求离婚,第二项是要求被告抚育婚生子,第三是依法分割共同财产。你表一下态,同不同意离婚?

被告:同意。

法官:同意离婚。同不同意抚育婚生子?

被告:现在是这么个情况,也就是因为——

法官:你就是简明扼要地提出你的观点就可以了。同意还是不同意?

被告:不同意。

法官:不同意抚育婚生子。同不同意依法分割共同财产?

被告:同意。

通过该语料不难看出,原告向法庭提交了起诉状。在原告按照法庭的要求宣读的起诉状中,原告主要使用了法律话语:由于原告无生活来源,要求"孩子归被告抚养";因婆媳关系不合、关系紧张,导致"和被告无感情",所以"请求法院予以离婚"。在这里,法律的相关规定成为当事人谈论和思考问题的主要方式。因为按照我国《婚姻法》及相关司法解释的规定①,有利于子女身心健康及抚养能力和条件是确定子女抚养权归属的原则和主要考量因素,无生活来源自然就无抚养能力和条件,当然也不会有利于子女身心

---

① 最高人民法院《关于人民法院审理离婚案件处理子女抚养问题的若干具体意见》规定,人民法院审理离婚案件,对子女抚养问题,应当依照《婚姻法》第29条、第30条及有关法律规定,从有利于子女身心健康,保障子女的合法权益出发,结合父母双方的抚养能力和条件等具体情况妥善解决。

健康了。而本案中的被告,既未聘请律师等专业人士担任代理人出庭,也未请人代写答辩状,在法官要求其进行答辩时,其一直是使用道德话语来回应原告的主张和要求及讲述自己的故事。首先,他用一个反问句"对于说婆媳关系不和,怎么个婆媳关系不和?"来对原告所主张的婆媳关系不和不予认可。接着他讲到跟父母一起住的好处:在我父母的房子里住,吃喝不交抚养费[①]。然后,他开始讲述引起他们之间争执的故事,即双方结婚后的第一个春节前,因考虑父母不要他们出生活费,而考虑在过年时"当儿子、儿媳妇的也应该表示一下"。所有这此内容,无不是从"根据道德的范畴和解决方法"[②]出发,"是一种有关人际关系的话语,是涉及邻里、父母与子女、兄弟和姐妹等之间的道德义务的话语。"[③]从语料4.10中很容易看出,在法庭审理的开始,就已经充满了实用主义话语。首先,法官在法庭调查的开始,即以实用主义话语来开篇,为当事人的话语设定了框架。法官开篇就要求当事人"简单地说一下起诉要求和理由",因为在法官看来,离婚案件当事人愿意就当事人之间的"陈芝麻烂谷子"事情向法官不厌其烦地进行陈述,如前所述,法官对这种关系型叙述很不感冒,甚至可以说有点讨厌。因为这些对于以追求解决纠纷为目的的法官来说毫无意义,只是白白浪费他们宝贵的时间。因此,法官在当事人没有律师代理的情况下,都愿意提示一下当事人尽量简单地陈述自己的起诉及答辩意见就可以了;当事人如果能够进行规则导向型叙述那就

[①] 此处的"抚养费"属当事人的口误,应是生活费。参见当事人随后所提到的"父母不要生活费"。

[②] 〔美〕萨利·安格尔·梅丽:《诉讼的话语——生活在美国社会底层人的法律意识》,郭星华等译,北京大学出版社2007年版,第16页。

[③] 同上书,第155页。

更好了。在本语料中,当原告进行简单的基本属于规则导向型叙述的陈述时,法官并没有插话或打断,这与后面被告在进行答辩时的状况大不相同。在被告并没有在意法官对当事人要求"简单说一下"的提示,而是要细致地讲述原告提出的"婆媳关系不合"的问题时,法官毫不客气地打断了他,并告知"你的口头答辩主要是针对她的诉讼请求及事实和理由,简单提出你的答辩意见就可以了",为了防止被告还是不明就里,说不到法官审理案件所需要的点子上,法官在对被告进行了如何针对原告的起诉状进行答辩的具体指导,即针对原告提出的三项请求表态后,便迫不及待地取消了被告的答辩机会,直接以三个针对原告提出的三项请求的加重语气的连续问句,即"同不同意离婚?""同不同意抚育婚生子?""同不同意依法分割共同财产?"来代替被告进行答辩这一诉讼过程。同时,由于法官反复强调和提示,被告也变得聪明起来,虽然在法官的连续询问过程中,被告曾有过还想继续对有关话题进行细致说明和解释的努力,但在再次被打断和提示后,他终于分别以两个"同意"和一个"不同意"这种简捷的实用主义的话语来结束自己的答辩过程。

语料 4.11

法官:这个原、被告,根据你们的起诉状内容,看出你们是2010年,也就是前年才登记结婚,现在是孩子还不到1周岁,我建议你们双方多考虑周全一些,孩子毕竟小,如果你们父母离异了,不利于孩子的身心健康成长,而且对你们双方也是不负责任的,我希望你们能慎重考虑一下,就是看看能不能你们双方各自冷静一下,给双方一个机会,以后在一起互谅互让,求大同存小异,尽量多一些包容,多一些宽容的心,在一起共同生活,请你慎重考虑一下。

原告:法官,我得怎么说呢,被告是一个从结婚到现在我觉得他是一个寄生虫、米虫,对于他那个——

法官:**哎,你这个不要使用**,刚才交代你诉讼权利和义务的时候,不要对对方进行人身攻击——

原告:行,我重说。他对于跟父母分开没法独立生活,他跟他父母生活习惯了,他离不开他父母,而我不习惯跟婆媳关系这种紧张的关系在一块相处,而他又不想办法,他就是让我一忍再忍,在他家里等到过几年再出去攒钱买房子,他花销还大,在生活方面挣一个花两个,并不考虑将来的事什么的,他不考虑,只是让我一忍再忍,我忍不了,这种日子我没法再考虑。

法官:你们才结婚不到 2 年,你应该用点时间静心好好考虑一下。

原告:法官,这么长时间以来,我那个从婆媳关系不和,到前一阵我打仗回家,已经呆了快一个多月,这段时间我也考虑清楚了,我和被告已经没有感情,而且孩子我也没有经济来源,被告有经济来源,他有工作,而且他父母家庭条件也都比较不错,给他抚养比跟着我无论是生活还是物质上都能比较好,所以我请求法院把孩子交由被告来抚养。因为我毕竟没有经济能力,我也没有工作,再一个方面,我已经考虑好了,没有调解的余地了。

法官:我刚才根据你起诉状的内容,和你刚才口头陈述的事实,你认为你们夫妻感情破裂的主要原因是婆媳不和,并没有提到你们夫妻俩感情不和,就是没有共同语言,无法在一起共同生活,主要针对的是婆媳关系可能导致你俩有一些矛盾,我可以给你个建议,如果确实跟老人在一起磨擦多、矛盾多,你们能不能考虑出去单过,看你们双方也是身强体壮,也没有什么残疾,都有生活自理能力,有劳动能力,可不可以想别的办法,搬出去过。如果孩子小,抚育不方便,可不可以交由双方老人替你们抚养,然后你们出去找个工作做,这不就有生活来源了吗。

在语料4.11中,法官在听取了双方当事人的起诉意见和答辩意见后,并没有按照法庭的正常程序归纳当事人的争议焦点并对焦点问题展开调查,而是直接对当事人展开了调解。法官首先以道德话语来展开自己对原告的劝说工作。法官谈到,双方当事人结婚时间短,孩子小(不到1周岁),如果双方离婚,不利于孩子的身心健康,双方有责任慎重考虑,"给双方一个机会"。而且,对双方未来如何相处,法官也从道德的范畴给出了自己的建议:"以后在一起互谅互让,求大同存小异,尽量多一些包容,多一些宽容的心。"总之,是以道德话语来劝说原告慎重考虑离婚事宜,为了孩子能够继续"在一起共同生活"。看到法官并未理会自己的诉求,而是开始做和好工作,原告用典型的道德话语来评价被告:"被告是一个从结婚到现在我觉得他是一个寄生虫、米虫。"在这种措辞不当的道德话语被法官制止后,原告似乎意识到了道德话语的无力,转而开始使用法律话语,如"我和被告已经没有感情","我也没有经济来源,被告有经济来源","给他抚养比跟着我无论是生活还是物质上都能比较好,所以我请求法院把孩子交由被告来抚养","我已经考虑好了,没有调解的余地了"。这些话语虽然一看就知道是刚刚学会而且使用起来略显笨拙,但是当事人已经是"根据法律的范畴和解决方法"①来思考和谈论问题,是在法律的框架内来讨论自己的离婚问题,当事人所说的没有感情,即"感情破裂",是离婚的法定标准,经济来源和生活物质条件是法庭决定抚养权归属的因素,而"考虑好了,没有调解的余地"则是在无意中提醒法官调解不能违反自愿原则②,自己不愿意,法官就没有必要再做调解工作了。为了让当事人能够接受自己对离婚问题慎重考虑的意见,法官也开始换成法律话语来进一步与当事人交流。根据原告诉状和口头陈述的内容,法官指出原告所认为的夫妻感情破裂的主要原因是婆媳不和,并不是夫妻感情不好、没有共同语言、无法生活在一起等这些法庭能够认可的属于当事人夫妻感情破裂的常见情形。这也就间接指出了原告认识上的误区:婆媳不和既不能等同于夫妻感情破裂,也证明不了感情破裂,同时,也用这种法律话语来暗示原告:法庭不可能支持你所提出的因婆媳不和而导致夫妻感情破裂的主张。在此之后,法官还是不忘继续使用实用主义话语来为当事人提出一个在其看来能够解决婆媳关系不和的实用主义方法——出去单过。

语料 4.12

原告:审判长,我就是不能跟他在一起生活,所以请求法院——

---

① 〔美〕萨利·安格尔·梅丽:《诉讼的话语——生活在美国社会底层人的法律意识》,郭星华等译,北京大学出版社 2007 年版,第 16 页。
② 根据我国《民事诉讼法》第 93 条的规定,人民法院审理民事案件,根据当事人自愿的原则,在事实清楚的基础上,分清是非,进行调解。

法官：就得离婚？

原告：对，说句题外的，我和他妈发生矛盾那天，他下班回来吃完饭彻夜未归，然后他母亲上我那屋东翻西找，给我气得到半夜3点多一直没睡觉，后来我收拾东西回家了，在他家我实在是受不了了——

法官：她找什么呀？

原告：我不知道她找什么，我问她她不说，然后我气得——

法官：你现在什么意见？

原告：现在就是没法再跟他继续生活在一起了，他这种人——他一直没觉得自己有错，他觉得就我错，既然如此，我俩也没什么感情基础了。希望法官就是给我们彻底的判了得了。

法官：被告，你现在是什么态度？

（旁听人员女：法官大人——）

被告：你别说来，我说来——原告才刚说了，说的很好，我嘛彻夜未归，之前我——

法官：不，**她说你彻夜未归，这种事有没有**？

被告：彻夜不归，我是怎么的。

法官：不，你说**有没有彻夜不归这个事**？

被告：绝对没有彻夜不归，没有这么回事。

法官：没有这回事？

被告：是怎么回事呢，我跟我朋友在一起喝酒，喝完酒了没什么事了，也是说心情不好，完了我去网吧上网了。

法官：上网了，**是不是一宿没回去**？

被告:没有没有。

法官:什么时候回去的?

被告:两点多钟吧。(这都是事实)

法官:下半夜两点多钟回去的?

被告:两点多钟回去的,之前污蔑我说外面有人,有人吧得需要什么证据。就是说作为我妈去翻那个东西,之前咱俩就是说,她一整就挂在嘴边上,等孩子养到4岁咱俩就一定,东西我什么也不要,她的首饰都在我这了。

法官:什么首饰在你那里了?

被告:这首饰嘛,全在我这里嘛,去翻什么的,现在首饰、折子全在她那,我妈上我那屋去翻了,何谈这事啊?

法官:你在你们婚姻问题上是什么意见现在?

被告:我现在吧也不需要啰嗦太多了,有些事吧——

法官:那就不啰嗦了,同不同意离婚?

被告:我感觉我俩吧就是说——

法官:那也别啰嗦了,你同意还是不同意离婚?

被告:我同意离婚就完活了。

法官:好了。经过这么长时间的做工作,就是说双方的态度就是比较强硬,原告要求离婚,被告也同意离婚,法庭也做了不少工作了,现在也不再做工作了,下面进行法庭继续调查。根据原告的请求,被告的答辩,本庭归纳本案争议焦点:婚生子叫什么名来的?

被告:李东哲。

法官:李东哲由谁抚育?如何分割夫妻共同财产?李东哲不到1周岁啊?

原告：对。

在语料 4.12 中，在原告试图重新陈述自己的有关诉讼请求时，法官打断了她并直接对纠纷的焦点问题进行了反问："就得离婚？"因为在法官看来，无论当事人陈述多少，离婚既是焦点，也是其他问题的前提。因此，才有了未等当事人说完，法官已经把最重要的问题替当事人点明了。接下来，似乎法官有了格外的耐心，不但听当事人讲述了"题外的"事情，而且好像是对当事人所讲的事情感兴趣，在原告叙述的过程中插问："她找什么呀？"在原告回答了法官的问话并继续讲述自己的故事时，法官似乎意识到自己偏离了实用主义的轨道，转而打断了原告并继续追问原告的态度："你现在什么意见？"针对法官的追问，原告似乎还想利用"他这种人——他一直没觉得自己有错，他觉得就我错"的道德话语和"我俩也没什么感情基础了"的法律话语来为自己要求离婚的正当性增加论据，但法官未等其说完，就打断了她并开始询问被告："被告，你现在是什么态度？"值得注意的是，在被告准备对原告提到自己彻夜不归一事进行一番解释时，彻夜不归这一待查事实引起了法官的兴趣，法官开始用"**她说你彻夜未归这种事有没有？**""**有没有彻夜不归这个事？**""**是不是一宿没回去？**"三个全部是大声的连续问话，来调查这一事实是否存在。法官突然对这一通过道德话语所体现出来的事实主张感兴趣，绝不是心血来潮，因为在家庭观念比较浓厚的人看来，一个人彻夜不归是不小的错误，如果法官能够查实当事人的这一错误行为，那么对于此后无论是判决还是调解当事人离婚都是有帮助的。另外，如果要做当事人的和好工作，法官也等于找到了切入点。然而，事与愿违，不知是被告不老实，还是被告确实没有彻夜不归的行为,反正法官未能从连续的询问中得到自己想要的答案,这也使得法官再次抛出了实用主义的话语:"你对你们婚姻问题上你是什么意见现在?"在被告表示"我现在吧也不需要啰嗦太多了,有些事吧——"时,法官就势打断了他:**"那就不啰嗦了,同不同意离婚?"** 在被告还想说点什么的时候,法官已经失去了原有的耐心,再次用**"那也别啰嗦了"** 打断被告并开始追问:"你同意还是不同意离婚?"见此情形,被告最终被迫用一句实用主义话语——"我同意离婚就完活了"——来回答。眼见案件的焦点问题已经确定和解决,法官以"双方的态度就是比较强硬,原告要求离婚,被告也同意离婚,法庭也做了不少工作了"为由,不再做双方的和好工作,开始总结双方当前的争议焦点,即谁抚养婚生子及如何分割共同财产,从而为判决或调解双方离婚做具体的准备。

语料 4.13

法官:原告是否同意用调解的方式解决你们之间的纠纷?

原告:同意。

法官:按照法律规定,调解必须符合两个充分的条件,一个是双方自愿,另一个是调解的内容必须符合法律规定。我们民事案件主要是注重调解,极少用判决的方式解决纠纷,但是一方不同意调解,法院也不能强制双方当事人调解,调解达不成协议,法院依法判决。鉴于你们的案件是婚姻家庭案件,我个人认为用调解的方式解决社会效果能好一些,毕竟你们曾经有过一段婚姻,现在还有一个不满周岁的婚生子,需要你们双方共同抚育。按照法律规定,你们离婚的调解书(我们已经做了），双方已经没有和好的可能了，同意你们离婚。婚生子就差一个抚育费的问题，原告不同意抚育，被告同意抚育了，现在就是按照法律规定，2周岁以下的婚生子原则上由母亲抚育，有利于孩子的健康成长，孩子小，妈妈能比较细心一些。谁知道呢，作为我来讲，真不希望出现今天这样的情况，孩子这么小当母亲的（放心）交给父亲抚育，因为父亲要工作，就是不工作他心也比较粗，不能像母亲似的，细心地照料孩子，而且孩子小免疫力也低，是不经常闹毛病，就是交给爷爷奶奶抚育，你说当妈的能放心吗？尽管被告同意，但是我还是倾向于由原告来抚育孩子，被告给原告1000元生活费，也基本能满足孩子的基本需要，你说孩子这么小，当妈的也是一个有思想的人，说话唠嗑还行，挺成熟的，我真希望你能抚育这个孩子，你说你能不想她吗？朝夕相处养育他1年了，放他奶奶家你能放心吗？你不担心他吗？我希望你还是抚育他吧，现在找工作也确实不好找，根据你这个条件，顶多也就是一个月1000块到2000块钱，除去你自己的花销，还能剩几个钱，而且你的孩子还照顾不到。

原告：我可以退一步，帮他抚养孩子到他（2岁或者几岁），但是我有一个条件，我嫁给他毕竟头前结过一次婚，这次是个二婚，我父母也承受了很多舆论上的压力，我今天再离婚，对于我回家再抱回去一个孩子抚养，对父母的流言蜚语也会造成一定的伤害，如果他有这个诚意想让我帮着抚养这个孩子，他出去给我租一个房子，我可以帮他抚养孩子，这是我作为最后退一步的做法，不能再退了，我父母的条件在那，我不可能把孩子抱回去，在父母那养着。

法官：我这个人说话也是心直口快，我当法官也好，当你的姐姐也好，你带回去一个孩子，怕别人流言蜚语说你，但是不怕别人指责你，这么小的孩子就忍心抛弃了，你不怕这个舆论吗？他如果给你找个房子你抚育，如果被告同意我们当然不反对，被告你同不同意给她租个房子？

被告：不同意。

法官：不同意。

原告：不同意我没有办法抚养孩子，我现在还是由我父母养着。

法官：现在这个焦点是什么呢？焦点是子女的抚养费负担问题，就是数额问题，按照法律规定，子女抚育费主要是基于三个问题来考虑，第一个是孩子的实际需要，再一个是双方的负担能力，还有一个是当地的实际生活水平。综合这三个因素来考虑子女抚育费的负担问题，刚才被告说给1000元抚育费，我觉得挺吃惊的。按照法律规定，如果有固定收入，抚育费按照工资收入总额的20%—30%的标准来承担，如果被告每月开3000元钱，最高限额是900元钱。他刚才说了每个月才2600元，拿出来1000元已经远远超过法律规定了。如果一方没有工作，按照当地最低工资收入每月是730元钱，无论去哪个单位打工，他给你开的工资不能低于730元钱；如果低于730元钱，法律都给这个劳动者予以保护，你可以要求他给你经济补偿金。那么，按照730元钱的最低限额20%，原告你觉得你应该拿多少？所以，我觉得被告抚养孩子，原告你拿200元抚育费这个标准真不高，就我判你也不能低于这个标准。

原告：我确实没有这个能力。

法官：{对书记员说}整个判决吧。一方不同意调解，本庭不再调解，现在依法进行判决。

{审判员组织当庭宣判内容，书记员进行记录。（内容略）}

法官：为什么判决你承担200元抚养费呢，按照咱们当地今年最低工资标准是730元，工资总额的20%—30%，我给你取了个平均数25%，是182.5，那就凑个整数200元，也不超过30%的限额。既然法院判决也是这样，那就同意调解好不好？判也是200块钱，还不如同意调解得了，好不好原告？行不行？

{原告看一下旁听人员，点头表示同意。}

法官：那就给改过来调解吧。判也是这个结果，你再少了也说不过去，我相信当妈的她也不能不心疼孩子，以后条件好了，兴许能多给点。

（旁听人员说话听不清楚。）

法官：不，现在他父亲都表态了，（那不就什么嘛）哎呀，我跟你讲，说不好听的是咱家大孙子。

{被告向旁听人员摆手示意不要说话。}

被告：那她要是不拿钱呢？

审判员：可以向法院申请执行。

被告：抚养费拿到什么时候？

法官：至子女独立生活止。

被告：18周岁？

法官：也不一定，上大学了18周岁也没有生活来源，都希望儿女能成才,不上大学怎么能成才。

法官:经原告、被告的举证和证据交换,经法庭调查,当庭质证,此案的事实基本清楚,审判人员依照有关法律规定进行了调解,现双方当事人充分协商,达成如下协议:

(1) 原告王艳杰与被告李伟离婚。

(2) 婚生子李东泽(1岁)由被告李伟抚育,原告王艳杰从 2012 年 6 月 29 日起每月支付子女抚育费 200 元至婚生子能独立生活时止;

(3) 现金 3500 元,原、被告各 1750 元,数码相机一部归原告所有,原告返还被告相机折价款 500 元。上述款项相抵,原告实际返还给被告 250 元,此款于本调解书生效后 3 日内付清。

(4) 个人衣物归个人所有。

案件受理费 300 元减半收取 150 元,原、被告各负担 75 元。

法官:经本院主持下,双方当事人一致同意调解,协议自双方在调解协议上签字捺印后即具有法律效力,即生效。上述协议不违反法律规定,本院予以确认。

法官:当事人于 2012 年 6 月 29 日到本院民事审判一庭领取民事调解书。

法官:现在宣布闭庭。

在语料 4.13 中,法官虽然在交替使用法律话语、道德话语和实用主义话语,但是归根结底,法律和道德话语实际上都成为了实用主义话语的导语或工具。法官在进行调解之初,开宗明义,利用法律话语来向当事人介绍了调解的两个原则,即自愿原则和合法原则[①]。接着,法官分别用实用主义话语告知当事人法院处理离婚案件主要是调解而很少用判决的现实,用法律话语来强调调解达不成协议时法庭有权做出判决,用道德话语来推介调解的好处和当事人应当选择调解解决的建议。表面上,好像是法官在试着使用三种话语以观其效,又好像是在交替使用三种话语来达到不同的目的,但仔细分析,法官在此使用法律话语,不管是为了昭示法庭及法官本人的公正(依法办事),取得当事人的信任,还是为了彰显法庭的权力(不同意调解法庭就会判决),给当事人心理压力,都是在为实用主义话语做铺垫,为实用主义话语的最终奏效做准备。不同话语交替使用的最终目的都只有一个,那就是为实用主义话语所要达到的目的——当事人达成协议或接受法官的调解方案——服务。由语料中的对话可知,在法官心中,孩子由原告(女方)抚养,由被告出抚养费是一个既合法又合理的最佳方案,为了促使原告接受这一最佳方案,法官继续以法律话语和道德话语为先行,并最终抛出了对原告很有诱惑力的实用主义话语。法官首先以法律的名义向原告施压:"按照法律规定,2周岁以下的婚生子原则上由母亲抚育。"然后,又以道德话语展开对自己方案的推销:孩子小,免疫力低,经常闹毛病,父亲要工作且心比较粗,就是交给爷爷奶奶抚育,也不如原告自己抚养,况且原告也是一个有思想的人,挺成熟的,法官也希望孩子还是由其抚养。经过了这些铺垫之后,法官用实用主义话语抛出了两个现实的问题:一是孩子交给男方抚养,"你能不想他吗?""你能放心吗?"及"你能不担心他

---

① 参见我国《民事诉讼法》第93条和第96条。

吗？"；二是原告出去找工作不好找且挣不了几个钱，还不如接受被告给付1000元抚养费①，孩子由自己照顾的方案。这些实用主义话语对原告显然是有诱惑力和起作用的，她立即用实用主义话语作出了回应：鉴于自己是二婚，将孩子带回父母处抚养会对父母造成影响，由其抚养孩子的条件是男方给她租一处房子，并再三表示，这是自己所能做的最大让步了。显然法官对原告的回应既不赞成也不满意，她马上用道德话语对原告进行了道德归责："你带回去一个孩子，怕别人流言蜚语说你，但是不怕别人指责你，这么小的孩子就忍心抛弃了，你不怕这个舆论吗？"同时，针对原告提出的这个法官既不赞同也不看好的方案，法官用了一个毫无说服力的问句来征求被告的意见："他如果给你找个房子你抚育，如果被告同意我们当然不反对，被告你同不同意给她租个房子？"眼见法官这么一个无力的甚至可以说是偏向自己的问话，被告很干脆地顺势用一句"不同意"这个实用主义话语结束了对该问题的讨论。接下来，法官的实用主义话语在法庭调解中的主导地位得到了淋漓尽致的展现。在原告仍不作出让步的情况下，法官先以法律话语铺路，告知原告在法律的框架内如何确定抚养费，在建议原告承担200元抚养费②被拒绝后，法官以实用主义话语为当事人之间针对抚养费的这一争议问题作结："（对书记员说）整个判决吧。"本来案件的审理及调解到此应该完结，但有意思的是，法官在已组织当庭宣判后，仍然不遗余力地使用法律话语向当事人解释判决原告

---

① 在本案的法庭辩论阶段，被告表示，如果原告抚养孩子，自己可以承担每月1000元的抚养费。

② 在本案的法庭辩论阶段，被告同意由自己抚养孩子，但要求原告每月承担不低于200元的抚养费。

承担200元抚养费的依据,既是在做释法明理工作,更是以此为铺垫,从实用主义出发①,来迫使当事人接受实用主义的话语表达,那就是法院判决也是判每月200元的抚养费,原告还不如同意调解。由此可见,实用主义话语对当事人是有效的话语,原告看了一下旁听人员后,点头表示同意,法官则趁热打铁,很快就将判决改为了自己一直希望的调解协议。

从以上分析中可以看出,法官在法庭调查之初,即以实用主义话语开始,并努力地以该话语来影响和引导当事人。在这一过程中,法官对于当事人所主张和争议的行为及事实的细节基本上不感兴趣,对于谁对谁错也不愿去深究和评判,在当事人试图对他方的行为进行指责和对己方的行为进行辩解时,法官会打断,并适时进行引导,迫使当事人使用更为实用主义的话语来完成法庭既定的程序。在离婚案件的审理过程中,虽然当事人和法官都在交替使用三种话语,但因实用主义话语的目的性和成效性更强,道德话语和法律话语成了实用主义话语的导语和工具,用来为实用主义话语服务。在法庭审理特别是调解过程中,实用主义话语已经成为主导话语,成为了法官最愿意使用和最得心应手的话语,也成为诉讼参与人为了实现各自的诉讼目的而主动或被动使用的话语,

---

① 笔者在对相关的民事法官进行访谈时,法官们对于当前法官更希望选择调解方式结案的原因归纳为以下几点:一是各个法院都有调撤率的要求,达不到这一要求,会被扣减岗位目标责任制得分,并会影响到评先进和评优,甚至会影响到对自己司法能力的评价。而调解案件多了,还会被加分,甚至可能被授予"调解能手"等荣誉称号。二是案件调解结案就不存在上诉的问题,不存在案件被上级法院发回重审或改判的风险,也不用担心当事人因对案件不满而上访的问题,这一点很重要,因为上访问题已经成为困扰法院及法官的最大难题。三是案件调解结案,不但省去了合议案件、向领导汇报案件等程序,还减少了费心撰写案情报告及判决书之难题。另参见 Xin He and Kwai Hang Ng, Pragmatic Discourse and Gender Inequality in China, *Law & Society Review* Vol. 47, No. 2, 2013, pp. 279—310.

它已经贯穿了离婚案件审理和调解的全过程。

4.3.2 法律话语的凸显

自改革开放后的20世纪80年代开始至20世纪末这段时期，是法律话语逐渐开始占上风并格外起作用的时期。自改革开放以来，人们开始崇尚自由，重视权利。这些变化在社会生活的方方面面得到体现。而以规范权力、保护权利为特征的法律也开始在人们的社会生活中起着越来越重要的作用。人们认识、思考以及谈论问题的方式也会朝着法律指引的方向倾斜，法律话语在这一时期必然也会上升到前所未有的受重视的地位。如前所述，这里所说的法律话语并非具体的法律或其条文，而是指人们对法律关系和程序、合同概念、财产以及对以理性讨论和"确凿无疑"的证据为基础作出决定的过程的理解。财产所有权、隐私权以及获得保护免受暴力和侮辱等一系列概念构成了这种话语。[①] 当事人并不一定明确知晓与他们的案件有关的特定的法律条文和案件的裁判准则，但是他们有一种普遍的公平感，这种公平感源于财产权利、合同义务和个人的安全权利等概念。例如，原告起诉要求与其配偶离婚，主张被告经常打她，她可能并不知道《婚姻法》中有关于禁止家庭暴力的规定，但是凭着自己对于公平的理解，她也能知道丈夫打她一定是不对的，法律一定会为她"撑腰"，因此她来到法庭，要求法庭保护她，希望法庭判决他们离婚，以使自己彻底摆脱家庭暴力的威胁。

---

① 参见〔美〕萨利·安格尔·梅丽:《诉讼的话语——生活在美国社会底层人的法律意识》，郭星华等译，北京大学出版社2007年版，第154页。

具体而言,有三个突出的特点可以证明这一时期法律话语开始占主导地位:一是当事人开始不断地提及自己的自由和权利;二是越来越多的当事人在离婚案件中开始寻求专业法律人士的帮助,或者请律师帮助书写诉状或答辩状,或者委托律师给自己作诉讼代理人①;三是法官在处理案件时,无论是调解还是判决,首先或更多地是考虑法律的指引。这三点可以从20世纪80年代末的一个案件中充分感知。该案中的原告是一名受过高中教育的23岁的女子,其本人是一所学校的出纳员,被告是一名28岁的工人。由律师代写②的原告的起诉状简明扼要:双方当事人经由介绍人介绍于某年某月某日登记结婚。婚前双方缺乏了解,没有感情基础。婚后男方无端猜疑,干涉女方人身自由,并经常对女方进行毒打,导致女方住院3次。经亲友和派出所对男方多次进行教育,男方虽多次写出保证,但仍然我行我素,致使双方感情彻底破裂,无法再继续生活下去。双方的矛盾也分别经居委会和街道办事处工作人员调解,一直没有效果,故依照我国《婚姻法》的有关规定,请求准予与被告离婚,财产依法分割。在原告自己写给法庭庭长的一封信中,原告历陈了被告对其所实施的多次暴力,其对此的叙述方式明显是关系型叙述。但是在这些内容之中,原告多次提到自己"有人身自由""有不生育的自由""有不受欺负的权力(利)""参加

---

① 当然,这一点跟律师制度的重建有关系。1978年,第五届全国人大通过的有关恢复《中华人民共和国宪法》中刑事辩护制度的决议,标志着"无法无天无律师"时代的结束,同时也吹响了重建中国律师制度的号角。参见《律师制度恢复30年》,http://www.lawtime.cn/info/zixindiaocha/ygzxdc/20100921469_4.html,访问日期:2013年12月22日。

② 这一点很容易看出,因为格式化填充式的诉状中加盖了某律师所的文书代书章。

集体活动的权力（利）"。虽然在法官向当事人的亲属、同事和邻居进行调查时，大家的普遍看法是基于女方已经怀孕，"最好是不要给他们离婚"，但是法院还是在判决中基于"男女双方婚前缺乏了解，没有感情基础，婚后男方限制女方自由，并经常打骂女方，致使女方的人身安全时刻受到威胁，导致夫妻感情确已破裂"为由，判决双方当事人离婚。该案副卷的合议笔录较为完整地记载了法官及2名人民陪审员是如何思考和谈论双方当事人离婚这一现实问题的。在合议中，法官，也是案件的审判长和承办人首先发言。他首先介绍了该案查明的事实，然后他表示："由于被告经常殴打原告，原告现在见到被告就害怕，我们也看到了，在庭上原告都不敢直视被告，而且被告也是屡教不改，写了多次保证也没用，所以我认为应当判决双方脱离婚姻关系，让女方彻底解脱。"接着他又补充道："我们在征求当事人亲朋好友意见时，大家都怕女方还怀着身孕不好办，让咱们最好不给离，但是现在女方态度很坚决，这也符合我国《婚姻法》①，应当批准离婚。"2名人民陪审员均表示赞同，而且1名陪审员还进一步说道："男方坚决不离婚，还愿意动手（打人），防止发生意外，我们应当告诉派出所，教育教育被告，别做傻事。"在这里，权利和自由成为思考和谈论离婚问题的内容，当事人也开始通过委托专业人士代书诉状，来拉近自己与法律的距离。法官虽然也面临着判决离婚的难题——一方当事人不同意及群众不赞成，但是最后合议庭还是用法律来作为判案的指引，做出了判决离婚的决定。

---

① 我国1980年《婚姻法》第27条规定，女方在怀孕期间和分娩后1年内，男方不得提出离婚。女方提出离婚的，或人民法院认为确有必要受理男方离婚请求的，不在此限。

4.3.3 实用主义话语的兴起

进入 21 世纪以来,随着经济社会的深刻变革,人们的思想观念的变化,一种新的话语在人民法院调解案件,尤其是在处理离婚案件的过程中涌现,如贺欣和吴贵亨发现的实用主义话语。贺欣和吴贵亨借鉴梅丽对新西兰两个下级法院的话语研究,通过对我国华南某省某基层法院家事法庭为期一个月的参与观察,发现了逐渐在法庭中出现的"实用主义话语",并再次确证了司法调解中两性的不平等[①]。

在贺欣和吴贵亨看来,与梅丽所说的治疗性话语相类似,实用主义话语也是一种机构性话语,它围绕着民事审判结构展开。尽管实用主义话语与治疗性话语在法律以外属性上有一定的共同点,但是它们还是存在显著的不同。在实用主义话语中,法官看起来承担的是"帮忙"的角色,但是其终极目标不是修复破碎家庭关系,而是提供解决争端的一种途径和方案。法官不会明确表示谁对谁错,哪种行为是值得批评或哪种行为是值得表扬的。实用主义话语的目标是解决问题,因此法官的工作不是找出恶化关系的根本原因或者试图通过思想教育改造关系双方。如今,法官仅仅是把可能的途径和出路列举供当事人选择。实用主义话语的重要性体现在:其从根本上重新界定了法庭把离婚看成一种社会行为的自然态度,更多地从禁忌话题转化为现实问题。具体而言,它有如下特点:

[①] 康利与欧巴尔曾在《法律、语言与权力》一书中对这个问题进行过精辟的论述。参见〔美〕约翰·M.康利、威廉·M.欧巴尔:《法律、语言与权力》(第 2 版),程朝阳译,法律出版社 2007 年版,第三章。

第一,从总体上说,这一话语是非道德性的。我国以前的家事法庭中的主导话语是道德话语。道德话语用来教育那些有过错的人,并且让他们和配偶认错修好。简单地说,法官对于修复关系不感兴趣,他们更感兴趣的是如何促使当事人双方达成解决问题的方案。新的实用主义话语把离婚看成是我国新的社会现实的组成部分,它在道义上并不谴责任何人,它仅仅为当事人双方提供解决方案,并且鼓励他们往前看。过去,当事人提出的道德话语还能引起法官的共鸣,但是现在这些当事人面对的是一些更具有犬儒主义的法官,他们对道义的恳求和强烈的情感不感兴趣。在调解过程中,这一问题尤为突出,新的实用主义话语与当事人需要的道德话语有时完全背道而驰。

第二,实用主义话语认可了离婚是中国当今社会现实的一个组成部分。统计数据显示,在我国很多城市地区,离婚率一直以来呈高涨趋势。在一个经济上更加发达、文化上更加开放的社会里,年青的一代更不愿意忍受不愉快的婚姻。法庭不再是一个通过"审判"来拯救破裂婚姻的传统机制,也就是说,法官在审判中给出法律与道德兼备的权威陈述,同时伴随一系列的调解措施用以打消离婚双方的离婚目的并强制当事人不要离婚。如今,法庭的功能是用来处理离婚的后果,决定丈夫和妻子双方各自的权利和义务。其中,具体问题包括夫妻共有财产的问题和子女抚养权等问题。

第三,伴随实用主义话语出现的是对于法院限制自我角色的认知。除了众所周知的"计划生育"政策,我国实际上已经很少插手家庭生活和家庭问题。和美国法庭的主要功能类似,中国的法庭在处理家庭纠纷时也经历了类似的变化,即从原来的处理纠纷争端到行政性地处理常规案件。尽管法庭原则上仍旧可以反复拒绝原告提出的离婚请求,但是法官自己也清楚,迟早他们会没有理由拒绝申请。既然也不能阻止当事人离婚了,法庭剩下的权力就是强加一些所谓的交易成本给离婚双方。所谓的交易成本有多种形式,如延长首次离婚申请的时间或为弱势一方(一般是女性)在财产分配和子女抚养方面争取更多的补偿。增加离婚的交易成本并非是为了阻止离婚的发生,而是为了均衡离婚双方的力量对比,缓和离婚对弱势一方经济上的冲击。因此,实用主义话语正是当今法院自我限制认知的产物。①

总而言之,贺欣与吴贵亨关注到了在法庭这种机构中法官所使用的实用主义话语,实际上,并不只是法官,现今的诉讼参与人,无论是原告、被告,还是其代理人,包括律师,都在使用该种话语。②

实用主义话语首先在当事人的诉辩状中得到体现。实际上,从20世纪90年代开始,当事人的起诉状或者答辩状已经与以前明显不同。一是篇幅逐渐缩小,从以前动辄几页甚至十几页纸,到使用法庭提供的制式文本,书写的篇幅也就在一两页纸,至多不过三四页纸;二是内容更加简略,主要围绕离婚可能涉及的感情问题、子女问题和财产问题展开;三是叙述方式有从关系型叙述向规则导向型叙述转变的趋势。以往的当事人重点叙述夫妻之间生活及纠纷的细节,而且把夫妻间每次发生冲突的时间、地点、起因、结果都完整呈现出来,试图把法官带入到他们生活的情境中去。而后来的当事人的叙述方式发生了很大的变化,他们不再愿意或注

---

① Xin He and Kwai Hang Ng, Pragmatic Discourse and Gender Inequality in China, *Law & Society Review* Vol. 47, No. 2, 2013, pp. 279—310.
② 具体分析详见本书第5章。

重向人们讲述夫妻生活中的细节,他们要讲述的是与他们之间离婚直接相关的事实,如影响感情关系的事件,家里子女和财产的现状,甚至是他们能够查找到的可以支持他们主张的法律规定。这也就意味着人们越来越实际和现实,法庭要了解什么,我就说什么;法官重视什么,我就主张什么;法律规定了什么,我就努力地去接近什么。

实用主义话语在离婚案件中的广泛使用还体现在以下两个方面:一是对隐私的披露越来越少。无论是在诉辩状中还是在法庭上的陈述中,当事人越来越不愿意将他们抑或是对方的隐私公布于众,这一点与过去是有很明显的差异的(例如,在20世纪七八十年代的离婚案件卷宗中,当事人在诉辩状以及在法院的询问笔录中,当事人一方对于对方或者自己不当性行为等难言之隐少有闪烁其辞)。这既与人们权利意识提高有关,也与实用主义话语起主导作用有关。除了是为了证明对方有过错而使自己在分配财产上占据优势外,主动地将隐私暴露于大庭广众之下既不是一件光彩的事情,更不是一种明智的举动,因为这很容易彻底惹恼对方,易使问题更加复杂化。二是对于感情问题的争执越来越少。如今,当事人对于离婚与否的争执,与其说是感情是否破裂的争执,不如说是对于各自离婚善后事宜的争执。对于离婚后子女抚养问题的争执,多数是基于背后的财产的争执。①

实际上,在离婚案件中,贺欣和吴贵亨所说的实用主义话语一

---

① 法律虽未直接规定抚养子女的一方可以多分财产,但在司法实践中,从有利于子女利益的角度出发,法庭在分割财产时会在事实上存在着这种倾向。另外,1993年11月3日最高人民法院《关于人民法院审理离婚案件处理财产分割问题的若干具体意见》也曾规定,对不宜分割使用的夫妻共有的房屋,应根据双方住房情况和照顾抚养子女方或无过错方等原则分给一方所有。

直都存在着,只不过该话语从来也没有像现在这样被广泛地使用和起作用①。本书从某区法院 1986 年的一份调解离婚卷宗中的法院询问被告的笔录中,发现了贺欣和吴贵亨在华南某家事法庭所观察到的相似的情况。

以下是(法官询问被告笔录中的)对话:

问:你爱人提出与你离婚,你什么意见?

答:我不同意离婚。因为我有 3 个孩子,看在孩子的面上也不能离婚,我根本没打她,也没骂她,促使离婚,我根本不知道什么原因,她料理家务很好。

问:假如法院判决离婚怎么办?

答:我不同意。

问:现在你家都有什么财产?

答:两间私房、炕柜、洗衣机、电饭锅、缝纫机、电视、茶几、2 个沙发。

问:有无外债?

答:没有。她手里有 4000 元存款。

问:婚生几名子女?

答:3 名,长女董某平,次女董某红,长子董某刚。

问:要是离婚后子女怎么办?

答:我不离。

问:她坚决不和你过,你看离了不行吗?

答:要是离了,我得管她要 1000 元钱,我要大姑娘,房子、家产我都要。

---

① 参见本书对法庭调解中三种话语的分析。

在该对话中,法官首先征求被告对离婚的意见,被告从实用主义的角度出发进行了回答,即表示自己有 3 个孩子,且原告料理家务很好,从有利于自己和子女生活来考虑,做出了不同意的回答。在得到不同意的答复的情况下,法官抛出了一个实用主义的假设,对当事人进行了暗示的威迫,即:"假如法院判决离婚怎么办?"在当事人坚持不同意离婚的情况下,法官仍然坚持为判决或调解双方离婚做准备,那就是查明双方当事人的财产和子女情况,因为这些都是处理离婚案件中必须一并解决的问题。在通过"要是离婚后子女怎么办?"的委婉劝离仍不奏效后,法官则直接代原告跟被告摊牌:"她坚决不跟你过,你看离了不行吗?"当听到法官都这么说了,被告似乎也看明白了当前的形势,他开始变得更实用起来,那就是做出了如果离婚自己总得在财产上占到便宜的表示。虽然案卷中没有记载,但我们完全可以想象得到,在此之前,法官一定对原告也做了许多劝其与被告和好的工作。但是在原告离婚的态度如此坚决的情况下,法官开始从处理案件的实用主义出发,来做被告的工作,开始劝离,并开始调查双方当事人的财产情况和子女情况,为下一步无论是判决离婚还是调解离婚做好了准备。

4.4 改革开放前后宏观话语变化原因探析

话语与时代相关,不同的时代其主流话语亦不同,每个时代有符合该时代特征的主流话语。时代主流话语一方面是该时代政治和社会生活主题的集中反映,是该时代政治和社会生活的话语表述;另一方面,特别是在重要的社会转型时期,新的时代主流话语往往表达时代发展的要求和未来的趋势,起着先导的作用,具有通过调整和重构意识形态而达到政治和社会调整与重构的目的。① 法庭调解中的各种法律话语亦是如此。

对比改革开放前后的宏观话语,可以发现,改革开放前的主流话语是道德加政治的话语,尤其在特定的历史时期,政治话语成为比道德话语更起作用的话语;而改革开放后至 2000 年前,法律话语的作用凸显,占据主流地位,而在进入 21 世纪后,实用主义话语逐渐占据主流地位,成为离婚案件司法调解的主导话语。从 20 世纪 60 年代中期开始至今,主流宏观话语分别经历了道德加政治、法律、实用主义三种话语。作为一种机构话语,调解的主流宏观话语的变化既与特定时代的政治、经济和文化相关,亦与特定时期法律及法院的运作逻辑有关。

第一,宏观话语的发展变化与特定社会的政治、经济和文化变化有关。每个时代都有其特定的主流话语,而该主流话语的产生和存在是与当时的政治、经济、文化息息相关的。改革开放前,"以阶级斗争为纲"成为新中国成立后一定时期内社会的政治主题,对政治的重视不言而喻。而且,基于高度的计划经济体制、严格的政治控制以及"极左"的意识形态,社会成员个人几乎是没有什么自由的;不仅各种行为要受到严格控制,言论甚至思想也受到严格禁锢,个人价值、权力以及个人利益目标被全面否定,每个人都要无条件地服从于国家目标以及当时特定的意识形态。② 同时,国家实

---

① 参见徐家林:《当代中国时代主流话语的演进与政治和社会转型》,载《重庆社会科学》2004 年第 Z1 期。

② 参见《改革开放前后社会生活方式的变化》,http://wenda.haosou.com/q/13682-79799060209,访问日期:2015 年 5 月 5 日。

行计划经济体制,社会资源由国家计划统一进行配置,单一的所有制结构使利益结构单一化。① 国家几乎是单一的利益主体,不仅个人价值及利益主体地位被否认,也几乎不存在特定而明确的组织和群体利益,或至少都要充分依附国家利益。② 经济上实行的单一的公有制和高度集中的计划经济管理体制,致使个人基本上没有生产资料,生活资料也极少③,人们的生产和生活都依赖于国家或集体。在严格的政治控制和高度的经济依附下,"人"这个主体不断地被虚化,特别是在特定的历史时期,主体甚至被消解,人完全成为一种政治工具而被客体化和异化,国家代替了一切社会主体和个人主体。④ 加之文化上提倡"大公无私""公而忘私",致使公民权利意识淡薄。因此,不仅社会结构,而且人们的价值观都显示出"铁板一块"的状态,社会各阶层的价值观呈现高度一致性,"都是以集体、社会为本位的整体主义价值观,强调'大公无私''甘当革

---

① 参见张宇:《当代中国转型期时期社会心理失调与调适》,载《内蒙古大学学报》(人文社科版)2000年第4期。

② 参见王涛、戴均:《改革开放30年来大学生价值观变迁的轨迹及其规律研究》,载《高等教育研究》2009年第10期。

③ 在20世纪70年代以前的离婚案件中,无论是调解离婚还是判决离婚,当事人可供分配的财产很少。例如,在某一判决中记载:"三、财产处理。手表、桌子、大缸及刘宗昌的大衣、棉袄等衣物归被告人刘宗昌所有;一对箱子、一对水桶、小缸及其他家具、厨具归原告人刘凤珍所有。"在一份调解书中记载:"二、财产:原告人孙慧莲带来衣物全部归原告人所有外,女方行李、棉衣各一套、呢子上衣、金丝绒上衣、的确良上衣、条绒上衣、毛衣、绒上衣、布衫、花衬衣、线衬衫各一件,花布单裙二件,料子裤、条绒裤、秋裤、衬裤各一件,兰布裤、裤衩各二件,褥单、台布、包袱皮各一件,箱子一对,尼龙袜子五双,棉鞋二双,化妆品、牙具全部归孙慧莲所有。其余财产归被告人荀兆祥所有。"另一份调解书中记载:"二、高兰英的衣服全部和被褥各一床归高兰英所有。其他财产归宋殿先所有。"这是20世纪70年代以前离婚案件判决书和调解书中普遍的现象,有的判决或调解书中有关财产分割的内容甚至简单到只有"个人衣物归个人所有"。

④ 参见王涛、戴均:《改革开放30年来大学生价值观变迁的轨迹及其规律研究》,载《高等教育研究》2009年第10期。

命的螺丝钉'"①。在这种政治、经济及文化的综合影响下,政治集权严重,个人崇拜盛行,国家干预深入人们私生活,政治亦渗入官方对家庭及其生活方方面面的管制和评价。因此,与道德一样,政治立场问题成为检验一个人"好坏"的重要标志之一,政治正确成为人们日常行为的最高准则,而以政治眼光看待问题,以"政治正确"为其核心价值和评判标准的政治话语②成为了机构中的通行话语。同时,由于受几千年封建传统的影响,道德还具有很强的约束力量,即政治和道德控制在社会中起着极大的作用。因此,以政治加道德的话语思考和谈论问题以及采取行动的方式成为机构中的"谈论和诠释事件的方式",道德加政治的话语成为机构中的主流话语。而由于寻求帮助者需要使用提供帮助者的通用话语③,因此,无论是法官还是当事人,使用道德加政治的话语也就成为了自然而然的事情。

改革开放后,政治上进行了"拨乱反正",开始重视社会主义的民主与法制建设,指导思想上从"以阶级斗争为纲"转向"以经济建设为中心",经济领域亦由单一的公有制经济逐渐开始向以公有制经济为主体的多种所有制经济过渡。同时,随着政治和社会控制方式的转变,以及因经济体制改革带来的非国家控制的经济和社会资源的迅速成长所提供的基础和空间,社会成员在职业选择、空间流动以及个人生活、言论等诸多方面都获得了空前的自由;随着整个社会发展目标走向以经济建设为中心以及对各种错误的意识

---

① 王涛、戴均:《改革开放30年来大学生价值观变迁的轨迹及其规律研究》,载《高等教育研究》2009年第10期。
② 参见本书第3章3.1中的内容。
③ 参见〔美〕萨利·安格尔·梅丽:《诉讼的话语——生活在美国社会底层人的法律意识》,郭星华等译,北京大学出版社2007年版,第152页。

形态观念的否定,社会成员个体价值意识迅速觉醒和强化,不仅可以公开、积极地追求个人财富和物质享受,人们对个人与国家、个人与社会的关系意识也发生了彻底转化,公民意识、个人权利意识全面强化,改革开放前那种个人对国家和组织的全面依赖和无条件服从状况已不复存在。① 改革开放给人们带来了极大的实惠,巨大的物质利益冲破了"精神第一"的迷雾,排除了"安贫乐道""重义轻利"的传统价值取向;市场经济使自立意识、平等意识、竞争意识日益深入人心,人们对自由、公平、平等等法治的终极目标有了更积极的追求。② 公民自由度的增加,人们自由和权利意识的觉醒,促使政治话语的生存环境在逐渐消失,政治控制在逐渐减弱,同时伴随着文化失调③和道德失范,道德的约束作用也在降低,甚至"少数公民个人行为的道德失范已成为当前中国社会问题中不可忽视的表象"④。人们"谈论和思考问题的方式"不再主要局限于政治和道德,同时,伴随着"真理标准问题大讨论"⑤、实是求是思想路线的重新确立⑥,以及对改革开放以前那种"无法无天"的反思,追求真理、渴望和重视规则蔚然成风,法律上以"事实为根据,以法律为准

---

① 参见《改革开放前后社会生活方式的变化》,http://wenda.haosou.com/q/13682-79799060209,访问日期:2015 年 5 月 5 日。
② 参见张宇:《当代中国转型期时期社会心理失调与调适》,载《内蒙古大学学报》(人文社科版)2000 年第 4 期。
③ 参见刘文俭:《我国社会转型期的文化失调及其调适》,载《国家行政学院学报》2008 年第 4 期。
④ 傅江浩:《转型期的中国社会问题探析》,载《社科纵横》2010 年第 1 期。
⑤ 《真理标准问题大讨论》,http://dangshi.people.com.cn/n/2012/0912/c348858-18989354.html,访问日期:2015 年 5 月 5 日。
⑥ 参见《实事求是》,http://theory.people.com.cn/n/2012/1024/c350530-19376400.html,访问日期:2015 年 5 月 5 日。

绳"原则得以确立。① 这些都意味着社会对于权利与证据的高度关注和重视,而法律话语"主要是关于权利和证据"的一种话语②,以法律为主题作为思考、谈论问题以及采取相应行动的方式越来越为人们普遍采用。在法庭上,人们开始越来越多地利用法律话语讲述自己的纠纷、构建自己的案件事实,法官也更多地利用法律话语解决纠纷和处理案件,法律话语取代政治话语登上了历史的舞台。

中国实用主义话语产生的背后推动力是多元的,既与所处的转型期文化和政治环境结合紧密③,亦与经济的快速发展密切相关。进入21世纪以来,社会转型不但导致了利益结构的改变,而且导致人们价值观念的转变。④ 随着改革开放带来政治上的更加自由、经济上的高速发展,人们财富的积累也越来越多,人们的价值观、婚恋观也都发生了很大的变化,人们社会生活乃至家庭生活

---

① 1979年7月1日,第五届全国人民代表大会第二次会议讨论通过的首部《中华人民共和国刑事诉讼法》第一次提出了"以事实为根据,以法律为准绳"这条基本原则。该法第4条规定:"人民法院、人民检察院和公安机关进行刑事诉讼,必须依靠群众,必须以事实为根据,以法律为准绳。""对于一切公民,在适用法律上一律平等,在法律面前不允许有任何特权。"1982年3月8日,第五届全国人民代表大会常务委员会第二十二次会议讨论通过的首部《中华人民共和国民事诉讼法(试行)》第5条也规定:"人民法院审理民事案件,必须以事实为根据,以法律为准绳;对于诉讼当事人在适用法律上一律平等;保障当事人平等地行使诉讼权利。"1989年4月4日,第七届全国人民代表大会第二次会议讨论通过的首部《中华人民共和国行政诉讼法》第4条同样规定:"人民法院审理行政案件,以事实为根据,以法律为准绳。"吴明玖:《试论"以事实为根据,以法律为准绳"原则的贯彻执行》,http://blog.163.com/xa0084411117%40126/blog/static/81743044200911250050575/,访问日期:2015年5月5日。

② 参见〔美〕萨利·安格尔·梅丽:《诉讼的话语——生活在美国社会底层人的法律意识》,郭星华等译,北京大学出版社2007年版,第19页。

③ Xin He and Kwai Hang Ng, Pragmatic Discourse and Gender Inequality in China, Law & Society Review Vol. 47, No. 2, 2013, pp.279—310.

④ 张宇:《当代中国转型期时期社会心理失调与调适》,载《内蒙古大学学报》(人文社科版)2000年第4期。

中的世俗化进一步凸显。① 世俗化注重现世的生活，而不是来世的生活，世俗化表明信仰力量的消解和宗教禁忌的瓦解，其价值取向体现为以追求现世具体功利为目的，以感官的愉悦为满足，以短期利益为目标。20 世纪末，中国卷入了经济全球化的浪潮中，本土性的物欲主义价值观得到了全球消费主义意识形态的支持与催化。同时，信仰层面的"真空"使得物欲主义乘虚而入，物欲化心态甚嚣尘上②。一方面，人们表现得更加务实。随着经济的快速发展、财富的增多，人们追求富裕、舒适的生活成为一种时髦，而为了实现富裕的目标，实用主义开始大行其道，自我本位的思想达到一种极致，人们的价值追求更加理性、务实。另一方面，世俗化所追求的效果最大化的思维方式和价值取向，弱化了以信仰为基础的崇高感和道义感，"经济理性人"成为其典型写照。③ 伴随着改革开放的深入、社会财富的增加，私人财产价值不断增大，离婚中关于财产的争议再也不像改革前那样简单，因为可以分割的财产已不像以前那样集中在日常的消费品上，高价值的房产、车辆、生产资料，甚至公司股份、知识产权等无形资产也都成为许多家庭的财产，成为离婚时分割的对象。因此，围绕这些财产的分割所进行的协商，无疑会增加更多的谈判因素。"经济理性人"的特征更明显，务实和实用成为现实中的首要考虑因素，实用主义话语产生和流行的社会环境已完全形成，实用主义话语开始兴起并逐渐成为了

---

① 世俗化包括两个方面的内涵：一是指随着科学的发展，普遍主义与理性原则取代神学教条，二是指一种消费主义和享乐主义，注重现世的生活，而不是来世的生活。

② 参见朱成全：《社会转型期失范社会文化心态及其调适》，载《东北财经大学学报》2000 年第 5 期；敖翔：《当代中国社会转型期国民心态的失调与调适》，载《阿坝师范高等专科学校学报》2011 年第 3 期。

③ 参见王涛、戴均：《改革开放 30 年来大学生价值观变迁的轨迹及其规律研究》，载《高等教育研究》2009 年第 10 期。

调解离婚案件的主流话语。

第二,宏观话语的发展变化与法律及法院的运作逻辑有关。对于离婚案件,调解虽然一直是法定的程序,但由于各个时期有关法庭调解的司法政策及法院的运作逻辑不同,致使各个时期法庭对离婚案件调解的重视程度和调解力度不同,进而决定了各个时期的主流宏观话语亦不相同。"新中国成立后,诉讼调解制度经历了从着重调解到重判轻调,现在又发展为着重调解,由兴到衰,由衰到复兴,呈现的是'U'型演变过程。"① 新中国司法调解政策大致可以划分为三个阶段:第一阶段是 20 世纪 50—80 年代强调的"调解为主"和"着重调解"时期②,法院重调轻判,不到万不得已,绝不使用判决。第二阶段是 20 世纪 90 年代前后至 2000 年,随着审判方式改革的开始和深入及我国《民事诉讼法》的修改,强调调解自愿和合法原则,强化当事人举证责任和法院庭审功能,调解的地位和作用在实质上得到了弱化。③ 第三阶段是 2000 年至今,再提"着重调解"④和"调解优先"⑤,法庭调解强势回归,再次成为法院处理

---

① 戴蕙:《略论我国调解制度的历史渊源及演变》,http://www.sqpaw.gov.cn/Article/ShowArticle.asp?ArticleID=2578,访问日期:2014 年 11 月 2 日。

② 参见沈志先主编:《诉讼调解》,法律出版社 2009 年 12 月第 1 版,第 30 页;宁泽兰:《法院调解之路向何处去》,载《法制与社会》2011 年第 8 期(中)。

③ 参见戴蕙:《略论我国调解制度的历史渊源及演变》,http://www.sqpaw.gov.cn/Article/ShowArticle.asp?ArticleID=2578,访问日期:2014 年 11 月 2 日;宁泽兰:《法院调解之路向何处去》,载《法制与社会》2011 年第 8 期(中)。

④ 参见最高人民法院《审理证券市场因虚假陈述引发的民事赔偿案件的若干规定》第 4 条的规定。

⑤ 2008 年 6 月 16 日,在中央政法委的专题研讨班上,有领导在讲话中强调,要"着力把调解优先的原则更好地体现在依法调节经济关系中,有效化解社会矛盾";同年 12 月在全国高级法院院长会议上,时任最高人民法院院长王胜俊在讲话时指出:要进一步贯彻调解优先、调判结合的原则,对有条件的案件,尽可能多地适用调解、协调、和解等方式来处理,实现案结事了的目标。参见沈志先主编:《诉讼调解》,法律出版社 2009 年版,第 31 页;范愉:《"当判则判"与"调判结合"——基于实务和操作层面的分析》,载《法制与社会发展》2011 年第 6 期。

案件的首选方式。与此相对应,对用调解方式处理离婚案件的重视程度和工作力度也经历了一个从强到弱再到强的"U"型发展过程。特别重要的是,本书发现,离婚案件调解的宏观话语与法庭调解的"U"型发展过程有着高度的契合:新中国成立后的"着重调解"和"调解优先"时期基本对应着"道德加政治话语",在这一时期的离婚调解中,法官和当事人都愿意使用道德加政治的话语,而且在特定时期,政治话语呈现出了"特别起作用"的特征;"自愿和合法"调解时期基本对应"法律话语",从改革开放后的 20 世纪 80 年代开始,伴随着法院审判方式改革对庭审功能的重视,法律话语成为主流话语;而伴随着"着重调解"和"调解优先"的再次强调,司法调解强势回归,特别是近些年来,法院及其法官受到前所未有的化解纠纷和维护稳定双重职责的压力,不得不越来越实际,实用主义成为价值追求,交易型调解盛行,实用主义话语成为了离婚案件调解的主流话语。这种高度契合不是偶然的,而是说明调解的宏观话语与法律及法院的运作逻辑有着密切的关系,法律及法院的运作逻辑决定或影响着宏观话语的类型及其起作用程度。因此,要改变调解离婚案件中实用主义话语"独霸"的现状,就必须从改革相关的司法政策及法院的运作逻辑入手。

第 5 章　改革开放后的微观话语

5.1　据以展开研究的几个案件

本书据以展开研究的主要案例是笔者在 2012 年 6 月参与观察的一起在某区人民法院审理的离婚案件。该案的原告是一名 25 岁的无业女性。被告比原告大 5 岁，是某煤业公司的职员。双方当事人育有一个未满周岁的男孩。原告提起诉讼的主要理由是因婆媳关系不和致夫妻没有感情因而要求离婚，并要求男方抚养婚生子。男方对离婚基本同意，但对于婚生子由谁抚养以及如何承担抚养费的问题，与原告争议较大。本案中的主审法官系一名已在法院工作二十余年的女法官，当时是该院民事审判庭的庭长。对于孩子的抚养问题，她倾向于由女方抚养，由男方负担抚养费。在该案的审理过程中，法官并没有将调解过程与审理过程严格区分，除了在法庭调解阶段法官进行调解外，在法庭刚开始进行法庭调查时，法官就针对当事人是否同意离婚的问题展开了调解。在整个法庭调查阶段，法官都会适时地进行调解。本书第 4 章中的语料 4.10—4.13 和第 5 章中的语料 5.1—5.3 均摘自于该案庭审实录。

语料 5.4 和语料 5.5 分别来源于另一起离婚案件的一审和二审庭审调查和调解阶段的记录。该案的原告（女方）和被告均出生于 20 世纪 70 年代末，均是自由职业者。双方于 2000 年 12 月 1 日结婚，次年生育一子，孩子在原告起诉时已 10 岁。原告起诉时主张因双方"婚后经常因一些琐事争吵，尤其从去年（2010 年）开始，被告经常殴打原告，导致双方感情确已破裂"，而要求"与被告离婚，婚生子由原告抚养，被告每月支付 600 元抚养费，并依法分割家庭共同财产"。被告的答辩内容非常简单："被告同意离婚，婚生子由原告抚养，被告同意支付合理的抚养费，债务共同偿还，家产平分，并且照顾无过错方"。单从双方的起诉和答辩内容来看，双方好像争议不大，实则不然。双方对离婚和子女抚养基本无争议，但由于双方都经商，家境比较殷实，双方的主要争议在财产的分割和各自所主张的外债的分配上。一审判决双方离婚，婚生子由女方抚养，男方每月支付 400 元抚养费，并对法院认定的双方的财产和债务进行了分割和分配。双方当事人均因对原审法院有关共同财产和债务的认定和分配不服而提起上诉。另外，被告在上诉状中还提到："（原审）判决对原告婚姻有过错一事不提，没有对我方进行赔偿，对过错方进行偏袒。"在一审和二审中，当事人双方均委托了律师参与诉讼，当事人的起诉状和答辩状呈现明显的规则导向型叙述的特点，而且被告在答辩状和上诉状中只提到过错而不明确说明，应该与律师代写的情况有关。关于被告所说的原告的"过错"，一审庭审笔录中没有任何记载，二审庭审中法官也没有给被告机会让他把具体过错阐明。但是被告寄给二审法院领导的信函中写明了女方的具体过错是婚外情："原告是有重大过错的一方,过错就是他与王某某有不正当男女关系,这是导致夫妻感情破裂的关键所在。对于这个事实,有原告本人写的保证书、录音资料及录音带为证。"结合保证书①和被告提供的三份录音资料②,原告有婚外情的事实是可以认定的,但是从下文中会看到,无论是一审法官还是二审法官,在庭审中对这一问题都采取了主动回避的策略,而且在判决书③中对此也是只字不提。

语料5.6中的原告也是一名女性,1983年3月生,无职业,被告1960年出生,在某煤业公司任职。双方系1999年建立恋爱关系并同居,后于2001年11月生育一个女孩。双方于2010年1月26日办理了结婚登记。原告系初婚,被告则是二婚。原告以"被告经常酗酒,酒后经常殴打原告"为由提出离婚④,并主张婚生女由自己抚养,对方承担抚养费,家庭财产依法分割。被告同意离婚,亦同意婚生女由原告抚养,但主张所居住的房屋归自己所有,共同债务20万元由自己偿还。法院最后判决双方离婚,婚生女由原告

---

① 保证书内容为:为了家人和孩子,和王某某断绝一切往来。落款:赵某某(原告)2010年10月7日。
② 第一份录音为被告要求原告写保证书时双方之间的对话内容,其中原告向被告表示:"你能不能回去跟我好好过日子了,以后再也别提(婚外情的事),我以后什么都听你的,天天在家伺候孩子,伺候你。"第二份录音为被告父母亲同于某共同做当事人双方工作时的录音。在该录音中,原告表示"我良心上过意不去""我真是过意不去""我就不知道徐某某(指被告)怎么想的,我怕到时候我想的是自己也知道自己错了,我就怕徐某某他过不去""徐某某,我以后什么都听你的,你让我干什么我就干什么""以后再也不……哎……用我后半辈子吧,来弥补这件错事"。第三份录音为双方当事人因电话卡和内存卡被原告取回后咬碎发生争执时的对话。其中,原告表示:"你别把这个什么证据拿过来,不影响咱俩吗?你都原谅我了。"当被告表示,因原告毁掉电话卡和内存卡自己"什么都没有了,我现在有苦说不出来,我媳妇叫别人搂着的时候我说不出来,我拿不出来东西,给别人看徐某某(原告名),你知道吗?"时,原告表示:"徐某某(被告姓名),你既然想和我好好过,徐某某,你还让别人看我吗?"
③ 二审的最终裁判结果是:驳回上诉,维持原判。
④ 原告曾于2012年7月6日提起过离婚诉讼,法院认为原告未提供证据证明双方感情破裂而驳回了原告的诉讼请求。

抚养,被告每月承担子女抚养费 900 元;房屋归被告所有,被告给付原告房款 12.5 万元;债务各负担一半。语料 5.7 系某法官在法庭调解阶段做双方当事人调解工作时的录音记录。该案的原告(女方)主张被告经常对其实施家庭暴力,坚决要求与被告离婚。同时,原告举证受伤时的照片和医院的诊断书证明自己的主张。双方无子女亦无可供分割的财产,男方答辩时不同意离婚。语料 5.8 中,原告为 1970 年出生的女性,无固定职业,平时在餐馆打工。男方生于 1968 年,亦无固定职业,平时靠骑人力车载客挣钱为生。双方于 2003 年 9 月结婚,2006 年 10 月双方的女儿出生。原告起诉离婚的主要理由是:"被告嗜酒如命,每每喝酒就酗酒闹事。本身无职业,骑人力三轮车每天挣点钱全都喝酒了,整天醉了不醒,醒了不醉,根本就不管原告母女的死活,原告母女无法生活。"被告认为:"双方感情未破裂,不同意离婚。"此案最后的审判结果是原告的离婚诉讼请求被驳回。

5.2 法庭调解中的语言策略

与中国的法官不同,美国的调解人,无论是来自社区设立的调解中心,还是来自法院附设调解程序,对案件都没有裁决权。[①] 他们的任务不言自明,那就是"去作为一个毫无偏见的、持支持态度

---

① 参见〔美〕萨利·安格尔·梅丽:《诉讼的话语——生活在美国社会底层人的法律意识》,郭星华等译,北京大学出版社 2007 年版,第 154 页。

的倾听者展开工作"①,除了认真倾听当事人的陈述之外,他们还要想方设法去组织谈话的实质内容,促使双方当事人达成一项争议双方都能承诺遵守的协议,以实现调解中心的目标。从理论上来说,调解人应该是中立的,他们会平等对待双方当事人,这也就意味着,在调解的过程中,他们既不能表现出任何的偏袒,更不能去支持或帮助任何一方。但是,康利和欧巴尔通过研究发现,在美国,实际上,"调解人的中立性有时更是一种理想。调解人能够而且也确实运用了各种语言策略塑造调解过程和结果"②。作为承办某一案件的中国法官,他既是主持案件法庭调解的调解人,同时也是有权作出裁决的裁判官,因此,不禁产生疑问:在调解过程中,他们就真能保持中立吗?他们又会用什么样的语言策略去影响或者塑造调解的过程和结果呢?

5.2.1 话语打断

"话语打断是指在口头互动中,在当前说话者话轮结束前另一方没等按会话规则分配给他(她)话轮时,为取得发言权而试图与当前说话人争抢话轮而发话的现象。"③话语打断在法庭这种机构中经常出现,一般而言,"法官对他人的打断主要是为了提高庭审效率,使庭审顺利进行"④。但是,法庭调解过程中,法官也频繁使用话语打断,他们的目的已不简单是为了维持调解过程中的谈话秩序,他们已经习惯于有意无意地把它当作一种语言策略,为其要

---

① 〔美〕约翰·M.康利、威廉·M.欧巴尔:《法律、语言与权力》(第2版),程朝阳译,法律出版社2007年版,第54页。
② 同上书,第74页。
③ 吕万英:《法庭话语权力研究》,中国社会科学出版社2011年版,第105页。
④ 同上书,第189页。

实现的工作目标服务。

语料 5.1

法官:下面由原告围绕本案的争议焦点进行陈述并出示相关证据。就是婚生子李东哲由被告抚育的理由是什么?

原告:我没有工作,一方面我现在住在娘家,现在也是由我父母养活,并没有能力抚养这个孩子,因为孩子已经大了,他吃喝拉撒睡都需要钱,然后我一时半会还上不了班,毕竟我还没有工作,被告有工作,他有能力抚养孩子,我妈身体还不好,孩子有时候有病我自己还整不了,毕竟孩子有病了严重还得去打针吧,打针我一个人整不了,我母亲身体特别不好,一坐车折腾累了就要倒了,所以我根本整不了这个孩子,他的经济条件毕竟比我家好,所以我希望孩子由被告抚养。

原告:而且孩子,在准备离婚的时候我也给他忌奶了。

｛(一名女性旁听人员走到原告身边,对原告耳语,听不清说话内容)｝

法官:哎,你不要随意走动。

原告:而且他母亲在家呆着,也急迫地想看着她的大孙子,所以请求审判长把孩子归于他家抚养。

法官:下面由被告针对原告的陈述发表一下你的意见。

被告:我每天上班没有时间照顾孩子,我母亲的身体不是很好,我同意支付抚育费由原告抚养婚生子。

原告:法官,我问——

法官:稍等一会,让谁说话的时候谁说话啊,其他人不准别插话,同意拿多少抚育费,每个月?你一个月工资收入多少?

被告:我每个月平均2600元左右工资。

法官:你每个月拿出多少?

被告:(听不清楚)

法官:她不同意抚育孩子,让你抚育,啊——

被告:我养的也行,我想看原告什么态度。

法官:**你看,一个一个说,按顺序说。**她发表意见了,她不同意抚育孩子,由你抚育,你说你不抚育孩子,同意拿抚育费,你先说你拿多少抚育费,然后我再问她,如果你抚育她拿多少抚育费,你先说?

被告:1000块钱。

法官:1000块钱,原告,如果被告抚育婚生子,你每月拿多少抚育费?

原告:因为我现在没有工作,我没法拿抚养费。我现在还是父母供养,孩子也是我父母帮忙带着,吃喝拉撒都是我父母管。

法官:原告说到这,我要说你,你说这句话对你自己也好,对你婚生子也好,是**极其不负责任的态度**——

原告:不是不负责任——

法官:**为什么这么讲呢**,你现在带孩子没法出去工作,在情理之中,但是如果是被告抚育孩子,你清手立脚的,你再不出去工作,还在父母家里靠你父母抚养,啃老,我觉得是不应该的,你就出去打工,说不好听的一个月也能挣1000块钱,不挣1000块钱也挣800块钱,你就每个月给孩子拿100块钱,那也是你的心意,也是对你的孩子尽了一份责任,你不可能说一分钱不拿,所以我希望就是说说话要负责任一些,**就是要饭吃说不好听的话,也得给孩子拿抚育费**,有你吃的就得有孩子吃的,甚至说没有你吃的也得有孩子吃的。

原告:法官,我现在也是没有工作。

法官:我刚才不说了吗,就是没有工作,**就是要饭**每个月也得给孩子拿抚育费。

原告:法官我现在没有钱。

法官:没有钱你得有个态度吧,我没有钱,我抓紧时间找工作,找了工作以后每月给孩子拿多少抚育费,那也是你的一种态度呀。

原告:可以,等我有了工作我可以给他拿。

法官:就是——(旁听人员发言,听不清),你不要说,不要说啊,允许你旁听,你要再发言我就请你出去了。(原告)你刚才说的话我还要说你,这个你什么时候能有工作,一年还是两年?还是一个月或两个月?你得有个时间,你不可能说我什么时候有工作,什么时候给孩子拿抚育费,那不对呀,就拿50元拿100元那也是你的心意,你也是尽你所能。

原告:现在确实是没有生活来源,但是等着我有生活来源我会给他的。

法官:你看我刚才说的你还没听明白,**肯定不能等着你有生活来源,再给孩子拿抚育费,那孩子不吃不喝呀?**

原告:那我也不能管父母要钱再给孩子,法官。

法官:**你看看你,你先假如孩子在被告那,你不可以先去工作吗?你短期内还找不到工作吗?**

原告:我短期内不可能一下子就拿出来啊,我找工作也需要时间啊。

法官：那你的意思是你什么时候能有工作？什么时候能给孩子拿抚育费？

原告：那我得上班之后才能拿。

法官：什么时候能上班？

原告：再怎么也得短期内。

法官：短期内是多长时间？三天还是一个月或两个月？

原告：半年吧，怎么也得半年，因为这阵我身体也不太好，整孩子也比较虚弱。

法官：我跟你说是不可能的事情，半年孩子不吃不喝啊？

原告：不是他有父亲呢，他父亲——

法官：他也有母亲啊，这权利义务都是对等的，你不能光享有权利不承担义务，也不能光履行义务不享有权利，都是对等的，那人家被告也上班，人家给的，如果你抚育孩子人家拿抚育费，同样他抚育你也得拿生活费，就是多少的问题。

原告：那我暂时有困难，我拿50元，一个月拿50元。

审判员对书记员说：行，给她记下来。

法官：被告，对原告每个月拿50元你什么意见？表一下态。

被告：就原告这种态度，走到今天这步，走到今天开庭审理都用不着，我不知道原告是怎么想的，也没有什么财产，我之前都跟她说了，她跟我提出来的，（我没有什么毛病）——

法官：现在就是说双方都同意离婚了，离婚的原因就不要说了，现在谈子女抚育的问题。

被告：作为孩子的父母，说以后不再支付抚养费，你说每月拿 50 块钱,法律规定交到 18 岁,你算算这是多少钱,原告说每月拿 50 块钱,(我对她没有什么信心了),她这种态度——

　　法官:被告我发现你——**你就是明确表态,同意还是不同意,多了还是少了? 就直接说就完事了呗。**

　　被告:太少了。

　　法官:太少了,**那你就直截了当说就完事了呗,你就说呗,你真是。**

　　在该语料中,法官共 10 次单方打断①当事人的话语。此时正是法官与当事人讨论孩子由谁抚养及如何承担抚养费的时候。法官在该调解中的目标是明确的,那就是在由原告抚养孩子而被告负担抚养费和由被告抚养孩子而原告负担抚养费两个方案中努力去促成一个,因为当事人对于离婚和财产分割已基本上形成一致,孩子的抚养问题一经解决,该案便可作结了。法官的第一次打断发生在被告发言时原告的插话,法官立即打断原告:"稍等一会儿",并再次强调法庭的规矩:"让谁说话的时候谁说话啊,其他人不准插话!"第二次打断发生在法官让被告发表意见时,被告中途提出"想看原告是什么态度"时,法官打断了被告,并要求他继续围绕自己针对原告的陈述发表的意见——不抚养孩子,同意拿抚养费——进行表态。通过这两次打断,法官顺利地实现了他希望被告完成的如果原告抚养孩子②其能出多少抚养费的表态。接下来

---

　　① 在这里,虽然也有当事人打断法官而插话的时候,但是,可以发现,这里的打断只是就势打断,而且丝毫没有影响法官的继续表达。

　　② 法官一直倾向于由原告抚养孩子而被告负担抚养费的孩子抚养方案。

的打断都是发生在法官与原告的互动中。在被告已经按照法官的意图进行了表态,而且法官对被告的表态也是比较满意的情况下,法官接下来的任务就是能否促成原告改变初衷①接受被告的意见,或者退而求其次,由被告抚养孩子②,原告负担合理的被告能够接受的抚养费。案件进展到这里可以看到,为了能尽快促使原告作出负担部分抚养费承诺的目的,除了对原告话语的第一次打断是为了保持自己的话语权,行使自己的话语权外,法官在原告7次试图以"现在也是没有工作""现在没有钱""有生活来源我会给他的""找工作也需要时间""得上班之后才能拿""短期内(拿不出)""这阵子我身体也不太好,整孩子也比较虚弱"及"他有父亲呢,他父亲(可以养他)"为由,试图对其不能负担抚养费进行解释和说明时,都毫不留情地打断她,最终原告被迫做出了与此前③相比总算是有所进步的表示:"那我暂时有困难,我拿50元,一个月拿50元。"法官见此情景,赶快告诉书记员:"给她记下来",以对好不容易得来的原告的表态进行了证据上的固定。据此不难看出,在法官的实用主义语境下,离婚原因和理由都不是十分重要,重要的是什么结果。这也就意味着,虽然每次法官打断当事人的出发点可能会有所不同,如有时是为了维护谈话秩序,有时是为了保持话语权,维护权威地位④,有时是为了阻止当事人做出法官所认为的"无用"的解释或叙事,但是他们最终的落脚点却是共同的,那就是为法官所

---

① 原告一直坚持由被告抚养孩子。
② 谈话中,被告有过同意抚养孩子的表态:"我养的也行",显然法官认为这不是最佳方案,而没有直接就这一表态进行调解。
③ 此前原告一直坚持没有能力负担孩子的抚养费。
④ 廖美珍也认为,法官的"有些打断行为纯粹为维护法官的权威"。参见廖美珍:《法庭语言技巧》(第3版),法律出版社2009年版,第144页。

要促成的调解目标服务。

调解的谈话过程之所以与日常人们的聊天和争吵不同,是因为有了第三方——调解人的出现,"调解人被公开赋予权力去执行谈话礼节,裁判互动争端"①。作为既是案件裁判官又是案件调解人的法官,当然被赋予了主导调解过程以及规范谈话秩序的权力。"打断是体现话语权力的一种标志。"②"一般情况下,权力高的参与人打断权力低的参与人多,而且前者打断后者很少受到限制"③,"在民事审判中,打断行为基本上属于法官,打断是地位、权力的象征和表示"④。因此,在实用主义话语语境下,法官利用其优势地位,把话语打断作为法庭调解中的一种语言策略来不断地使用,以起到适用实用主义话语来统领离婚案件整个调解过程的作用,为其务实的调解目标服务则成为必然。

5.2.2 使用反问句

反问句是一种形式与意义相反的疑问句:肯定的形式表达否定的意义,否定的形式表达肯定的意义。⑤作为一种特殊的问句类型,反问句"主要用于表达间接的陈述,并在此基础上用来实施各种断言类和指令类行为,其目的是引发受话人接受反问句中的隐

---

① 〔美〕约翰·M.康利、威廉·M.欧巴尔:《法律、语言与权力》(第 2 版),程朝阳译,法律出版社 2007 年版,第 56 页。
② 吕万英:《司法调解语中的冲突性打断》,载《解放军外国语学院学报》2005年第 6 期。
③ 吕万英:《法庭话语权力研究》,中国社会科学出版社 2011 年版,第 189 页。
④ 廖美珍:《法庭问答及其互动研究》,法律出版社 2003 年版,第 174 页。
⑤ 参见李富林:《关于反问句》,载《中学语文教学》1997 年第 9 期。

含意义或者引发听话人的合意行为"①。反问句的语用功能主要体现在三个方面:显示说话者的"不满"情绪;表现说话人主观的"独到"见解;传递说话人对对方的一种"约束"力量。② 一般而言,它主要出现在人们在对对方进行教育甚至训斥或者反驳对方观点的日常话语中,在法庭这种机构性话语中,并不多见。但是在本案调解过程中,法官在与当事人的互动中,却多次使用反问句来强化自己话语的权威性和有效性,"打压"相关当事人,以使自己想要达到的目标尽快实现。

第一次使用反问句是在法官了解到双方当事人主要矛盾的来源是婆媳关系不合时,法官就此做当事人工作时所使用③。法官首先批评当事人"始终没弄清楚婚姻是你俩儿的,日子是你俩过,婆媳关系不好并不能导致你俩夫妻感情彻底破裂",接着教育当事人"主要考虑你俩的因素,婆媳关系抛开在外",并要求原告重点考虑"如果被告能改正他自身的缺点,以后按时上下班,帮着你抚育孩子,工资也交给你,妥善处理你俩之间的关系以及跟老人的关系,

---

① 胡德明:《九十年代中期以来现代汉语反问句研究综述》,载《汉语学习》2009年第4期。
② 同上。
③ 具体语料内容为:"法官:你看你俩始终没弄清楚婚姻是你俩的,日子是你俩过,婆媳关系不好并不能导致你俩夫妻感情彻底破裂,而且法律规定感情破裂就只有那几种情形,跟婆媳关系不好没有关系,就单单这一个理由你们要离婚法院也不准许。你们俩考虑一下你们俩自己,如果你们还在一起生活,能不能有幸福,能不能合得来,主要考虑你俩的因素,婆媳关系抛开在外,原告你觉得,如果被告能改正他自身的缺点,以后按时上下班,帮着你抚育孩子,工资也交给你,妥善处理你俩之间的关系以及跟老人的关系,你觉得你跟他在一起还有没有继续在一起生活的可能性。被告你也应该正视你自己的缺点,如果你就像原告所说的,好玩,下班以后出去玩游戏也好,交朋友也好,喝酒也好,工资不在家里交,如果你媳妇跟老人发生矛盾了,你又不会擅于从中做调解和沟通的工作,如果这样一起生活也没有什么幸福可言,你们就考虑到解除这个婚姻关系,如果,我就提个建议,如果你们不正视这些矛盾,即使以后再组建家庭,这些矛盾也还是会出现的,你们还能离一次、离二次、离三次四次吗?……"

你觉得你跟他在一起还有没有继续在一起生活的可能性"。法官在要求被告正视自己缺点的同时也向双方进行了反问:"你也应该正视你自己的缺点,如果你就像原告所说的,好玩,下班以后出去玩游戏也好,交朋会友也好,喝酒也好,工资不往家里交,如果你媳妇跟老人发生矛盾了,你又不会擅于从中做调解、沟通工作,如果这样一起生活也没有什么幸福可言,你们就考虑到解除这个婚姻关系,如果,我就提个建议,如果你们不正视这些矛盾,即使以后再组建家庭,这些矛盾也还是会出现的,你们还能离一次、离二次、离三次四次吗?"很明显,这时的问话,不是要当事人来作答,表面上肯定的形式实际上已经确定无疑地表达着否定的意义:不能。这种断言类的反问句显然要比普通的肯定句或否定句更容易引起互动对象的注意和重视,也更容易引发当事人的共鸣。第二次使用反问句发生在以下的语料 5.2 中。

语料 5.2

原告:现在确实是没有生活来源,但是等着我有生活来源我会给他的。

法官:你看我刚才说的你还没听明白,**肯定不能等着你有生活来源,再给孩子拿抚育费,那孩子不吃不喝呀?**

原告:那我也不能管父母要钱再给孩子,法官。

法官:**你看看你,你先假如孩子在被告那,你不可以先去工作吗?你短期内还找不到工作呀?**

原告:我短期内不可能一下子就拿出来啊,我找工作也需要时间啊。

法官:**那你的意思是你什么时候能有工作,什么时候能给**

孩子拿抚育费?

原告:那我得上班之后才能拿。

法官:**什么时候能上班?**

原告:再怎么也得,短期内——

法官:**短期内是多长时间?三天还是一个月两个月?**

原告:半年吧,怎么也得半年,因为这阵我身体也不太好,整孩子也比较虚弱。

法官:**我跟你说是不可能的事情,半年孩子不吃不喝啊?**

原告:不是他有父亲呢,他父亲——

法官:他也有母亲啊,这权利义务都是对等的,你不能光享有权利不承担义务,也不能光履行义务不享有权利,都是对等的,那人家被告也上班,人家给的,如果你抚育孩子人家拿抚育费,同样他抚育你也得拿生活费,就是多少的问题。

原告:那我暂时有困难,我拿50元,一个月拿50元。

审判员对书记员说:行,给她记下来。

在该语料中,法官在与原告的互动中共3次使用了4个反问句。第一次是在原告表示目前没有生活来源,等有了生活来源就会承担抚养费时,法官打断她,并大声地明确告诉她:"肯定不能等着你有生活来源,再给孩子拿抚养费",并使用反问句:"那孩子不吃不喝呀?"很显然,不用说孩子,任何人不吃不喝都是不可能的。这一反问句用否定的形式表达的却是确凿无疑的肯定的意思。法官在这里使用该反问句,实际上是对原告进行质问,既表达了其对原告所作表示的"不满"情绪,同时也是在通过该反问句来传递其对原告的道德上的"约束"力量,"打压"了当事人。在原告表示"那我也不能管父母要钱再给孩子",继续试图陈述自己不能承担抚养费的理由时,法官再次大声地连续使用"你不可以先去工作吗?"和"你短期内还找不到工作吗?"两个反问句,在对原告进行责备的同时,指令原告应该尽快出去找工作,挣钱给孩子拿抚养费,而不是以未工作为由不同意给孩子拿抚养费。接下来,法官逼问原告何时能找到工作、何时能给孩子拿抚养费,在原告表示"半年吧,怎么也得半年"并试图就原因进行解释时,法官又一次打断她,大声地再次提醒原告,这只能是她一厢情愿地幻想:"我跟你说是不可能的事情",并第三次使用反问句再次反问:"半年孩子不吃不喝啊?"最后,可以看到,在这一轮法官与当事人的互动交锋中,法官综合运用话语打断和使用反问句两种语言策略,来对当事人施加影响和控制,最终迫使当事人分别做出妥协①,终于基本完成了法官心目中两种调解方案的综合设计和布局。

5.2.3 以法律的名义

在法庭调解过程中,除了使用上述两种语言策略外,法官还经常代表法律来说话,即"以法律的名义"对当事人施以暗示、影响甚至是控制②。

语料 5.3

法官:大度点啊。分割现金 3500 元,还有一个数码相机属不属实?

---

① 被告不但做出了同意抚养孩子的表示,而且按照法官的要求首先提出了在法官看来是可行的抚养费承担数额;原告也从一点抚养费不能承担,妥协到承担每月 50 元,这让法官也看到了进一步做工作的希望。
② 具体见语料中下划线部分。

被告：属实。还有个事法官我想问一下，财产什么的不太懂这个事——

法官：你想问什么事？

被告：结婚时候买的金银首饰什么的怎么分割？

法官：我给你解释一下，结婚时候男方给女方买的金银首饰属于赠予，老百姓讲话就是送给她了，女方陪嫁给你买的衣物比如鞋、手表什么的，那也属于赠予，买给谁的就是给谁的。除了她说的这些财产，你们还有没有别的财产？

……

法官：原告是否同意用调解的方式解决你们之间的纠纷？

原告：同意。

法官：按照法律规定，调解必须符合两个充分的条件，一个是双方自愿，另一个的调解的内容必须符合法律规定。我们民事案件主要是注重调解，极少用判决的方式解决纠纷，但是呢一方不同意调解，法院也不能强制双方当事人调解，调解达不成协议，法院依法判决。但是鉴于你们的案件是婚姻家庭案件，我个人认为用调解的方式解决社会效果能好一些，毕竟你们曾经有过一段婚姻，现在还有一个不满周岁的婚生子，需要你们双方共同抚育。按照法律规定，你们离婚的调解书（我们已经做了），双方已经没有和好的可能了，同意你们离婚，婚生子呢就差一个抚育费的问题，原告不同意抚育，被告同意抚育了，现在就是按照法律规定，两周岁以下的婚生子原则上由母亲抚育，有利于孩子的健康成长……

法官：现在这个焦点是什么呢？焦点是子女的抚养费负担问题，就是数额问题，按照法律规定，子女抚育费主要是基于三个问题来考虑,第一个是孩子的实际需要,再一个是双方的负担能力,还有一个是当地的实际生活水平。综合这三个因素来考虑子女抚育费的负担问题,刚才被告说给1000元抚育费,我觉得挺吃惊的。按照法律规定,如果有固定收入,抚育费按照工资收入总额的20%—30%的标准来承担,如果被告每月开3000元钱,最高限额是900元钱。他刚才说了每个月才2600元,拿出来1000元已经远远超过法律规定了。如果一方没有工作,按照当地最低工资收入每月是730元钱,无论去哪个单位打工,他给你开的工资不能低于730元钱;如果低于730元钱,法律都给这个劳动者予以保护,你可以要求他给你经济补偿金。那么,按照730元钱的最低限额20%,原告你觉得你应该拿多少?(5秒)所以,我觉得被告抚养孩子,原告你拿200元抚育费这个标准真不高,就我判你也不能低于这个标准。

原告:我确实没有这个能力。

法官:〔对书记员说〕整个判决吧。一方不同意调解,本庭不再调解,现在依法进行判决。

〔审判员组织当庭宣判内容,书记员进行记录。内容略〕

法官:为什么判决你承担200元抚养费呢,按照咱们当地今年最低工资标准是730元,工资总额的20%—30%,我给你取了个平均数25%,是182.5,那就凑个整200元,也不超过30%的限额。既然法院判决也是这样,那就同意调解好不好?判也是200块钱,还不如同意调解得了,好不好原告?行不行?

〔原告看一下旁听人员,点头表示同意〕

法官：那就给改过来调解吧。判也是这个结果，你再少了也说不过去，我相信当妈的她也不能不心疼孩子，以后条件好了，兴许能多给点。

作为一种语言策略，法官第一次"以法律的名义"，代表法律来讲话，是在被告向法官提出一个现实的问题时。被告提出的这一问题，即"结婚时候买的金银首饰什么的怎么分割"，实际上细究起来比较复杂，要确定其最终属于对个人的赠予，还是夫妻共同财产的范围，需要考虑许多细节的事实。例如，是由谁出资购买的？何时（结婚登记前还是登记后）购买的？双方当事人对所有权是否有特殊约定？等等。如果按此逻辑作答，必然会引发当事人新的争端，给自己的审理和调解工作徒增变数，无疑是自找麻烦。在实用主义的大语境下，法官很自然地将复杂问题简单化了："我给你解释一下，结婚时候男方给女方买的金银首饰属于赠予，老百姓讲话就是送给她了，女方陪嫁给你买的衣物比如鞋、手表什么的，那也属于赠予。"显然，此时的解释，在当事人看来，绝不只是代表法官个人，法官特殊的裁判者地位决定他还代表着国家的法律。因此，在当事人看来，这是权威的不容质疑的解释，所以接下来，当事人不但对金银首饰等财产不再持有任何异议，而且在法官依惯例询问当事人对案件事实是否还有证据提供时，双方都干脆地回答："没有了。"在法庭转入正式的调解程序时，法官再次使用该语言策略，首先是使用该策略来强调法官接下来所说的话及所做工作的合法性，即调解要符合自愿合法原则，民事案件主要注重调解，其次则是暗示当事人法庭有判决为调解做后盾：调解不成，依法判决。然后，法官继续以法律的名义宣布："（鉴于）双方已经没有和好的可能了,同意你们离婚",并以此引出双方的争议只有一个,那就是原告承担婚生子的抚养费问题。此时,法官话锋一转,继续使用该策略来给原告施压:"按照法律规定,两周岁以下的婚生子原则上由母亲抚育。"由于原告一直主张婚生子交由被告抚养,不同意自己抚养,因此,法官在此"以法律的名义"代表"法律"所讲的话必然成为动摇原告原有决心的"重磅炸弹"。法官使用该策略,看似所说的都是客观现实,但略加分析并不难看出,法官显然是话有所指,并将其作为自己的语言策略来为要实现的目标服务。在法庭调解的最后阶段,法官又一次运用该语言策略,直接为当事人确定了"就我判你也不能低于这个标准的"200 元抚养费。在原告仍然不接受时,法官再次运用该策略:"现在依法进行判决。"在组织当庭宣判内容的过程中,法官再一次故技重施,以法院判决也是如此为由迫使当事人最后接受了负担每月 200 元抚养费的调解方案。

"在多数民事案件中当事人都不熟悉法律,这些诉讼当事人可能比那些在职务中经常与法律打交道的人更容易受压力的影响。"① 这种代表法律说话,"以法律的名义",不管是直接代表,如"按照法律规定,……"等,还是间接代表,如"我给你解释一下,……""判你也不低于这个标准"或"判决也是这样"等,对当事人所起的暗示、影响和控制作用都是一样的。这种语言策略之所以能够对当事人起作用,并不是法官的说话艺术多么高超,而是他们作为案件裁判者的身份决定了他们有机会代表法律说话并且能

---

① 彭文浩:《中国调解制度的复兴:法院调解》,载强世功编:《调解、法制与现代性:中国调解制度研究》,中国法制出版社 2005 年版,第 361 页。

够让当事人信任,因为不论是案件当事人,还是其他的诉讼参与人,乃至社会大众,没有人会质疑法官是代表法律、代表国家在审理和调解案件。也正因为如此,法官才有机会把"以法律的名义"当作一种语言策略,在审理特别是调解案件时经常使用,以此暗示、影响甚至是控制当事人,促使当事人做出妥协,尽最大可能将纠纷解决方案达成。

5.2.4 话题回避

中国的家庭暴力问题由来已久,新中国成立后,受"男尊女卑"传统的影响,在很长一段时间内,尤其是在广大农村,男人对女人的家庭暴力长期存在,直到今天亦未彻底消除。有学者对北京、上海、哈尔滨三个城市相关法院在2008年审结的离婚案卷进行的抽样调查显示:以男方对女方长期实施家庭暴力为理由提起离婚的女性人数,在北京有15人,占女性原告总人数的22%,占总人数的10.5%;在上海有17人,占女性原告总人数的22.7,占总人数的14.66%;在哈尔滨有16人,占女性原告总人数的32.5%,占总人数的21.67%。[①]而在江苏省徐州市贾汪区人民法院2012年至2014年6月审结的1247件离婚案件中,有349件当事人主张因遭受家庭暴力而要求离婚,占比达到27.98%;经过开庭审理,有98件能够认定家庭暴力事实成立,占主张家庭暴力案件总数的34.69%。[②]"涉家庭暴力案件以民事类居多,其中主要反映在离婚

---

① 参见王歌雅:《排挤与救济:女性的离婚权益》,载《学术交流》2011年第9期。
② 参见王牧、岳敏、王道强:《妥善审理家庭暴力案件,保障受害者合法权益——江苏省徐州市贾汪区法院涉家庭暴力案件审理情况调研报告》,载《人民法院报》2014年7月31日。

案件中。2008年至2012年福建省各级法院共审理164613件离婚纠纷案件,其中当事人述及家庭暴力的案件有14277件,约占离婚案件总量的9%。……女性仍然是家庭暴力的主要受害者。"[1]有学者认为,全国的2.7亿个家庭中,30%左右的家庭存在家庭暴力。[2]婚外情问题在中国也是一个不容忽视的问题,据中国《2013年城市"性"基因调查报告》显示,分别有33.6%以上的男性和20.4%的女性同时拥有1个以上的性伴侣[3]。2011年5月11日,重庆市婚姻收养登记管理中心通过《重庆晨报》发布第一季度共有27535对夫妻离婚,其中有548对离异夫妻坦承离婚原因是"小三"搅局,排在离婚原因的第三位。无独有偶,2010年年底以来,郑州市管城区民政局婚姻登记处工作人员沈某某历时8个月,先后对220对离婚夫妻进行调查,发现离婚原因中婚外情约占20%,是导致离婚的第二大原因。[4]

根据笔者查阅的20世纪80年代以前的离婚案件档案记载,凡是由女方提起离婚请求的案件,多数女性或多或少都提出过男方对其进行打骂的控诉[5]。在档案中,也时常会看到因当事人主张对方有外遇,法庭找有关证人进行调查核实的记载。越是早期的

---

[1] 王成全、黄石勇:《构建反家暴联运机制 促进家庭和谐稳定》,载《人民法院报》2013年11月28日。

[2] 参见陈桂蓉:《和谐社会与女性发展》,社会科学文献出版社2007年版,第179页。

[3] 参见《2013年城市"性基因调查报告"》,http://photos.caijing.com.cn/2013-09-24/113335132_3.html#pic_bt,访问日期:2014年4月3日。

[4] 参见施方群:《试论第三者侵害他人婚姻关系行为之私法控制》,载《人民司法》2012年第17期。

[5] 需要说明的是,这种有关打骂的控诉与本书第4章中女方作为提起离婚诉讼理由的"家庭暴力"并不在同一语义范畴,在这里当事人只是提到打骂,而在本书第4章中,当事人则是将家庭暴力作为离婚主张的主要事由而提出。

档案,越能体现法官关于家庭暴力或当事人有无外遇的询问和调查,之后越来越少,到了20世纪90年代,几乎已看不见法官为此询问当事人、教育当事人的记载,更不用说法官亲自到当事人生活工作的地方去进行实地调查了。

对离婚案件中的家庭暴力和婚外情的漠视、忽略或回避似乎是有传统的、由来已久的。在女方提出离婚的案件中,女方提到男方实施家庭暴力的情况很多,在为数不少的案件中也有当事人对对方不忠的控诉,但是承办法官真正去调查或了解这一事实后再行调解和判决的则很少。就算在新中国成立初期的二三十年——对女性权利高度重视和对婚外情极度鄙视的时期,相对于查明是否有家庭暴力和婚外情的事实,法官也往往是更重视调解双方和好或者调解双方离婚。

下文通过对法庭审理尤其是调解过程中诉讼话语的微观分析,可以看到,法官是如何在话语的层面上完成对家庭暴力和婚外情这两个话题的有意忽略和刻意回避的。

笔者在研究[①]过程中观察到的一起经历了两审终审的离婚案件[②],就明确地展现了这一现象。在该案中,原告(女方)起诉离婚,并主张被告最近一年来经常殴打原告[③]。被告在一审答辩时同意离婚,但提出原告有过错(婚外情),并在法庭交换证据时向法庭提

---

① 笔者参与观察了二审的庭审和调解过程。对一审相关语料的研究是通过调阅一审案件档案完成的。
② 有关一审的内容,系查阅一审卷宗获得。
③ 原告的起诉状内容如下:"原、被告2000年12月1日结婚,婚后于2001年12月21日生育一子,起诉时已10岁。原、被告结婚后经常因琐事争吵,尤其从去年开始,被告经常殴打原告,导致双方感情已破裂,现原告要求与被告离婚,婚生子由原告抚养,被告每月支付600元抚养费,并依法分割家庭共同财产。"

交了原告给被告书写的保证书以及原告请求被告原谅的录音资料。在法庭正式开庭审理时,法官通过归纳当事人的争议焦点而将被告殴打原告以及原告有婚外情这些主张都策略性地直接予以回避。庭审笔录中记载的内容如下:

语料 5.4

法官:法庭准备阶段结束,现在进入法庭调查阶段,首先由原告宣读起诉状。

原告代理人:宣读起诉状(略)。

法官:原告对诉讼请求有无补充?

原告代理人:没有。

法官:下面由被告方答辩。

被告代理人:被告同意离婚,婚生子由原告抚养,被告同意每月支付合理的抚养费,债务共同偿还,家产平分,并且照顾无过错方。

法官:被告对答辩内容有无补充?

被告:没有。

法官:根据双方诉辩,法庭认为,本案没有争议的焦点是原、被告对离婚及子女抚养归属均无异议,本庭予以确认。法庭认为,本案有争议的焦点是原、被告夫妻共同财产及双方夫妻关系存续期间的债权债务情况,鉴于原、被告双方对离婚均同意,以及子女抚养归属无异议,在本次庭审调查中,对原、被告夫妻感情是否已破裂以及子女归属抚养问题不再重复调查。各方当事人有无异议或补充?

原告:没有。

在被告:没有。法院的判决书中,也是对此问题只字未提。判决书的事实认定部分记载:"经审理查明,原、被告于 2000 年 12 月 1 日在××县××镇人民政府登记结婚,于 2001 年 12 月 21 日生育一子徐某泽。婚后原、被告夫妻感情尚可,近年来原、被告经常因家庭琐事发生争吵,导致夫妻感情破裂。"判决书的理由部分记载:"本院认为,原、被告经常因家庭琐事发生争吵,导致夫妻感情破裂,原告起诉要求与被告离婚,被告亦同意离婚,故本院对原告要求离婚的诉求予以支持。……"双方当事人对一审判决均不服而提起上诉。原告的上诉理由主要针对财产分割;被告的上诉理由除针对财产分割外,又再次提到:"赵某某[①]婚姻存续期间存在过错,应对徐某某[②]进行赔偿。"在二审的庭审中,当一审被告再次提到一审原告的过错,即发生婚外情的问题时,法官用转换庭审阶段的方式直接予以回避(见语料 5.5),最后在二审法院的判决书中法官更是顺理成章地将当事人有关婚外情的主张回避了[③]。

语料 5.5

法官:下面本案进入调解阶段。

赵:法官我还要说。

法官:不能跟上诉状和答辩内容重复。

赵:绝对不重复。这个吧,刚才,被上诉人的代理人说了,他刚才说打到徐某某的账户上,是还徐某某的钱,这个说法不对,就是说刚才——

[①] 指一审原告。
[②] 指一审被告。
[③] 见语料中下划线部分。下同。

法官：这个理由我们也没记，对本案没有什么价值。

徐：另外，审判长，我们这面还有。从上诉人的上诉状上可以看出，上诉人让徐某某偿还的是借款20万。说明该款项，就是说明这个林权承包人是徐某某，你不是让他还借款，说明是他承包的。另外还有一点，针对上诉人的答辩，我们还有几点。

法官：你那个阶段都过去了，怎么还答辩了。

徐：我们有几点还要说一下。

法官：你陈述举证，不能重复。

徐：第一点，我们说她是转让财产——

法官：你这个前面都重复了。

徐：现在我方愿意出9万块钱，将此单间赎回。她不是5.5万转让了吗，她这个转让无效，我方愿意出9万元，将该单间赎回，市场最低也得在9万，凭什么以5.5万转让。

法官：你还有什么要说的？

徐：第二点，他们当时是还款，是还徐某某的欠款，返还林权的20万是欠款。第三点，有过错，我们已经提供了，由上诉人书写的证明，上诉人婚姻有过错。

法官：有证明吗？

徐：已经提供给一审法院。她自己承认有过错。

法官：双方没有补充，进入调解阶段。

徐：法官，我还有第四点。对方说，孩子的抚养费不低于2000元，我方希望能够抚养孩子，因为我方也无经济收入，没法拿出更多的抚养费。就是你们说的抚养费不低于2000元。

赵：法官我同意将孩子的抚养权转让给男方，我出500

元,每月 500 元。

徐:行,我同意。转给我们,你每月出 500 元。

笔者观察①的另一起离婚案件中的情况也是如此(见语料 5.6)。在法庭调查阶段即将结束时,法官依惯例询问当事人对事实部分是否还有补充:"在事实调查有没有什么事没查到的?"但当原告提出被告曾对其实施家庭暴力的主张时,法官却极为不耐烦地阻止了她:"行了,这个不用说了"转而询问被告:"有没有补充?"

语料 5.6

法官:问一下原告(5 秒),本案争议房屋(5 秒),系胜利煤矿在你们结婚登记之前赠与被告,并在结婚登记后办理产权证照的,是否属实?

原告:是。

法官:属不属实?

原告:那怎么属于赠与,不光是给他的。

法官:你说的是给你的,给他的,还是给你俩的?

原告:给我俩的。

法官:问原告(5 秒),胜利煤矿为什么要把房子给你们?

原告:因为我侍候他妈。

法官:侍候谁妈?

原告:他妈,被告他妈。他妈是胜利煤业老板的姑姑。

法官:问双方是否是初婚?

原告:我是。

---

① 主要是观看庭审录像。

法官:被告?

被告:不是。

法官:第几次婚姻?

被告:第二次。

法官:被告再婚前是否有其他婚生子女?

被告:嗯?

法官:有没有孩子。

被告:有。

法官:几个,

被告:一个。

法官:多大了?

被告:24。

法官:有没有工作?

被告:有。

法官:结婚了没有?

被告:结了。

法官:事实调查有没有什么可说的?

原告:可以说话了?

法官:在事实调查有没有什么事没查到的?

原告:<u>他还揍我。</u>

法官:<u>行了,这个不用说了。问被告,有没有补充?</u>

被告:就是那个房子,她说是侍候我妈的,同居的时候没侍候,就是结婚之后才侍候我妈的。后来胜利煤业老板,就是我表弟——

法官:谁是你表弟?

被告：就是胜利煤业老板。

法官：好了，不用说了。

贺欣和吴贵亨是较早在研究中关注和探讨这一现象的学者。他们观察的一起案件涉及一对刚过 30 岁的年轻夫妇。妻子指责丈夫出轨了两次。不过，双方都同意离婚，他们争议的焦点只在子女抚养权上。主审的陈法官是一位 30 多岁的年轻法官。尽管妻子在庭审期间数次提出丈夫出轨的指控，陈法官对此并未深究[①]，而是有意将此回避。对于家庭暴力问题亦是如此，即使是在有证据证明存在家庭暴力的情况下，法官也会选择在法庭调解时专注于调解协议的达成，而将有关家庭暴力的内容忽略掉。[②]

近期的离婚案件档案中记载的情况也是如此。笔者随机抽取并调阅了某县人民法院 2012 年度结案的 36 件离婚案件[③]档案，经研究发现，其中记载原告在起诉状中主张被告对其实施家庭暴力行为[④]的案件有 13 件，主张被告"有外遇""搞婚外恋"的有 2 件，既

---

① 参见 Xin He and Kwai Hang Ng, Pragmatic Discourse and Gender Inequality in China, *Law & Society Review* Vol. 47, No. 2, 2013, pp. 279—310.

② 参见贺欣、吴贵亨：《司法调解对家庭暴力的删除》，载苏力主编：《法律和社会科学》（2013 年第 11 卷），法律出版社 2013 年版。

③ 每个月抽取 3 件。

④ 主张分别为："喝酒闹事，还经常动手打人，经常打人成性""最主要的是动手打人……今年春节他拿电脑砸在我头上，上医院去缝了好几针""殴打、恐吓、虐待妻子""夫妻之间经常打仗，晚上经常不让原告睡觉……一次最严重的是把原告打的头的后部骨折""多次对原告实施危害行为（如菜刀、斧子等）""经常喝酒闹事，并动手打人，并（致原告）浑身多处伤，女方多次求男方不要动手打，但还（换）来的是更加暴烈的殴打""因琐事谩骂并多次殴打原告，限制人身自由""当孩子的面打原告""被告经常对我实施家庭暴力""被告常常对原告实行家庭暴力，恐吓、拳打脚踢、攻击性语言""经常为家务琐事饮酒后与我争吵，并动手殴打我""被告喝酒闹事还动手打人""经常因琐事谩骂并多次动手殴打原告，限制原告人身自由。……用火煤块将原告殴打后，致其脑后两处伤口并缝多针。派出所对此事进行了处理，但被告依然本性不改，时常对原告实施暴力……对原告进行污蔑、辱骂并多次使用家庭暴力……再次对原告进行家庭暴力并用匕首威逼恐吓"等。

主张被告实施家庭暴力①又主张被告"搞婚外恋"的有1件,总计16件,占全部36件案件的44%。其中,只有2件案件②是男方提起诉讼。上述16件案件,法院判决准予离婚的有1件,判决不准离婚的有4件,调解离婚的有6件,调解和好撤诉的有5件。除了2件调解和好而没有出具法律文书的案件外,其他14件案件中,不但有3份裁定书和6份调解书对当事人所主张的家庭暴力或(和)婚外情问题只字不提,而且有5份判决书中法院查明事实部分及理由部分也都选择将此问题回避,就连其中2件案件的被告在答辩时已承认有过家暴行为③,但判决书也并未提及。

针对法庭对当事人所主张的家庭暴力和婚外情问题采取的有意忽略和刻意回避问题,笔者访问了相关案件的法官。由于都是同行,且许多法官都熟悉,他们的回答既真诚又坦率。他们认为,关于家庭暴力问题,本身这个概念就太宽泛,一方打了另一方一下,就算是实施家庭暴力了吗?另外,"清官难断家务事",在一起生活哪有"舌头不碰牙"的。其中,有一些法官说话很实在:"原告说被告经常打自己,被告辩解没打,两个人之间发生的事,谁能说清楚,再说就是查清了是原告动手打了被告,也不好认定属于我国《婚姻法》中规定的'实施家庭暴力'。那又与双方离不离婚,以及怎么离婚有多大关系呢?"在谈到婚外情的问题时,受访法官普遍表示,这个问题涉及个人隐私,除非当事人自认,很难查清。因为现在与几十年前不同,即使当事人的亲朋、同事或邻居等人知道,

---

① 该案的原告在起诉状中主张被告"酒后滋事打人,性虐待,搞婚外恋,经常折磨原告……被告的的行为对原告造成极大的伤害,导致原告经常心慌、胸闷、气短、心绞痛、头痛、头晕等"。

② 有1件案件主张女方"当孩子面打原告",另1件案件则主张女方有外遇。

③ 分别为"有打原告这个事"和"动手打过她"。

也都不会出来作证。而且,你越是要查明这个事实是否存在,双方越愿意在此问题上纠缠不休,倒不如让这些事过去,更容易将双方在离婚问题中的实质问题解决好。

对当前法庭审理特别是调解过程中大量的诉讼话语和离婚案件档案的研究都表明,从实用主义目的出发,一切以当事人达成妥协为出发点和落脚点,避免"谈论争端导致产生更多争端,给说者和听者带来不幸"①,法官普遍存在将当事人提出的有关对方当事人有"家庭暴力"和"婚外情"的主张有意予以回避的倾向。而且,这种忽略或回避并非是随意和无目的的②,从法官对此运用的熟练程度和自然程度不难看出,对"家庭暴力"和"婚外情"的回避已经成为法官在审理尤其是调解离婚案件时的一种语言策略。对于这一点,尤其应当引起研究人员的注意。虽然我国一直在主张和推行"男女平等"政策,但谁也不否认现实中的男女不平等现象还是在一定范围内和一定程度上存在着。由于"家庭暴力"和"婚外情"的受害者主要是女性,因此,法庭对此话题的有意回避必然会加剧现实社会中,尤其是婚姻家庭关系中男女的不平等。

以上提及的法官的四种语言策略,无不体现出实用主义话语的元素,它们源于司法调解的实践,又服务于司法调解的实践;既是司法调解实用主义话语的产物,反过来又服务于司法调解中的实用主义话语。这也再一次从法庭微观话语的层面上表明,在司法调解的实用主义话语语境下,法官为了完成既定的调解目标,他们会使用各种语言策略去影响、控制甚至控制当事人,"调解人的

---

① 〔美〕约翰·M. 康利、威廉·M. 欧巴尔:《法律、语言与权力》(第 2 版),程朝阳译,法律出版社 2007 年版,第 208 页。

② 这一点从笔者随后对相关法官的深度访谈中得到了证实。

中立性有时更是一种理想而非现实。调解人能够而且也确实运用了各种语言策略去塑造调解过程和结果"①。

5.3 交易式还是治疗式

调解是存在着多种结构的,苏珊·西尔贝和萨利·梅丽按照调解人采用的风格不同而将调解划分为交易式调解和治疗式调解。② 交易式调解的调解人专注于具体的协议,他们很少顾及当事人的情感需要,而是把精力放在可在双方之间进行交易的那些现实需要上。交易式调解的调解人强调他们在法律和法律过程方面的专业知识和技能,并对调解过程实施相当多的控制:他们常常与各方当事人单独交谈,有时甚至自作主张地拟定自认为双方当事人都会接受的协议。为了促成和解,他们也会预先告知当事人,如果不能达成协议而最终以诉诸昂贵的、不可预料的法律制度告终会存在的风险。而治疗式调解人强调他们在处理人际关系方面的专业知识和能力,由于他们的理论前提是法庭会忽视当事人的情感需要,因而他们努力避免与法律制度的接触。值得一提的是,治疗式调解鼓励各方当事人积极参与并尽情地表达他们的感受和态度。交易式调解为追求实现具体目标而常常会忽略当事人的感受,而治疗式调解则将情感关怀视为最高追求,因而冲突被解释成误解或交流失败。每一种调解风格都有自己独特的语言,交易式

---

① 〔美〕约翰·M.康利、威廉·M.欧巴尔:《法律、语言与权力》(第 2 版),程朝阳译,法律出版社 2007 年版,第 74 页。
② 参见同上书,第 53 页。

调解"将争端当事人的经历和主张转化为谈判和交换语言",在坚持一种准法律权威的时候,"调解人用法学家、犹太法学者或牧师一样的神秘面纱将自己包裹起来"。治疗式调解语言则相反,它"试图重铸争端当事人的个人经历,将其转变成一种双方都相互珍惜的关系类型",治疗式调解"努力去培养一种相互承认当事人的关系、彼此共有的利益以及集体价值观而非竞争性需要的重要性的语言"①。

中国早期的法庭调解也有治疗式调解的例子。例如,黄宗智先生讲述过的内容:为了促使小夫妻和好,考虑到夫妻之间的主要问题就是生活窘迫的问题,法官、政府官员及村里的人员,不但积极帮助男方安排工作,甚至动员相关人员帮助他们盖一座新房。对于有错误的当事人,法官及其他参与调解的人员,也都会不厌其烦地对他进行批评教育,让他从思想上认识到错误,从行动上改正错误。② 在这里,调解人关注的不只是双方当事人能否和好或达成协议化解纷争,他们还从当事人的切身感受入手,通过调查了解,弄清当事人产生争议的原因所在,然后齐心协力、对症下药,有钱的出钱,有力的出力,最终像医生一样将影响当事人感情的"病灶"切除。而回过头来看当前的法庭调解,则可以说是彻头彻尾的交易式调解。在调解中,法官专注于双方当事人达成一致,不论是离婚还是和好,很少去关注或顾及当事人的情感需要。在调解中,法官会想方设法做当事人的工作,指导当事人进行类似于商人间谈

---

① 参见〔美〕约翰·M.康利、威廉·M.欧巴尔:《法律、语言与权力》(第2版),程朝阳译,法律出版社2007年版,第245—246页。
② 参见黄宗智:《中国法庭调解的过去和现在》,载黄宗智、尤陈俊主编:《从诉讼档案出发》,法律出版社2009年版。

判的讨价还价,有时法官还会迫不及待地代替一方当事人与对方当事人进行讨价还价。而且,在多数情况下,法官会根据双方当事人的争议内容及当事人对相关问题的表态,直接提出法庭认为可行的方案,让双方当事人接受。

语料 5.7

法官:事实调查结束。现在是调解阶段。原告同不同意不离婚?

原告:不同意。

法官:被告同不同意离婚?

被告:不同意。

法官:我说啥呢,原告你就算是给被告一次改过的机会,给被告一次"挨揍"的机会,回去过一段时间再看看。

原告:一次比一次厉害,他还说离了婚我也不会放过你的。

法官:那就必须离呗。被告,这种婚姻也没有什么价值了。(好合好散,我给你们出个手续行不行?)

被告:给我撵出去呀!

原告:我那儿敢呀,回去看见我就揍我。

法官:我说那这样,你那块,你回去打人的毛病再改一改,我能看出来你脾气不好,所以咱别说那些没有用的,我想说啥呢,她这块要是行呢,我法院做做工作,让她撤诉,回家和你好好过。他把所有的毛病,是找美女呀,还是打人呢都改了它,是不是,回去好好过,过半年,这笔录都给你留着。半年之后呢,他要是再对你不好,直接起诉,马上给你判离。

原告：他改不了，起诉期间就给我打成这样。

法官：就因为你起诉，人生气才打的你吧？！

原告：我怎么，我那——

法官：你要不起诉备不住人家就不打你了，是不是？

原告：不起诉他打的还少啊！

法官：不唠这些了。人家都说女同志心软，你回去，他这块呢刚才也做他工作了，改一改，弄两个菜买瓶红酒——

原告：可拉倒吧，喝完酒了，他喝完酒没主意，谁都敢打。

法官：行不行？

原告：不行！

法官：真不行呀？

原告：不行，他打人太狠。

法官：真不行，那你这块放个口。咱法院调解先以合为主，先给你劝和，有很多婚姻就是劝和它也合不了，法院就必须判离（判离是啥呢就是有法律规定就必须离了），就这种情况与其判离不如调离，调离是啥呢，你们双方合计着来，合计妥了，签上字，完事。所以我跟你说，她那面的工作我也做了，不离不同意，当着你的面说的。我这面问你，你同不同意离，离了之后呢，打个比方说真就有感情了，好好带带可能就复婚了，你这面同不同意离婚？

被告：不敢——

原告：我不敢，你说我这俩年挨这打，（都快死了）我值不值呀？！

被告：（ ）

原告：我对你还怎么的呀？

被告：对我？

原告：那怎么的？

被告：我打人不对。

原：你哪儿都好，没事就动手打，谁都受不了。

被告：没事我就打你一顿，我有病呀？！

原告：以前，那你女孩也好，媳妇也好，哪个不是让你打跑的。都是让打科科的过不了了，你问问有一个你不打人家，能不能到今天吧，你说？

法官：同意了？

被告：对，赶紧离！

法官：(同意了签上字法官就管不了！)

原告：(法律)——

法官：那就是原告及被告同意。

原告：(他要是在白山逮着我再打我)——

法官：离了婚再打你，你可以报案，现在婚内打你，人家公安局不管，那就躲着点呗！

在该语料中，法官从进入调解程序起，便开始与双方当事人进行交易式的谈判，交易目的很明确。他首先询问原告"同不同意不离婚"，在得到否定的回答后，他转而询问被告"同不同意离婚"。这种问话功利性目的很明显，无论哪一方做出肯定的回答，都意味着当事人对这一问题形成一致，法官就会将当事人在该问题上达成的一致意见立即进行固定，不再对此做任何工作，而将所有精力投放到下一个争议焦点的谈判上。至于这样是否真正符合当事人的情感需求，是否有助于修补受损的家庭关系，则不在法官的考量之中。在被告表态"不同意"后,眼见自己的目的未能实现,法官便首先做原告的工作,让原告"给被告一次改过的机会",在未得到原告响应的情况下,法官又接着做被告同意离婚的工作:"这种婚姻也没有什么价值了。(好合好散,我给你们出个手续行不行?)"在这里,已经不再是法官指导着当事人进行谈判和交易,倒像是法官在分别与双方当事人进行交易。看到被告对自己的提议没有正面回应,法官似乎意识到,无论是于理于法,还是应该首先做当事人的和好工作[1]。因此,他分别对原、被告进行劝说,要求被告回去把自己打人的毛病或是找美女的毛病都改一改,要求原告回去再与被告过半年[2],以观后效,并带有一定哄骗性[3]地劝说原告:"这笔录都给你留着,半年之后呢,他要是再对你不好,直接起诉,马上给你判离。"在这里,原告要求离婚的主要原因是因为被告对其经常施以家庭暴力,就连原告自己都说:被告哪儿都好,但就是经常动手打人,谁都受不了。由此足见原告是深受被告的家庭暴力之苦,迫不得已才起诉离婚的,但是法官却未表现出任何对原告遭遇的同情和对施暴者的谴责。在整个调解过程中,法官专注于促使双方达成"离"或"不离"的交易,而对于交易之外的双方感情到底如何、男方为何经常施暴[4]以及如何防范家庭暴力的再次发生,则根

---

[1] 这一点从接下来法官的谈话中可以得到证明。他谈到,法院调解首先是以调解和好为主。

[2] 根据我国《民事诉讼法》第124条的规定,判决不准离婚和调解和好的离婚案件,原告一般不得在6个月内再行提起诉讼,6个月之后则可以。

[3] 虽然在司法实践中,当事人在第二次起诉离婚时一般会得到法院的支持,但因为判决离婚的法定标准为夫妻感情确已破裂,未经审理法院也不可能确认任何事实,而且下一次当事人起诉离婚时的承办法官或者合议庭组成人员都可能发生变化,因此,法官在此的表态带有哄骗性。

[4] 如男方若真正是经常无故施暴,可能会是心理问题。

本不去过问。更值得关注的是,在原告陈述到被告在"起诉期间就给我打成这样时",法官甚至替被告做起了无理的辩解:"就因为你起诉,人生气才打的你吧?!""你要不起诉备不住人家就不打你了,是不是?"为了能够使当事人更快地进入到谈判之中,法官并没有让当事人去自由磋商,而是直接以向双方当事人发问的方式,指挥着当事人进行了间接的谈判,并最终落脚于"那就是原告及被告同意(离婚)"。

语料 5.8

  法官:(进行法庭调解)原告能不能不离婚,为啥呢,不冲别的冲这个孩子,孩子这么小,我家孩子跟你家孩子是同岁的,无论是你们哪一方有什么过错,或哪一方都多么优秀,咱都互相担待。如果说有毛病,咱互相改一下。我说了,不看僧面看佛面,不看大人看孩子,哪怕孩子再大一些,上了高中了或者上了大学了之后,咱们再离。所以我说啥呢,住家过日子,虽然岁数小,我 78 年的,住家过日子,没有舌头不碰牙,筷子不碰碗的,吵吵闹闹,甚至是有点小毛病,喝个酒啊,好吃懒做这都可以原谅。如果说是经历这次离婚,他再不改,咱再起诉做到仁至义尽,综上呢,我说的这么多,我的目的只有一点,我希望你们共组一个家庭,当然了,你走到今天这个地步,你肯定认为感情破裂,但也可能做到破镜重圆,目的只有一个,希望你能够谅解被告身上的缺点和不足,好好过日子。如果回去,被告,你再天天酗酒,像起诉状上说的,醉了不醒,醒了不醉,你都对不起你那个人字,挺大个老爷们,你干三轮车容易吗?养家糊口容易吗?7 岁的孩子,吃屎的孩子,现在你们父母上这里来闹离婚,让孩子怎么办啊?

被告:能改好。

法官:指定能改过,改不好怎么办?

被告:再起诉就离。

法官:改不好,再起诉,法庭都不同意。

法官:那原告,你给法庭一个面子,所有的材料呢都在卷宗里头,回去容忍他一个月、两个月,不行再起诉,好不好?

被告姐姐:你要是回来和我弟弟一起过日子,把孩子共同抚养长大,咱还是一家人,毕竟还是有感情的。再一个咱妈说了,外面真是有心上人了,因为跟我弟弟过得不幸福,你也可以走。可以走,但是你得把孩子和我弟弟的房产留下。

法官:那就是这个方案,你同不同意?

原告:我不同意。

法官:你坚决要离?

原告:对。我现在跟他在一起,我过不了。我回来一个月了,他还是喝。

被告姐姐:那个法官,我说一下吧,我弟弟吧我承认是喝酒,但一个巴掌拍不响,你也得想想你自己的不是,我弟弟出去蹬三轮挣钱,把孩子交给你了,完了你又把孩子给我弟弟,你出去打麻将。

原告:那些话都别说了。

法官:那个方案已经清楚了,你同不同意?

原告:不同意。

法官:那个他再不好,他也是孩子的父亲。

原告:这个我承认,我也改变不了。

法官:如果你坚持下去,可能给孩子造成一个什么呢,她现在还小,离异之后,孩子心理上肯定要有阴影,我还是这么说,我也不愿意判决你们离婚,你最后一次回答我,你能不能考虑我的意见?

原告:不行。

法官:被告,你媳妇的意见非常坚决,你姐姐也说了,一个巴掌拍不响,既然人家不想跟你过了,这样的婚姻维持下去也没什么意思,那么你同不同意离?

被告:坚决不同意。

法官:宣布休庭。

无独有偶,与语料5.7相似,语料5.8中的法官也是在调解刚开始,便首先抛出了"原告能不能不离婚"的问题。在所有的法官看来,在处理离婚案件时,如果能够做通当事人的和好工作,既是一件功德无量的事情①,同时又了结了一件案件,完成了一项工作任务,还可以免去帮助当事人草拟调解协议以及制作裁判文书的麻烦,真可谓是一件一举多得的好事。这本无可厚非,但是如果法官带着强烈的功利主义目的去做工作,则会在法庭上呈现出浓厚的商业交易的氛围,本案的情况就是如此。法官使用了大量的在一般人看来都是入情入理的劝导,道德话语、法律话语和实用主义话语并用。同时,为了能顺利与原告交易成功,法官甚至主动放下高高在上的身份,要求原告"给法庭一个面子",接受法庭提出的"回去容忍他一个月、两个月,不行再起诉"的调解方案。为了让当事人相信法官所说的话,法官特意强调:"所有的材料呢都在卷宗

---

① 按照中国的传统观念,国人都秉承"宁拆十座庙,不毁一桩婚"的理念。

里头。"这些材料自然包括被告"能改好"和"再起诉就离"的承诺以及法官"改不好,再起诉,法庭都不同意"的表态。当然,在专业人士看来,法官所提方案的合法性和权威性是会受到质疑的,因为按照我国《民事诉讼法》的相关规定,没有新的事实和理由,当事人在6个月内再行提起离婚的诉讼,人民法院不予受理。法官并不是不知道这一法律规定,但是从实用主义的角度,在对法官要求不是太严格的调解阶段,只要有利于促成当事人之间的交易,使用并不是完全妥当的话语,在绝大多数法官看来并不是什么原则性的错误①。在被告的姐姐插话提出一个供原告"二选一"的方案②时,法官立即拍板敲定"那就是这个方案",并接连两次催要原告的口供:"你同不同意?"在原告两次明确表示"不同意"后,法官开始再次尝试他在处理离婚案件中屡试不爽的两件法宝,即"为孩子着想"的道德话语和"判决不准离婚"的法律话语。最后,面对与原告的交易失败,法官马上转而谋求与被告之间的交易:"你媳妇的意见非常坚决,你姐姐也说了,一个巴掌拍不响,既然人家不想跟你过了,这样的婚姻维持下去也没什么意思,那么你同不同意离?"看到被告亦态度坚决,法官只好宣布休庭。回顾法官这一调解过程,法官试图与当事人交易的目的一目了然。上文语料4.13中介绍的法官的调解也是典型的交易式调解。而且,经过法官引导双方或直接参与同另一方的谈判,交易最终是有成果的,从原来原告同意支付的每月50元抚养费,提高到200元。这里法官关心的也只是双方能否达成协议,而对于原告的实际经济状况及支付能力一概不问,在原告多次向法官表明自己没有生活来源,确实没有能力负担

---

① 此判断来源于笔者对相关民事法官的深度访谈。
② 即要么两人和好共同抚养孩子长大,要么离婚把孩子和房产留下。

200 元抚养费的情况下,法官仍然以判压调,迫使原告接受了每月负担 200 元抚养费这一调解方案。

此外,从黄宗智等学者的文章中①可以看到,改革开放前中国的司法调解也有不少治疗式调解的身影。在那个一切都姓"公"的年代,法官为了让当事人和好,可以动员和调动社会各方面的力量,包括当事人的亲友、同事、邻居、当事人所在单位的领导、当事人所在村社或所在社区的基层组织,乃至上级政府部门,来做劝说工作,甚至给予当事人"物质刺激"。为了查明是非,分清对错,找准调解工作的切入点②,法官会深入实地,向知情人及相关组织调查了解情况。而改革开放后,"在市场化了的新现实大环境下,已经不大可能像过去那样由法庭深入村庄或街道或单位,与当地干部和亲邻交谈,了解实质真相"③,法官也既无精力亦无能力去调动各方力量与法官形成合力,更别说提供"物质刺激"了。法官虽然还是会努力做和好工作,但是其用心程度和推动和好的力度已大不如前。尤其是进入 21 世纪以来,伴随着转型期社会环境对司法运作的影响④,治疗式调解已难觅踪影,正如在前文分析中所看到的那样,在中国当今的法庭调解中,交易式调解已经不但成为主流,而且占据了垄断地位。这也与当前司法调解的实用主义话语紧密联系。

---

① 参见黄宗智:《中国法庭调解的过去和现在》,载黄宗智、尤陈俊主编:《从诉讼档案出发》,法律出版社 2009 年版;黄宗智:《离婚法实践:当代中国法庭调解制度的起源、虚构和现实》,载黄宗智编:《中国乡村研究》(第 4 辑),社会科学文献出版社 2006 年版;胡永恒:《陕甘宁边区的离婚法实践》,载《史学集刊》2011 年第 1 期。

② 当然也是为了判决认定事实做准备。

③ 黄宗智、巫若枝:《取证程序的改革:离婚法的合理与不合理实践》,载《政法论坛》2008 年第 1 期。

④ Xin He and Kwai Hang Ng, Pragmatic Discourse and Gender Inequality in China, Law & Society Review Vol. 47, No. 2, 2013, pp. 279—310.

通过对当前离婚案件司法调解的微观话语分析可以肯定,在当前"调审合一"模式下的法庭调解中,为了实现调解目标,法官不但在有意无意地使用相关语言策略去影响、暗示甚至控制当事人,而且还在自觉不自觉地进行着交易式的调解。这一切都说明,调解并不是价值中立的、由当事人主宰的过程,对调解话语细节的分析也证明调解人至少是在法律制度默示的纵容之下能够运用权力,实现自己的目标。① 因此,与判决相比,当前的离婚司法调解,既不能提供公平的,也不能提供更为人性化的程序选择。②

---

① 参见程朝阳:《法律权力运动的语言面相——〈法律、语言与权力〉导读》,载〔美〕约翰·M.康利、威廉·M.欧巴尔:《法律语言学导论》,程朝阳译,法律出版社2007年版。

② Jian Wang, To Divorce or Not Divorce: A Critical Discourse Analysis of Court-ordered Divorce Mediation in China, *International Journal of Law, Policy and the Family* 27(1), 2013.

第 6 章 当代话语权力关系及对当前司法调解的反思

6.1 当代话语的权力关系及其后果

每一种话语都有着与其他话语不同的判定是非的最终标准，对同一事件用不同的话语去建构，也会带来不同的权力后果，指向不同的解决方法。具体而言，道德话语以儒家或传统的公共道德规范为箴言，根据道德的范畴和解决方法来行事，它是一种关于人际关系的话语。因此，与法律话语和实用主义话语相比，道德话语是与情感因素最接近的一种话语。法律话语是一种关于财产、权利、义务的话语，是围绕法律的范畴和解决方法而展开的，以法律规则为判定是非、对错的最终标准，法律得到完全执行是它权威形成的方式。

在离婚法的实践中，作为一种普通民众熟悉且能够熟练使用的话语，道德话语对于缓和当事人之间的紧张关系，消除纷争，尤其是在促成当事人和好方面一直发挥着重要的作用。而以法言法语为基本特征的法律话语，在对纠纷进行建构本身就会更多地指向以裁决的方式解决纠纷。因而,法律话语虽然有利于字面意义上公平①的实现,但是由于其是理性的、非情感的,当面对成因复杂、以感情为基础并围绕感情而展开的离婚纠纷时,法律话语会显得有点束手无策。法律虽然对于如何认定"感情确已破裂"规定了一些客观标准②,但是由于对被称作"感情"的事物,人们无法直接触摸和观察到,因而对于感情是否破裂,根据所谓的客观标准所做的判断永远不如当事人的主观感受真实和准确,这也就决定了在法律话语的框架内,"感情是否破裂原则"将被抽空。

20世纪八九十年代,法律话语也曾发挥过重要作用,但是,进入21世纪后,随着交易式调解的盛行,在道德、法律和实用主义多种话语争夺主流地位的过程中,与道德话语一样,法律话语也很快被实用主义话语"打败",实用主义话语成为了当代离婚案件法庭调解的主导话语。而且,上文已经阐述,实用主义话语并不是突然出现的,在20世纪80年代我国法院的相关档案记载的调解过程中就已经发现了它的身影,但是其成为调解中法官优先和普遍使用的话语则是近些年的事情。司法调解为实用主义话语的出现提供了土壤,21世纪司法调解的强势回归成为实用主义话语成为主流话语的根本条件。因此,可以推断,只要交易式调解存在,实用主义话语就会永远相伴,实用主义话语与交易式调解紧密联系。

在对实用主义话语的权力关系及其后果进行探讨之前,本书有必要先对"实用主义"进行一番考察和界定。

---

① 这种公平是一种符合法律规定的公平,但并不一定就是现实社会中真正的公平,这类似法律事实与客观事实之间还有差距一样。

② 参见最高人民法院1989年11月21日法(民)发[1989]39号《关于人民法院审理离婚案件如何认定夫妻感情确已破裂的若干具体意见》。

实用主义是产生于 19 世纪末并于 20 世纪上半叶流行于美国的一个哲学流派。正是通过皮尔斯、詹姆斯和杜威三位著名哲学家的创造和努力,使得实用主义思潮风靡美国,同时也影响了世界其他国家和地区的众多学者的思想。① 实用主义有两个哲学特性:一是对事物结果实效性的追求。"它强调哲学要立足于现实生活,把确定信念作为出发点,把采取行动当作主要手段,把获得效果当作最高目的。"② 二是多元论和相对主义,强调一种兼容并包的开发精神。它可以平息各种不同气质的哲学思想的冲突,它并不排斥其他的哲学思想——只要它是有效用的。在探索真理、确定信念的过程中,任何方法都可以使用。③ 几乎与哲学的实用主义诞生的同时,法律的实用主义也相应产生了。事实上,最早的法律实用主义者美国联邦最高法院霍姆斯法官本身就与皮尔斯等人同属一个哲学群体,而杜威的许多观点实际上受到霍姆斯法官的影响。这种法律实用主义的核心是强调司法要关心后果,以及基于后果而非概念作出政策判断。在实用主义的司法中,法官总是依据司法判决可能产生的效果作出决定,而不是严格地依据某一个现存的法条或历史上的判例。④ 实用主义最大特点在于结果合理性优先

---

① 参见张志文:《实用主义视角下的司法观及启示》,载《北方法学》2013 年第 3 期;于明:《法条主义、实用主义与制度结构——基于英美的比较》,载《北大法律评论》(2007 年第 14 卷第 1 辑),北京大学出版社 2013 年版;吕存诚:《试探实用主义进路的大前提证立——一个案例引发的思考》,载《第十六届全国法律逻辑学术讨论会论文》,2008 年。

② 刘放桐等:《现代西方哲学》(修订本),人民出版社 1990 年版,第 274 页。

③ 参见吕存诚:《试探实用主义进路的大前提证立——一个案例引发的思考》,载《第十六届全国法律逻辑学术讨论会论文》,2008 年。

④ 参见于明:《法条主义、实用主义与制度结构——基于英美的比较》,载《北大法律评论》(2013 年第 14 卷第 1 辑),北京大学出版社 2013 年版。

于工具合理性,工具合理性必须为结果合理性服务。① 正如波斯纳所说的,"实用主义首先是指一种处理问题的进路,它是实践的和工具的,而不是本质主义的;它感兴趣的是什么东西有效和有用,而不是究竟是什么东西"②。

虽然实用主义哲学的内容较为复杂,但是单从实用主义在中国的含义来讲,则相对简单易懂得多。"实用主义"就是指"以实用价值来评判事物、指导行动的思想观念"③,而实用主义话语相应地就是以"实用价值"来指导行动和评价效果的思考和谈论问题的方式。实用主义以"实用"为其逻辑起始点和落脚点,重视行动与实践,重视所谓的实际效果,把"结果好,一切都好"作为信条,把"解决了问题"或取得了"能接受的结果"作为核心关切。因此,根据实用主义,对于法官来说,在处理案件时,重要的既不是要进行抽象的理论构建,也不是奉行"法条主义"严格依法行事,而是运用各种可资利用的知识工具和可动用的全部资源把案件"对付过去",获得"好的"至少是不被当事人强烈反对④的结果。⑤ 有学者在对某些基层法院的司法模式进行了民族志式的研究后得出结论:受

---

① 参见郭春镇、王云清:《作为法律实用主义的"权利话语"——以一起"难办"案件的"能动司法"为切入点》,载《法制与社会发展》2012年第4期。

② 〔美〕理查德·A.波斯纳:《超越法律》,苏力译,中国政法大学出版社2001年版,第4页。转引自陈景辉:《判决可接受性概念之反省》,载《法学研究》2009年第4期。

③ 在《现代汉语词典》中,实用主义有两个释义:一是指"以实用价值来评判事物、指导行动的思想观念;他的人生观一向是实用主义的";二是指"现代西方哲学的一个派别,主要内容是否认世界的物质性和真理的客观性,认为有用的就是真理"。参见中国社会科学院语言研究所词典编辑室编:《现代汉语词典》,商务印书馆2005年版。

④ 这里的"强烈反对"既指当事人的上诉、申诉,也指并不在诉讼法规定程序中的案件当事人的上访。当前,上诉率、申诉率和上访率是法院对法官进行考核的硬指标。

⑤ 这也就是官方提出的"案结事了"的最低要求。

各种条件、因素和环境的影响,中国的法官,特别是基层的法官都是实用主义的①。而且,"以纠纷解决为导向的基层司法,意味着法官不能仅仅恪守职责,执行已有的法律规则,而必须采取实用主义的理念,彻底化解纠纷"②;"基层法院的法官不仅在依法办案,而更多地向我们展现出了他'实用主义'的司法色彩"③。由于法院及法官工作任务或目标是"案结事了"或把案件"对付过去",而调解正好能够满足实用主义的这些需求。因此,调解既成了实用主义的法院及其法官④处理案件的首选方式,也成为他们孜孜不倦追求的工作目标,"调解热"⑤成为近些年来司法尤其是民事司法现状的最准确和真实的写照。在这样一种大背景下,实用主义话语成为离婚案件法庭调解中的主导话语,也就是顺理成章的事情了。

实用主义话语的盛行将传统的道德话语"驱逐"出了法庭,使女性逐渐失去了原来经常能够占据的道德高地。"过去,依赖于道德话语的当事人往往能从法官那里得到支持;如今,当事人面对的

---

① 参见唐学亮:《中国式司法能动主义的实用主义分析及评价——以陕西陇县"能动主义八四司法模式"为样本》,载《行政与法》2012年第6期。
② 文礼均、陈华丽:《法律在山乡回荡——法官如何调解案件》,载徐昕主编:《司法》(第5辑),中国法制出版社2010年版。
③ 郑璐燕:《司法的现代性剧场:法官角色的定位》,载《今日中国论坛》2013年第21期。
④ 波斯纳就曾说过:"描述我们司法各层级的一般美国法官,并最大洞悉其行为的最佳语词是'实用主义'。"〔美〕理查德·波斯纳:《法官如何思考》,苏力译,北京大学出版社2009年版,第210页。
⑤ 参见田亦川:《司法调解现状分析与出路探微》,载《今日南国》2009年第5期。另参见耿宝建:《"定分止争"莫忘"定分"——对"调解热"的冷思考》,载《法学》2005年第8期;王韶华:《刍议当前"调解热"——从中国传统文化入手兼与西方调解的比较》,载《人民法院报》2011年11月2日;曹玲玲:《对"调解热"的冷思考——调解缺陷分析》,http://czszy.chinacourt.org/public/detail.php?id=363,访问日期:2014年10月15日;李杰:《"调解热"的冷思考》,http://tjfy.chinacourt.org/public/detail.php?id=8989,访问日期:2014年10月15日。

是更加现实的法官,常常对基于道德的请求与随之而来的强烈情感无动于衷。"①在传统观念下,大家对男性地位高于女性有认同,所以妻子可以要求丈夫供养自己。而如今,实用主义话语在关注形式正义——女性现在被"赋予"了离婚的权利②的同时,也预设了男女无论是在政治、经济还是社会层面上都完全平等这个前提。但事实上,"男女在生理上是有差别的,正因为这种差别导致了男女之间在传统上历来就不平等,而这种传统理论的影响一直延续至今。很多男性形成一种惯性思维:男女不平等是正常的,男性对女性的控制甚至殴打都是理所当然的,社会中的男性往往缺乏男女平等的法律常识"③。而且,"我们不能否认,当今社会在性别划分中形成了自己的思维定势,在男女两性的两极结构中,男性被认为具有更高的、核心的地位,女性被认为比男性更接近于自然,女性的适当领域是家庭私生活空间"④。在现实生活中,家务劳动依然主要由女性承担⑤,多数女性作为"母亲和妻子的职责(至少在孩子们年幼时)占据了女性的几乎全部生活"⑥,她们更可能为了家庭和子女而牺牲自己的时间和事业。同时,"在不尽完善的经济体制改革过程中,女性的经济和家庭地位也随之逐渐下滑,已是不争的

---

① Xin He and Kwai Hang Ng, Pragmatic Discourse and Gender Inequality in China, *Law & Society Review* Vol. 47, No. 2, 2013, pp. 279—310.
② Ibid.
③ 刘亚川琦:《女性主义法学视阈下男女平等的法律思考》,载《法制与经济》2012年第11期。
④ 同上。
⑤ 参见王歌雅:《排挤与救济:女性的离婚自由》,载《学术交流》2011年第9期。
⑥ 刘亚川琦:《女性主义法学视阈下男女平等的法律思考》,载《法制与经济》2012年第11期。

事实"①,男性在市场化社会处于主导地位②。不只是在经济上,在政治上也是如此。以作为政治文化中心的首都北京为例,在2011年北京市人民代表大会选出的全国人大代表一共有58人,但女性只占了15人,不到男性代表的三分之一③,女性参政比例远低于男性。"尽管近现代的法律制度在一定程度上提升了女性的社会地位、法律地位,但女性在整个社会中仍然处于一种相对弱势的地位"④,与男性相比,女性无论是在政治还是经济领域都还是弱者。

"因此,必须正视女性与男性的差异,无视性别差异,相同对待不但不能保证平等,相反创造了不平等。同化模式对于实现男女两性的法律平等是没有意义的,而差异模式应当得到发展。对于女性而言,完全意义上的平等竞争,实际上是不公平的。这就说明对于女性给予特别的保护也是很有必要的,这也能真正体现出男女的平等。"⑤然而,实用主义话语下的司法调解,对此并没有给予应有的关注,更不用说给予特殊的保护。对于男性与女性作为原告提起离婚诉讼的相关研究都已表明,女性是提起离婚诉讼的主体。⑥

---

① 马姝:《自由抑或压迫:论离婚法与女性地位的变迁——基于女性主义视角》,载《学术交流》2012年第5期。
② 参见苏力:《冷眼看婚姻》,载李银河、马忆南编:《婚姻法修改论争》,光明日报出版社1999年版。
③ 参见刘亚川琦:《女性主义法学视閾下男女平等的法律思考》,载《法制与经济》2012年第11期。
④ 同上。
⑤ 同上。
⑥ 参见本书第4章"离婚争端分析"部分;陈维国:《关于妇女离婚问题的社会性思考》,http://blog.sina.com.cn/s/blog_548d77bd01016xnf.html,访问日期:2014年9月26日。

详言之,中国人有"耻讼""厌讼"的传统①,一般情况下,当事人到法院去打离婚官司是经过了慎重的考虑和下了一番决心的。因此,女性主动提出离婚一般都经过了比较慎重的考虑。她们之所以要提出离婚,其目的就是要彻底解脱与丈夫的不和谐关系。而在女性主动提出离婚的案件中,绝大多数的丈夫最初是不同意离婚的,所以当妻子一旦提出离婚诉讼后,他们中的大多数人会利用自己对家庭的支配权及经济上的控制权向女方提出一些显失公平的或女方无法接受的苛刻条件,以迫使妻子放弃离婚诉讼请求。由于法院在审理离婚案件上有一个必经的调解的程序,所以在诉讼过程中,男方会更多利用这一程序向女方施加更多的压力,以迫使女方接受不公平的条件。如果女方离婚意志非常坚定,她们往往会采取放弃自己部分合法权益的方式与男方达成离婚协议,以尽快结束其不满意的婚姻。尽管女性主动提出的离婚请求占绝大多数,但诉讼的最终结果大多数是以调解结案。②

由此可见,女性从主动提出离婚时起就在诉讼两造的力量对比中处于不利地位,而法定的调解程序又为男方向女方施压提供了时间差和新的借口,女方若要尽快摆脱不满意的婚姻,最终就不得不被迫接受包含了不平等条件的调解结果。作为一种机构程序,司法调解尽管名义上宣称要推动两性平等,然而实质上却固化了性别不平等的现状。尽管法官们努力保护女性的权益,但他们时常在无意之中引入并加强了既有的男权标准和价值观,使得女

---

① 参见刘莹:《突围与建构:中国传统法律文化对普法的影响》,载《中共四川省委机关党校学报》2013 年第 2 期。
② 参见陈维国:《关于妇女离婚问题的社会性思考》,http://blog.sina.com.cn/s/blog_548d77bd01016xnf.html,访问日期:2014 年 9 月 26 日。

性成为了婚姻破裂恶果的被动接受方。这种实用主义话语对于社会、经济上处于低下阶层的女性有着格外严重的伤害。①

实用主义话语是一种成本—收益分析:维持婚姻的好处是什么?延续婚姻的目的是什么?如果你觉得自己受到了不公平的对待,那他补偿你怎么样?②因此,与政治话语类似,实用主义话语也是理性的、非情感的,同时还是非道德性的③。实用主义话语关注协议的达成胜过当事人的情感需求,关注问题的解决胜过对当事人是非对错的评价;它不会像道德话语作为家事法律主导话语时那样,通过教育改造当事人去修复婚姻关系;它的根本任务是,与商业谈判一样,努力通过与当事人之间的互动来促使当事人就有关离婚的相关问题④达成一致。在实用主义语境下,当事人之间的感情如何,男方是否实施了家庭暴力,女方是否有婚外情等问题在法庭看来,都变得不重要了。情感、道德甚至法律,都不是法庭调解中需要考虑的主要对象,法庭调解的出发点和落脚点只有一个,那就是对当事人离婚与不离婚以及怎么离婚的问题作出安排。这已与我国《婚姻法》规定的"感情是否确已破裂"标准相去甚远。

那些试图坚持他们用以建构其问题的话语的行动者所处的位置在结构上是不平等的。对话语选择的本身就是社会结构的产物,寻求帮助者必须使用提供帮助的机构所通用的话语来表达他

---

① Xin He and Kwai Hang Ng, Pragmatic Discourse and Gender Inequality in China, *Law & Society Review* Vol. 47, No. 2, 2013, pp. 279—310.
② Ibid.
③ Ibid.
④ 离婚案件除了涉及是否离婚的问题外,还涉及财产分割、债务承担、子女抚养等问题。

的要求。① 本书认为,实用主义话语最先被法官在法庭调解环节所采用②,随后,在法官的带动和引导下,当事人也开始主动或被动地在法庭调解的互动中频繁使用该话语。实用主义话语已经出现在离婚案件法庭调解的每一个角落。从上文的分析中可以看到,在实用主义话语的作用和影响下,法官作为法庭这个机构中的权力主体,在法庭调解的互动中,并不是中立地引导着调解协商的进程,公平地对待双方当事人的。他们不仅对当事人实施语境控制,还通过话语打断、使用反问句、特定话题回避、代表法律讲话等语言策略来影响、控制甚至逼迫当事人,从而去塑造离婚案件的调解过程和结果。因此,在当前法庭调解的互动中,法官和当事人的权力关系是不对称的,法官对当事人始终处于支配地位,处处约束当事人的话语行动。③ 这种权力关系的不对称,与调解的本质属性,即调和性和非强制性④完全相悖。至此,当前"调审合一"模式下的司法调解的理想主义面纱已经被揭开。

6.2 对当前离婚案件司法调解的反思

在我国,审判和调解是在同一法律程序中进行和完成的,调解

---

① 参见〔美〕萨利·安格尔·梅丽:《诉讼的话语——生活在美国社会底层人的法律意识》,郭星华等译,北京大学出版社 2007 年版,第 152 页。
② Xin He and Kwai Hang Ng, Pragmatic Discourse and Gender Inequality in China, Law & Society Review Vol. 47, No. 2, 2013, pp. 279—310.
③ 参见吕万英:《法庭话语权力研究》,中国社会科学出版社 2011 年版,第 118 页。
④ 参见〔美〕约翰·M.康利、威廉·M.欧巴尔:《法律、语言与权力》(第 2 版),程朝阳译,法律出版社 2007 年版,第 51 页。

只是庭审程序中的一个环节。"法院调解由法官主导,是审判工作的重要组成部分,是具有'诉讼性质'的'诉讼活动'。……在法院调解中,法官有国家赋予的职责,行使的是国家审判权。对于解决纠纷,他们承担终局的责任。如有必要,他们可诉诸判决。"①这也就意味着主持当事人进行调解的调解人,同时也是当事人之间纠纷调解不成后的裁判官。而实际上,调解和判决的追求目标是不同的:调解的目标应该是消弭纷争、修补关系;判决的目标则是为了定分止争、维护正义。现行民事审判模式下的法官既是案件的处理者,同时又承担着化解社会矛盾、促进社会和谐以及维护社会稳定的职责,致使其既要管判决,当好裁判官,公正地裁判每一起案件,又要管调解,当好"街道大妈",努力做当事人的劝说和解工作,想方设法促使当事人就纠纷达成协议。这就使得法官在参与处理当事人案件的社会互动中,既要扮演调停者的角色,又要扮演裁判者的角色。这不仅会造成当事人对法官社会角色认知上的混乱,而且也会造成法官在角色扮演中的角色混淆和角色冲突②,从而影响法官所扮演社会角色的职能的正确和有效发挥。这种两难处境可想而知是非常令人纠结的。这种两难处境不但影响着法官乃至司法的权威,更影响着调解的效率和效果。因为,在当前"调审合一"模式下,作为调解人的法官,无论是制度要求,还是现实所

---

① 彭文浩:《中国调解制度的复兴:法院调解》,载强世功编:《调解、法制与现代性:中国调解制度研究》,中国法制出版社 2005 年版,第 359 页。
② 角色混淆是指人们对自己所要扮演的角色和角色规范认识不清,从而使扮演该角色的行为与其他角色的要求发生混淆的现象。这种现象常常表现为人们并非故意地使用了不该运用的行为规范来处理与他人的互动。而角色冲突是指同时承担了多种角色,而其中的两种或多种角色对承担者的期待发生矛盾、难以协调,从而使角色扮演者左右为难。参见国务院学位委员会办公室:《同等学力人员申请硕士学位社会学学科综合水平全国统一考试大纲及指南》,高等教育出版社 2009 年版,第 55 页。

迫,都不得不充分发挥主观能动性,积极主动地去做调解工作。而"调解人能动主义可能既会减少达成协议的机会,也会降低对所达成协议的遵守"①。同时,"调审法理不同,完全融合于同一程序中而不产生内部系统功能的紊乱,基本上是不可能的事情"②。"调解的目的就是要根据当事人之间的关系而不是他们的诉讼请求去寻找解决问题的方法。"③而让一个最终要对案件做出裁判的法官,把工作目标定位在修补受损的婚姻关系④上也是不客观的。实际上,民事诉讼法学界也已经意识到,在程序法方面的审判方式改革,忽略了家事案件的特殊性,致使改革开放后的当事人主义模式不适合于家事案件的审理。⑤

司法调解本身就是实用主义的产物。在革命根据地时期,因为当时土地政策和婚姻政策稍显激进,乡村社会产生了一定的秩序混乱,为了缓解这一问题,混合了传统观念、苏俄经验以及当时农村乡土习惯的调解模式应运而生,主要目的是为了将国家对于乡村社会的渗透和控制更好地实现。⑥ 为了缓和激进的"离婚自由"的法律规定与当时农村及农民的婚姻观念产生的激烈的碰撞,

---

① 〔美〕约翰·M.康利、威廉·M.欧巴尔:《法律、语言与权力》(第 2 版),程朝阳译,法律出版社 2007 年版,第 246 页。

② 唐力:《在"强制"与"合意"之间:我国诉讼调解制度的困境与出路》,载《现代法学》2012 年第 3 期。

③ 〔美〕萨利·安格尔·梅丽:《诉讼的话语——生活在美国社会底层人的法律意识》,郭星华等译,北京大学出版社 2007 年版,第 159 页。

④ 当然,修补受损的社会关系并不意味着对离婚的排斥,理性和平地解除一段"感情确已破裂"的"千疮百孔"的婚姻,不但对当事人是一种解脱,而且也是修补受损婚姻关系乃至社会关系的方式之一。

⑤ 参见巫若枝:《三十年来中国婚姻法"回归民法"的反思——兼论保持与发展婚姻法独立部门传统》,载《民商法学》2009 年第 11 期。

⑥ 参见毛高杰:《法庭调解的文化根源:老传统、新传统与当代融合》,载《兰台世界》2013 年第 18 期。

中国共产党开始用法庭调解的方式一起一起地处理离婚案件,在调解实践中对激进的法律规定进行"技术性"的淡化。由中国共产党在特定历史情境中创造的司法调解制度①出现了。在马锡武审判模式运用时期,也是在国家治理目标和当时基层司法资源的现实制约之下,为了更好地解决当时的社会纠纷解决需要和司法资源之间的矛盾,马锡武审判模式开始得到广泛采用。② 法官深入村庄社区,访问群众(亲邻以及当地党组织),与当事人谈话,通过调查研究,了解当事人之间矛盾纠纷的背景以及现状,解剖其矛盾根源,然后积极介入,使用包括政治教育、组织压力、物质刺激等各种手段,尽最大努力,通过做通当事人的和解或撤诉工作,将矛盾纠纷化解。至此,司法调解得到了进一步的发展。

贺欣、吴贵亨曾指出,实用主义话语是一种进行成本—收益分析的思考和谈论问题的方式③,而成本—收益分析是市场经济条件下,市场主体进行经济活动时都要考虑的投入与产出的经济理念,具有自利性、经济性和计算性的特征。④ 具体到法院调解中,就必然以效益和实用为准则,追求以调解撤诉方式结案的案件处理结果,而不在意调解过程是否公正、公平;注重当事人是否离婚以及

---

① 参见黄宗智、尤陈俊:《调解与中国法律的现代性》,载《中国法律》2009年第3期。陆思礼也认为法院调解主要是共产党的创造,"当下中国纠纷解决看来在更大程度上应归于共产党的意识形态、经验而不是儒家传统"。参见陆思礼:《毛泽东与调解:共产主义中国的政治和纠纷解决》,许旭译,王笑红校,载强世功编:《调解、法制与现代性》,中国法制出版社2005年版。

② 参见毛高杰:《法庭调解的文化根源:老传统、新传统与当代融合》,载《兰台世界》2013年第18期。

③ Xin He and Kwai Hang Ng, Pragmatic Discourse and Gender Inequality in China, *Law & Society Review* Vol. 47, No. 2, 2013, pp. 279—310.

④ 参见360百科:"成本收益分析"词条,http://baike.so.com/doc/6126908.html,访问日期:2014年11月1日。

离婚协议(离婚后财产分配、子女抚养诸事宜)的达成,而不关心双方的感情是否真正破裂,以及达成的协议是否损害了一方权益。"法官用来'感化'双方当事人的不是道德、情感,而是利益衡量。"① 这正是"专注于具体协议的达成,而不顾及当事人情感需求"的交易式调解②的显著特征和基本内涵。因此,本书认为,在法庭调解中占据主导地位的实用主义话语与当今盛行的交易式调解相伴相生,互为因果关系。

从发生学的角度看,一切事物的存在必定有其存在的原因。③ 实用主义话语也不例外。进入21世纪以来,人民法院面对中国社会转型期矛盾多发和诉讼案件复杂难解的局面,面临需要在传统价值和道德标准失范的社会中提供解纷之道的难题④,越来越清楚地意识到司法资源、能力的有限性⑤,从而不得不再次调整司法政策,将调解当作化解矛盾和摆脱困境的"救命稻草",为此,自上而下推动了新一轮的"调解热"。尤其是基层法院普遍存在案多人少、法官素质参差不齐等现实难题,而调解不但能在多数情况下以更少的时间解决更多的纠纷,而且省却了开庭审理、制作判决等对

---

① 邵六益:《悖论与必然:法院调解的回归(2003—2012)》,载《华东政法大学学报》2013年第5期。
② 参见〔美〕约翰·M.康利、威廉·M.欧巴尔:《法律、语言与权力》(第2版),程朝阳译,法律出版社2007年版,245页。
③ 参见郭春镇、王云清:《作为法律实用主义的"权利话语"——以一起"难办"案件的"能动司法"为切入点》,载《法制与社会发展》2012年第4期。
④ 参见 Xin He and Kwai Hang Ng, Pragmatic Discourse and Gender Inequality in China, *Law & Society Review* Vol. 47, No. 2, 2013, pp.279—310.
⑤ 参见范愉:《"当判则判"与"调判结合"——基于实务和操作层面的分析》,载《法制与社会发展》2011年第6期。

专业性和技术性要求都很强的过程①,正好能够解决或回避这些压力。同时,在当前的司法制度下,法官承担着化解纠纷和维护稳定的双重职责,既面对完成案件审判任务的压力,也面对指标考核的压力,案件上诉、申诉特别是上访的压力;而案件一经调解,则既完成了审判任务,又避免了各种压力,所以,法官也不得不热衷于调解撤诉工作。这也意味着在当前"调审合一"的制度模式下,法官对于调解是有其自身利益的。"在调解者对具体纠纷的解决持有自己的利益时,往往可以看到他为了使当事者达成合意而施加种种压力的情况,这种'强制性合意'之所以成为可能,是因为调解者对当事人常常持有事实上的影响力。"②在当前"调审合一"的司法调解制度下,法官进行调解时,不同于普通的调解人,他不但可以代表法律说话,或者使用各种语言策略去暗示、影响、控制甚至逼近当事人,而且还有权在案件调解不成时做出判决,从而对当事人形成更大的心理压力。为了让当事人调解或撤诉,法官真可谓是千方百计、想方设法,甚至有意曲解法律规定哄骗当事人③。在离婚案件调解中,法官并不关心当事人的感情到底是否已经破裂,只关心能否劝和或劝离;法官并不关心家庭暴力或婚外情是否存在,或者今后还会不会发生(这才有语料 5.7 中所体现的法官漠然的

---

① 许多学者都认为,与审判相比,调解的效率较高,有利于节省诉讼资源,具有经济、省时、高效的特点。参见陈果:《和谐社会语境下诉讼调解的完善——以调审分离、审前调解为构建中心》,载《南华大学学报》(社会科学版)2006 年第 6 期;徐溢遥:《法院调解制度的现状与反思》,载《东方企业文化》2013 年第 23 期;王瑾:《法院调解制度的合理性探究与改革》,载《西南交通大学学报》2012 年第 3 期。
② 〔日〕棚濑孝雄:《纠纷的解决与审判制度》,王亚新译,中国政法大学出版社 2004 年版,第 13 页。
③ 如在语料 5.7 中,法官为了做原告的和好撤诉工作,甚至带有一定哄骗性地劝说原告:"这笔录都给你留着。半年之后呢,他要是再对你不好,直接起诉,马上给你判离。"

态度),关心的只有一点,那就是怎么能把案件"对付过去",当然最佳的选择就是案件调解或撤诉。在这里"实用"成为法庭及法官谈论和思考问题的主要方式,实用主义话语自然产生并逐渐成为了离婚案件法庭调解的主流话语。按照梅丽的观点,对话语的选择本身就是社会结构的产物,寻求帮助者必须接受并使用提供帮助的机构所通用的话语来参与互动。① 因此,在法官越来越习惯使用实用主义话语的影响下,当事人也自然而然地学会并越来越多地使用实用主义话语,实用主义话语逐渐地遍布了离婚案件法庭调解的每一个角落。不过,是当前面临的各种压力使法院及法官变成了实用主义的法院及法官,而"调审合一"的调解制度提供了法院及法官普遍使用实用主义话语的机会,并促成了实用主义话语在法庭调解离婚案件中的出现和盛行。

实际上,不只是对离婚案件的司法调解,理论和实务界对整个"调审合一"下的司法调解制度的弊端已普遍有所认知,认为其弊端主要表现在以下几个方面:一是导致强制或变相强制调解盛行,自愿原则遭到漠视和淡化,当事人的合意不足,致使调解定分止争、彻底化解矛盾的目标未能完全实现。② 二是导致审判程序内部的混乱

---

① 参见〔美〕萨利·安格尔·梅丽:《诉讼的话语——生活在美国社会底层人的法律意识》,郭星华等译,北京大学出版社 2007 年版,第 152 页。
② 分别参见张佩钰:《深化完善司法调解制度的思考》,载《贵州日报》2012 年 11 月 15 日;徐溢遥:《法院调解制度的现状与反思》,载《东方企业文化》2013 年第 23 期;李浩:《调解的比较优势与法院调解制度的改革》,载《南京师范大学学报》(社会科学版)2002 年 7 月第 4 期;庄妍、史芳:《对我国当前法院调解制度的反思》,《法制与社会》2011 年第 19 期(上);田亦川:《司法调解现状分析与出路探微》,载《今日南国》2009 年第 5 期;陈果:《和谐社会语境下诉讼调解的完善——以调审分离、审前调解为构建中心》,载《南华大学学报》(社会科学版)2006 年第 6 期;蒋冬冬:《对我国法院调解制度的反思》,载《安徽职业技术学院学报》2011 年第 1 期;吴小敏:《司法调解的弊端分析及完善》,载《湖北广播电视大学学报》2010 年第 8 期。

及程序法和实体法执行的双重软化,影响了国家的法治进程。① 三是造成诉讼进一步拖延,影响了审判效率,延误了正义的及早实现。② 四是造成对当事人的合法权利保护不足,导致了公平正义的缩水,司法权威的下降。③

在实用主义话语的语境下,法官是实用的和功利的,当事人之间的感情是否破裂,男女双方是否会得到公平对待,都不是法官要关心和追求的。法官追求的目标只有一个,那就是"案结事了"。因此,法官把自己的工作不是定位于作出道德上好坏和法律上是非的评价,而是斡旋其间得出一个双方都能接受的折衷方案来了结纠纷。"法庭上的话语被实用主义态度所主导,其目的不在于修复受损关系或实践道德诉求,而在于找出解决之道。"④

现行模式下的法庭调解制度制造了实用主义话语,又纵容实用主义话语的盛行。而实用主义话语又反作用于法庭的调解,不

---

① 分别参见李浩:《论法院调解中程序法与实体法约束的双重软化》,载《法学评论》1996年第4期;庄妍、史芳:《对我国当前法院调解制度的反思》,载《法制与社会》2011年第19期(上);徐溢遥:《法院调解制度的现状与反思》,载《东方企业文化》2013年第23期;田亦川:《司法调解现状分析与出路探微》,载《今日南国》2009年第5期;程凯、吴大华:《论调解的运用与改造——以司法调解为例》,载《学术交流》2013年第8期。

② 分别参见龙晶:《我国民事诉讼调解制度的弊端与改革》,载《吉林广播电视大学学报》2011年第2期;陈果:《和谐社会语境下诉讼调解的完善——以调审分离、审前调解为构建中心》,载《南华大学学报》(社会科学版)2006年第6期;张佩钰:《深化完善司法调解制度的思考》,载《贵州日报》2012年11月15日;索晓:《浅议我国民事调解制度》,载《法制与社会》2013年5月(下)。

③ 分别参见张佩钰:《深化完善司法调解制度的思考》,载《贵州日报》2012年11月15日;徐溢遥:《法院调解制度的现状与反思》,载《东方企业文化》2013年第23期;庄妍、史芳:《对我国当前法院调解制度的反思》,载《法制与社会》2011年第19期(上);田亦川:《司法调解现状分析与出路探微》,载《今日南国》2009年第5期;蒋冬兰:《对我国法院调解制度的反思》,载《安徽职业技术学院学报》2011年第1期;程凯、吴大华:《论调解的运用与改造——以司法调解为例》,载《学术交流》2013年第8期。

④ Xin He and Kwai Hang Ng, Pragmatic Discourse and Gender Inequality in China, *Law & Society Review* Vol. 47, No. 2, 2013, pp. 279—310.

但使交易式调解成为法庭调解的主流,而且禁锢着法庭调解方式的变化,这对于与普通民事纠纷有区别的以感情为前提又围绕感情问题来展开的离婚纠纷来说,其不足甚至是弊端,显而易见。由于离婚纠纷具有与其他普通民事纠纷不同的这种特点,因此,对离婚纠纷的处理要以修补关系为首要或者是前置性的任务,要有与实用主义截然不同的对离婚问题的思考和谈论方式——体现为更多更强具有治疗性的话语。这种话语及其与之相适应的调解方式需要一种与现今"调审合一"的诉讼模式不同的全新模式来配合。

通过以上的分析可知,无论从话语的实证角度,还是从理论研究的角度,都证明了现有的"调审合一"下的司法调解制度已经不是处理离婚案件的理想的制度选择,更迫切需要一种新型话语及其与之相适应的司法调解模式的出现。

第 7 章 展望、借鉴与启示

7.1 展望:离婚案件司法调解话语的理想未来

通过对离婚案件司法调解话语的历史和现实的考察和分析,本书认为,离婚案件调解的主流话语与时代有关,不同的时代成就了不同的主流话语。在黄宗智先生所描述的改革开放前的法庭调解,其主流话语无不时时刻刻体现着政治话语和道德话语。而在 20 世纪 90 年代的审判方式改革时期,在一步到庭、庭上调解及当庭裁判等要求的影响下,法律话语必然占据了无论是审判还是调解的主流地位。随着社会的发展,经济占据了社会的主导地位,市场化程度越来越高,人们也越来越实际,实用主义的话语不可能不站上历史的舞台。同时,由于受政治及社会环境的影响,人民法院开始把"案结事了"当作司法活动的追求目标,将调解看作解决和应对当前困难和压力的一剂"良药",以法庭调解方式化解矛盾纠纷再次受到极端的重视,交易式调解和实用主义话语必然成为人民法院所青睐的解纷方式和话语选择。在离婚案件的审理过程中,虽然当事人和法官都在交替使用三种话语,但因实用主义话语的目的性和成效性更强,道德话语和法律话语逐渐成为实用主义话语的导语和工具,用来为实用主义话语服务。实用主义话语已经成为离婚案件中,尤其是离婚案件的司法调解中的主导话语。

  当前,实用主义话语在离婚案件法庭调解环节正越来越多地被法官所采用。法官有意识地反复使用这种新型的实用主义话语,将法庭审判转化为由某种特定的官方女性权益意识所主导的平台。① 实用主义话语似乎是伴随着新时期②司法调解越来越受重视而越来越被广泛使用的。"一种越来越强的介入倾向正在城市地区家事法庭的法官之中蔓延","法官似乎都拥趸'除非必要否则不作出判决'的司法原则"。在实用主义话语占主导地位的语境下,法官对于当事人离婚原因,以及如何才能挽救他们的婚姻并不太关心,法官关心的是当事人是否能就各个争议达成一致或妥协,因此,就如贺欣和吴贵亨所观察到的法庭对于"简单而无争议的离婚请求只是走个形式"的司空见惯的现象。只要是双方当事人都同意离婚,法庭便不再去追究双方为什么离婚以及离婚的理由是否充分的问题,甚至也怠于再去做当事人的和好工作。只要是当事人对子女抚养以及财产分割等问题能达成妥协,至于协议是否公平,即一方当事人是否吃亏或赚便宜,都不再是法庭要考虑的问题。因而,贺欣和吴贵亨所看到的现象,即当双方当事人对离婚及财产分配等都没有争议时,法官并不再进一步了解夫妻双方现在

---

① Xin He and Kwai Hang Ng, Pragmatic Discourse and Gender Inequality in China, *Law & Society Review* Vol. 47, No. 2, 2013, pp. 279—310.
② 2000 年以来,尤其是 2009 年 7 月 28 日在全国法院调解工作经验交流会上,时任最高人民法院院长王胜俊提出"把通过调解方式化解矛盾纠纷摆到重要位置"以来,用调解方式处理案件再次得到了极大的重视。http://www.legaldaily.com.cn/0801/2009-07/29/content_1129893.htm,访问日期:2014 年 1 月 16 日。

的感情状况,而是直接批准离婚请求,就不足为奇了。也正因为如此,当当事人一旦表现出对于是否离婚有所松动的话语时,法官才会进行"所以你到底想不想离"的追问①。在实用主义语境下,"离婚越来越多地被当作客观事件来看待"②,越来越被当作与其他案件一样的一个矛盾纠纷来看待,"案结事了"的息事宁人目标也成为实用主义语境下对离婚案件的唯一追求。不但"离婚具有社会危害、需要不惜一切代价阻止的陈旧观点已被舍弃",而且"法官在调解中时常使用'好聚好散'的说法来劝说离婚双方接受离婚的现实向前看"③。这种在实用主义话语统领下的交易式调解已经无法与婚姻案件客观真实的需求相匹配,亟需一种有别于当前交易式调解的新型调解方式以及与之相契合的新型话语的出现。

在离婚案件的法庭调解中,政治话语在特定的历史时期虽然也曾是有效的话语,但这也只是昙花一现,早已过时。道德话语一直在法庭调解中扮演着重要的角色,法律话语在近二三十年里也曾受到过空前的重视,但是直至今天,相较于越来越得到广泛使用和起作用的实用主义话语,道德话语和法律话语不但都已风光不再,而且沦为了为实用主义话语服务的工具。"实用主义话语的到来将传统的道德话语驱赶出了法庭。由此我们可以推测,中国所推行的实用主义话语为其他话语进入家事领域带来了契机。"④

本书认为,现有学者总结出的调解的话语主要有道德、法律、治疗性话语和实用主义话语四种,道德、法律和实用主义三种话语

---

① 参见 Xin He and Kwai Hang Ng, Pragmatic Discourse and Gender Inequality in China, *Law & Society Review* Vol. 47, No. 2, 2013, pp.279—310.
② Ibid.
③ Ibid.
④ Ibid.

在中国的法庭调解,尤其是在离婚案件的调解中,都使用过或者说仍在使用,唯独梅丽教授提到的治疗性话语在我国的司法实践中并未真正显现。但是,值得注意的是,近年来,在一些发达地区的法院,也已经开始尝试邀请心理学学者、社会学学者以及婚姻问题专家等专业人士,参与到离婚案件的诉讼和调解中。如有的法院将心理辅导引入包括离婚案件的有关诉讼中,邀请心理学家或心理咨询师等心理学工作者为当事人提供适时的心理咨询服务,帮助当事人渡过难关,解决其迫在眉睫的心理危机问题,并取得了实效:总共在5件离婚案件中使用,3名当事人表示心理咨询师对他们婚姻起到调和作用,2名当事人认为心理咨询师帮助他们从失败的婚姻中发现自己的性格缺陷以及在与异性的互动、家庭关系的经营等方面存在问题,最终做到心平气和地分手,并对进入下一次婚姻也有所裨益。① 又如,有的法院尝试聘请婚姻家庭法学家和社会学家共同参与婚姻家庭案件的立案调解,与立案法官相配合,从维护家庭稳定、保护家庭成员合法权益的角度,为当事人进行心理疏导,在处理婚姻家庭问题时帮助其走出困境,引导当事人用爱心、责任心、宽容心经营好家庭,以友善、理性的方式化解婚姻家庭矛盾。② 还有的法院就有些离婚案件委托心理咨询师为离婚当事人做调解工作,并在离婚纠纷的调解工作中探索性地运用心理诊疗技术,对当事人的婚姻"疾病"进行问诊,帮助当事人改变非理性

---

① 参见海沧法院课题组:《关于心理辅导在审判过程中的应用的调研报告——以海沧法院的实践为样本》,http://www.xmcourt.gov.cn/pages/ContentView.aspx? CmsList=132&CmsID=205,访问日期:2014年2月3日。
② 参见海宣:《海淀法院邀请婚姻专家调解夫妻纠纷》,http://www.chinacourt.org/article/detail/2010/10/id/431574.shtml,访问日期:2014年2月3日。

的沟通方式、修复受损的亲密关系,取得了明显成效。① 这些尝试②能否带来一种类似于治疗性话语的话语的兴起,或者促进一种新型话语的出现尚不得而知,但是这对于改变实用主义话语在离婚案件调解中"一统天下"的局面肯定是有益的。不同于法官的一类专业人士,带着不同于法官的工作目标,必然会带来不同的"思考和谈论问题的方式",必然会对法庭离婚案件调解的主流话语带来冲击和威胁,虽然无法寄希望于这种新型话语能很快取代实用主义话语,但是若能因此打破实用主义话语的垄断地位,也不失是一个巨大的贡献。

婚姻以感情为纽带,结婚以感情为基础,离婚亦以感情为评判标准,因此,专注于感情需求的治疗式调解,更加契合婚姻家庭类民事案件的特点,应该也必然会在未来婚姻案件的调解中发挥更大的作用。从本质上来说,调解涉及一个受过良好训练的中立的第三方的介入,并由介入的第三方帮助双方当事人达成解决方案。③ 这个为离婚纠纷提供帮助的第三方可以是法官、律师或其他法律工作者,也可以是心理学家、社会学家、婚姻家庭问题专家等社会工作者,当进行联合调解时第三方还可能是多人。与治疗式调解相适应,这种话语由为离婚纠纷提供调解帮助的企业人士所

---

① 参见陈群安、徐丹丹、桂菁:《砺口:离婚纠纷的诊疗式调解》,载《人民法院报》2014年9月14日。
② 参见贺欣、吴贵亨也发现,在一些非政府组织或妇联运营的项目里,可以发现一种更具治疗性的话语根植于社会工作和人权保护之中。参见 Xin He and Kwai Hang Ng, *Pragmatic Discourse and Gender Inequality in China*, Law & Society Review Vol. 47, No. 2, 2013, pp. 279—310.
③ 参见〔澳〕肯尼娅·韶丁:《澳大利亚调解制度:对诉讼的影响》,载〔澳〕娜嘉·亚历山大主编:《全球调解趋势》(第2版),王福华等译,中国法制出版社2011年版,第37页。

使用,能够真正关注离婚司法实践中两性的实质平等和受损关系的修补,体现更多更强治疗性的新话语也必将登上离婚案件司法调解的舞台。鉴于治疗性话语产生和形成于美国对青少年问题和毒品犯罪的处理,这种话语在为当事人的不当行为做辩解的同时,也将当事人标记为人格不完整的一类人,隐含着谴责和诋毁的意味。① 因而在本书的构想中,这种由为婚姻纠纷提供帮助的专业人士或人们所使用的新话语——帮助性话语②,虽然与治疗性话语相类似,但又略有别于治疗性话语,它不隐含对当事人的任何人格或性格缺陷的看法。帮助性话语由为离婚纠纷提供解决帮助的人士所使用,主要目标是帮助离婚当事人在不继续损害双方关系的前提下,就纠纷达成一个双方都能认可和接受的解决方案。需要说明的是,由于这种帮助性话语尚未真正形成,仍只是本书对未来话语趋势的一种预测,而且其中包含了理想主义的成分,因而,有关这种话语的命名及其特征的讨论,应当也肯定是开放性的。

"谈话和诠释事件的不同方式构成了话语"③,不同的话语不仅意味着不同的谈论和思考问题的方式,而且也意味着会采取不同的行动。因此,话语作为一种思考和谈论问题的方式,它无疑会影

---

① 参见〔美〕萨利·安格尔·梅丽:《诉讼的话语——生活在美国社会底层人的法律意识》,郭星华等译,北京大学出版社2007年版,第157—158页。

② 本书暂且称其为帮助性话语。这种话语由为离婚案件当事人提供帮助的专业人员,可能是法官、心理学工作者、社会学者、婚姻问题专家及其他受过一定专业训练的调解人所使用。这种帮助性话语来自于帮助性职业者,它与治疗性话语相似,但又有所区别,通过这种帮助性话语,有助于治疗式调解的完成。帮助性话语不以达成协议为主要目的,但也不排斥协议,它关注当事人的感情需求,同时也关注当事人纠纷的现实解决。这种话语既是笔者对离婚案件司法调解话语发展趋势的推测性话语,也是笔者心目中的理想话语。

③ 〔美〕萨利·安格尔·梅丽:《诉讼的话语——生活在美国社会底层人的法律意识》,郭星华等译,北京大学出版社2007年版,第110页。

响着人们对于纠纷解决方式的选择,而某一纠纷解决方式本身也会对某种话语的出现和流行起着巨大的促进作用。这正如本书前面所谈到的实用主义话语与交易式调解及其相应的制度模式①之间的关系一样:实用主义话语与交易型调解相伴相生、相互影响,而这又与当前"调审合一"下的司法调解制度密不可分。同时,作为一种谈论争端的方式,调解本身亦被看作是一种话语②,故对于调解的模式或制度选择,必然也会对调解的主流话语产生影响。如果希望治疗式调解及与之相适应的帮助性话语尽早出现并占据主流地位,改革当前"调审合一"下的司法调解制度则是理性的选择。

7.2　借鉴与启示:司法调解的"现代化转型"

"调审合一"的司法调解制度起源于尚处于小农经济时代的中国革命根据地时期,"是新民主主义革命时期在特定的环境和背景下的产物"③。"调审合一"的司法调解制度在新中国成立后得到了不断地巩固和强化,并在计划经济时代发挥了较好的作用。改革开放后,虽然中国的政治、经济、社会都发生了巨大的变化,但是国家一直未对"调审合一"的司法调解制度及其相关司法政策进行

---

①　指"调审合一"的司法调解制度。这种调解和审判混合于一个程序中的民事诉讼制度是我国当前基本的也是根本的司法调解制度。
②　参见〔美〕约翰·M.康利、威廉·M.欧巴尔:《法律、语言与权力》(第 2 版),程朝阳译,法律出版社 2007 年版,第 60 页。
③　洪冬英:《当代中国调解制度变迁研究》,华东政法大学 2007 年法学专业博士学位论文。

实质性的与时俱进的改革。而今中国早已进入工业化时代建立了社会主义市场经济,"随着社会和文化的急剧转型,中国传统社会和传统文化正趋于裂变,其变化趋向是现代性,法院调解制度的社会基础和文化支撑正在逐渐消逝"①。为了适应当今经济、社会和文化转型需要,法院调解制度,特别是离婚案件的司法调解模式也需要一次现代化的转型。②

"他山之石,可以攻玉。"要完成这次"现代化转型",既要符合国情,保持传统及其连续性,也有必要对当今世界其他国家和地区与法院有关的离婚调解制度进行考察,并在综合对比评价的基础上,借鉴世界其他国家和地区调解制度的成功经验来对我国现行离婚调解制度进行改革和完善。

当前,无论是大陆法系,还是普通法系,都对调解解决纠纷给予了充分的重视,可以说一股"调解"热潮正在席卷全球。但是鉴于调解类型及适用范围的多样性和复杂化③,以及本书所关注主题的特定化——法院调解,关注焦点在于各国与法院有关的家事(离婚)案件调解制度上。

各国对家事调解制度的立法持两种态度:一是视其为司法制度的一部分,将调解置于法院管辖之下,由家事法院的法官或者法

---

① 王瑾:《法院调解制度的合理性探究与改革》,载《西南交通大学学报》2012年第3期。

② 陈弘毅先生亦认为:正如众多学者呼吁中国现代化过程中的中国文化传统的"创造性转型"一样,作为一种解决纠纷的传统儒家制度,调解也应该能够经历一种"创造性转型"。它不仅使其适应、生存于现代性与后现代性,而且能对现代性作出积极贡献,并能纠正其弊端。参见陈弘毅:《调解、诉讼、公正——对现代自由社会中儒家思想的思考》,胡牧译,载《金陵法律评论》2001年春季卷。

③ 参见《各国调解制度比较图表》,载〔澳〕娜嘉·亚历山大主编:《全球调解趋势》(第2版),王福华等译,中国法制出版社2011年版,第417—425页。

院的家事法官、专门的调解员主持调解;二是视其为一种法外纠纷解决方式,交由公益组织、社区人员或商业性调解机构进行调解。① 下文将分别介绍澳大利亚、美国、德国、瑞士、英国和日本的相关经验。

澳大利亚是一个新兴移民国家,各种文化、价值观、生活方式融合共存,和谐发展②,在纠纷的解决方式上体现出很大的开放性和包容度,不但替代性纠纷解决方式得到充分的发展,而且作为替代性纠纷解决主要方式之一的调解,既可在法院和法庭外适用,也可在法院和法庭内适用③。近年来,尽管澳大利亚的人口在不断增加,但是法院的诉讼案件却呈下降趋势④,究其原因,可部分归功于替代性纠纷解决方式的运用,"因为大部分纠纷在进入诉讼程序前,要经过调解前置程序解决"⑤。而且,"在现今的澳大利亚诉讼制度中,无论在法院和法庭阶段还是在诉讼开始前的阶段,都有很多启动调解程序的强制性规定"⑥,即不管当事人是否同意,法院可以决定案件是否予以调解。1991年,澳大利亚《联邦法院法》修订,使得联邦、州和地方的各级别的法院都有权决定把案件予以调

---

① 林芳雅:《澳大利亚家事法院调解制度初探》,载齐树洁主编:《东南司法评论》(2013年卷),厦门大学出版社2013年版,第466页。
② 参见杜广华:《澳大利亚调解制度的经验与启示》,载《发展》2011年第3期。
③ 参见〔澳〕肯尼娅·韶丁:《澳大利亚调解制度:对诉讼的影响》,载〔澳〕娜嘉·亚历山大主编:《全球调解趋势》(第2版),王福华等译,中国法制出版社2011年版,第35页;杜广华:《澳大利亚调解制度的经验与启示》,载《发展》2011年第3期。
④ 杜广华:《澳大利亚调解制度的经验与启示》,载《发展》2011年第3期。另参见〔澳〕肯尼娅·韶丁:《澳大利亚调解制度:对诉讼的影响》,载〔澳〕娜嘉·亚历山大主编:《全球调解趋势》(第2版),王福华等译,中国法制出版社2011年版,第36页。
⑤ 〔澳〕肯尼娅·韶丁:《澳大利亚调解制度:对诉讼的影响》,载〔澳〕娜嘉·亚历山大主编:《全球调解趋势》(第2版),王福华等译,中国法制出版社2011年版,第35页。
⑥ 同上书,第37页。

解，法院与法庭调解①因而成为澳大利亚司法制度中的一个重要特色。

值得一提的是，澳大利亚具有较为完备的家事法院系统，现共有家事法院 28 个，大法官 48 名，专门负责处理私人家庭纠纷。家事法院设立之初即提供专门的调解服务，因而调解程序在澳大利亚家事法院中的适用最为广泛②，"与冰冷生硬的判决书相比，灵活温和的家事调解更能满足家事纠纷解决的特殊性"③。家事调解的对象为家事纠纷，但并非所有的家事纠纷都适宜调解。当事人将案件提交法院后，调解员必须对当事人的情况进行评估，以确定是否适宜进行调解。④ 为保障在案件调解不成时裁判者的中立和公正，家事法院的法官不出面主持调解，调解由家事法院的登记官和调解员主持。登记官是法院的专职律师，熟知家事法律，负责财产性纠纷的调解；调解员是合格的社会工作者和心理学家，擅长涉及未成年子女案件的调解。调解员需符合一定的任职要求，该要求

---

① 很多调解程序或制度是在法院或法庭系统外部运作的，其中，调解员当然是法院或法庭之外的人员；而法院和法庭系统内部的调解中的调解员则通常是法院的雇员、官员或者其他人员。参见〔澳〕肯尼娅·韶丁：《澳大利亚调解制度：对诉讼的影响》，载〔澳〕娜嘉·亚历山大主编：《全球调解趋势》（第 2 版），王福华等译，中国法制出版社 2011 年版，第 49 页。

② 〔澳〕肯尼娅·韶丁：《澳大利亚调解制度：对诉讼的影响》，载〔澳〕娜嘉·亚历山大主编：《全球调解趋势》（第 2 版），王福华等译，中国法制出版社 2011 年版，第 35 页。另参见卫洁：《澳大利亚家庭法的家事调解制度对我国的启示》，载《山西农业大学学报》（社会科学版）2007 年第 2 期。

③ 林芳雅：《澳大利亚家事法院调解制度初探》，载齐树洁主编：《东南司法评论》（2013 年卷），厦门大学出版社 2013 年版，第 466 页。

④ 调解员在评估时需全面考虑影响双方自由磋商和自愿协商的因素；双方谈判权利的均等程度；儿童受到虐待的风险；家庭暴力的风险；双方当事人的情绪和心理状态；其中一方当事人是否借调解拖延时间或谋取其他利益；调解员认为与调解有关的其他事项。参见汤鸣：《澳大利亚家事调解制度：问题与借鉴》，载《法律适用》2010 年第 10 期；林芳雅：《澳大利亚家事法院调解制度初探》，载齐树洁主编：《东南司法评论》（2013 年卷），厦门大学出版社 2013 年版，第 469 页。

既包括学历要求,也包括资质、培训等。① 调解时,调解员会在当事人同意的情况下,根据案件性质适用不同的程序:对仅涉及财产问题的争议,由熟悉财产事务的登记官主持;涉及子女问题的争议,则由调解员主持;对于同时涉及财产和子女问题的案件,则委派一名男性和一名女性分别担任登记官和调解员,共同主持"联合调解",以兼顾性别平衡。②

在美国,与法院有关的调解主要是法院的附设调解。③ 美国法院的附设调解是伴随着美国现代调解运动④及为应对"无过错离

---

① 1984年《家事法条例》明确规定了调解员的任职资格,即调解员必须具有法律或社会科学学科(如社会学、心理学)的学位,或者曾修读1年以上的调解或纠纷解决全日制课程;调解员必须不断接受相关训练,维持相应的专业水平。澳大利亚在2008年1月开始推行"全国调解员资格评审制度"后,又细化了种类调解员的任职资格。参见汤鸣:《澳大利亚家事调解制度:问题与借鉴》,载《法律适用》2010年第10期;林芳雅:《澳大利亚家事法院调解制度初探》,载齐树洁主编:《东南司法评论》(2013年卷),厦门大学出版社2013年版,第468页。

② 参见汤鸣:《澳大利亚家事调解制度:问题与借鉴》,载《法律适用》2010年第10期;林芳雅:《澳大利亚家事法院调解制度初探》,载齐树洁主编:《东南司法评论》(2013年卷),厦门大学出版社2013年版,第469页。

③ 参见〔美〕肯姆伯里·K.考瓦:《美国调解的发展:成熟的管理塑造未来》,载〔澳〕娜嘉·亚历山大主编:《全球调解趋势》(第2版),王福华等译,中国法制出版社2011年版,第364—369页;尹少成、刘清清、徐书玲:《论我国法院调解制度的完善——借鉴德国、美国的诉讼和解制度》,载《重庆科技学院学报》(社会科学版)2011年第7期;包建华:《美国民事和解及调解制度研究》,载《法制与社会》2011年第31期(上);刘静、陈巍:《美国调解制度纵览及启示》,载《前沿》2011年第4期;肖建华、杨兵:《对抗制与调解制度的冲突与融合——美国调解制度对我国的启示》,载《比较法研究》2006年第4期。

④ 美国的现代调解运动开始于1976年4月在明尼苏达州圣保罗召开的庞德会议。这次会议聚集了律师、法官和法院管理人员,第一次以集体的形式对调解投入了广泛的关注。参见〔美〕肯姆伯里·K.考瓦:《美国调解的发展:成熟的管理塑造未来》,载〔澳〕娜嘉·亚历山大主编:《全球调解趋势》(第2版),王福华等译,中国法制出版社2011年版,第363页。

婚"亟需改革家庭法而出现和发展起来的①。实际上,为鼓励缩短繁琐的诉讼程序以求迅速解决案件,1974年"美国民事案件管理计划"开始规定在诉讼程序中引入法院附设调解。②美国的法院附设调解主要采取三种方式③,其中两种方式与婚姻家庭案件有关:第一种方式是根据法律要求某种特定类型的案件必须进入调解程序。如加利福尼亚州《家事法典》规定,有争议的监护案件必须进行调解,即所谓的强制调解。第二种方式是赋予法庭自由裁量权决定命令或者同意当事人进入调解程序。如弗吉尼亚州1993年通过新的法规,规定法官可以自由决定有关婚姻、抚养费、财产分配、子女抚养等争议是否调解④,此即所谓的法院命令调解。因此,家庭法领域不但成为利用调解的最早领域之一⑤,而且成为运用调解最多的领域之一。法院实际上已经成为推广运用调解的一种工具,其主要方式就是强制调解或法院命令调解。⑥但即使是强制调

---

① 参见〔美〕肯姆伯里·K.考瓦:《美国调解的发展:成熟的管理塑造未来》,载〔澳〕娜嘉·亚历山大主编:《全球调解趋势》(第2版),王福华等译,中国法制出版社2011年版,第365页;〔美〕约翰·M.康利、威廉·M.欧巴尔:《法律、语言与权力》(第2版),程朝阳译,法律出版社2007年版,第63页。

② 参见包建华:《美国民事和解及调解制度研究》,载《法制与社会》2011年第31期(上)。

③ 除本书提及的两种方式外,第三种方式是根据当事人的申请,法院同意案件进入调解程序。此类调解程序由当事人申请启动,故也被称为合意性调解。参见郭敬琦:《中国与美国法院调解制度的比较与借鉴》,载《法制与经济》2012年第1期。

④ 参见包建华:《美国民事和解及调解制度研究》,载《法制与社会》2011年第31期(上)。

⑤ 参见〔美〕肯姆伯里·K.考瓦:《美国调解的发展:成熟的管理塑造未来》,载〔澳〕娜嘉·亚历山大主编:《全球调解趋势》(第2版),王福华等译,中国法制法出版社2011年版,第365页。

⑥ 在这一问题上尚存一些争论。一方面,调解在本质上是一个自愿的过程,强制调解与这一概念相悖。这一立场的支持者认为,如果调解对案件是适宜的,那么当事人自然会选择调解。然而,这种自愿方式的困境在于必须要所有的当事人都同意才可实施调解,只要有一方当事人不愿意尝试调解,调解便不会启动。另一方面,法

解，也只是对当事人参加调解会议等有强制要求，绝非是强制达成协议。而且，"调解员无权对任何纠纷的事实真伪或适用的法律原则作出裁决，也无权强制和解"①。需要特别指出的是，美国法院的附设调解独立于审判之外，调解程序与审判程序完全分离。②因此，该法院附设调解并不等同于法院进行调解，法院附设调解只针对于司法与调解程序之间的衔接。③

美国法院最早对调解制度的采用也与离婚案件有关。在本书第1章关于调解的宏观话语中已经论述，伴随着无过错离婚的出现，社会工作者和治疗者等协助性职业者对原有的对抗式离婚诉讼模式提出批评，并为法院提供了一种对抗性诉讼的替代性程序——调解。随着无过错离婚的出现，家庭法领域亟待改革。这些因素与"对抗方式离婚"不利于当事人最大利益的认识相结合，

院的强制调解能够使不愿意或犹豫的当事人坐到调解桌前。例如，在未决的诉讼案件中，许多律师最初都不愿意尝试调解，也不愿意向对方律师提出调解建议，一个主要的担忧是，这样的建议可能会被理解为理亏或案件可能败诉。基于同样原因，律师在向当事人提出调解建议时也很犹豫。然而，法院强制调解消除了这一问题。尽管与调解的自愿性理论不相符合，由纠纷之外的力量尤其是像法院这样具有较高权威的机构来推动调解程序的启动，这一理念已经为全美国的强制调解项目提供了理论基础，法院也在继续指令案件进行调解。参见〔美〕肯姆伯里·K.考瓦：《美国调解的发展：成熟的管理塑造未来》，载〔澳〕娜嘉·亚历山大主编：《全球调解趋势》（第2版），王福华等译，中国法制出版社2011年版，第365页。另参见陈弘毅：《调解、诉讼与公正——对现代自由社会和儒家传统的反思》，载《现代法学》2001年第3期。

① 〔美〕詹姆斯·E.麦圭尔、陈子豪、吴瑞卿：《和为贵：美国调解与替代诉讼纠纷解决方案（汉英对照）》，法律出版社2011年版，第2页。

② 参见郭敬琦：《中国与美国法院调解制度的比较与借鉴》，载《法制与经济》2012年第1期。

③ 参见包建华：《美国民事和解及调解制度研究》，载《法制与社会》2011年第31期（上）。如今在美国，不仅联邦法院广泛推行法院附设调解项目，所有州也都开展了类似的法院附设调解项目。有些州的法院向当事人提供调解办公室和调解人；在有些州，法官或书记官只是向当事人提供一个经过审核和授权的调解人名册，建议当事人选择其中的调解人，或者直接建议当事人到法院外（社会上）去找调解人。参见刘静、陈巍：《美国调解制度纵览及启示》，载《前沿》2011年第4期。

最终促成了离婚调解的采用。① "调解程序不受律师和法官指导，而是在治疗师的指导之下。"②尽管对该程序的使用还存在着些许担忧③，但调解在家庭法领域仍获得了持续推广。"对于特定④类型的纠纷，特别是涉及离婚或儿童监护权的家庭纠纷，调解更成为一种主要解决方式。"在有些案件中，当事人自愿寻求调解，有些案件则由法院强制交付调解。⑤ 如离婚案件、儿童监护案件就属强制交付调解的案件。⑥ 然而，存在家庭暴力的家庭和离婚调解一直是一个颇有争议的问题。许多专家认为，因为存在着严重的、常常无法弥补的权力不平衡问题，因此主张存在家庭暴力的案件不应适用调解。有鉴于此，许多关于家庭法案件的调解立法都特别规定将家庭暴力排除在调解之外。实践中，一旦认为可能存在家庭暴

---

① 参见〔美〕肯姆伯里·K. 考瓦：《美国调解的发展：成熟的管理塑造未来》，载〔澳〕娜嘉·亚历山大主编：《全球调解趋势》（第 2 版），王福华等译，中国法制出版社 2011 年版，第 365 页。

② 〔美〕约翰·M. 康利、威廉·M. 欧巴尔：《法律、语言与权力》（第 2 版），程朝阳译，法律出版社 2007 年版，第 63 页。

③ 具体的担忧是当事人不了解他们的法律权利，尤其是女方会在调解过程中处于不利地位。参见 T. Grillo：《调解作为一种选择：对女妇女的危险》，载《耶鲁法律杂志》1991 年第 100 卷，第 1545 页；P. E. Bryan：《温柔的谋杀：离婚调解与权力政治》，载《布法罗法律评论》1992 年第 40 卷，第 441 页。转引自〔美〕肯姆伯里·K. 考瓦：《美国调解的发展：成熟的管理塑造未来》，载〔澳〕娜嘉·亚历山大主编：《全球调解趋势》（第 2 版），王福华等译，中国法制出版社 2011 年版，第 365 页。

④ 〔美〕詹姆斯·E. 麦圭尔、陈子豪、吴瑞卿：《和为贵：美国调解与替代诉讼纠纷解决方案（汉英对照）》，法律出版社 2011 年版，第 13 页。

⑤ 参见〔美〕肯姆伯里·K. 考瓦：《美国调解的发展：成熟的管理塑造未来》，载〔澳〕娜嘉·亚历山大主编：《全球调解趋势》（第 2 版），王福华等译，中国法制出版社 2011 年版，第 365—366 页。

⑥ 参见罗比·M. 哈根斯：《调解员资格：职业化的趋势》，载《布里海姆大学法律评论》1997 年，第 689 页。转引自肖建华、杨兵：《对抗制与调解制度的冲突与融合——美国调解制度对我国的启示》，载《比较法研究》2006 年第 4 期。另参见蒋月：《构建婚姻家庭诉讼司法调解制度》，载《甘肃社会科学》2008 年第 1 期。

力,调解员就只有在被害人明确同意的情况下才能继续进行调解。① 在家庭调解领域经常使用的一种调解方式是联合调解。② 家庭法领域的联合调解经常由一位心理医师或社会工作者与1名律师组成。当案件的重点在于财产分割和金融问题时,1位会计师有时也会加入进来。③

在大陆法系的德国,传统上,调解文化并不发达,民众更偏向通过诉讼来解决纠纷,而且对既有之司法制度比较信任和满意。然而,立法者和司法机关逐渐认识到了调解的诸多优点,如运行的低成本、程序简捷、能减轻法院负担、有助于在当事人间实现更为长久的和平等,继而大力倡导和推进调解文化。④ 同时,一批法社会学者、前卫的法官、律师、犯罪学家和社会工作者为调解提供了最初的动力⑤,调解在德国经历了一个漫长而艰辛的发展过

---

① 参见〔美〕肯姆伯里·K.考瓦:《美国调解的发展:成熟的管理塑造未来》,载〔澳〕娜嘉·亚历山大主编:《全球调解趋势》(第2版),王福华等译,中国法制出版社2011年版,第368—369页和第376页。

② 联合调解可能有多种表现形式,其中一种是由两个调解员组成调解组织。尽管不存在完全同样的分工,但联合调解的主要优势在于不同个体能够提供不同的智慧与技巧。在因性别、种族或文化引发的纠纷中,一个平衡的联合调解组有助于当事人产生程序中立的认识。而且,另一个人在场可以增加另一双眼睛、另一双耳朵和另一个大脑,这非常有益。参见同上书,第377页。

③ 参见〔美〕肯姆伯里·K.考瓦:《美国调解的发展:成熟的管理塑造未来》,载〔澳〕娜嘉·亚历山大主编:《全球调解趋势》(第2版),王福华等译,中国法制出版社2011年版,第378页。

④ 参见龙柯宇:《祛魅与赋值:德国调解制度的路径选择与反思》,载《法治研究》2013年第4期。

⑤ 参见〔澳〕娜嘉·亚历山大、〔德〕瓦尔特·哥特瓦尔德、〔德〕托马斯·特兰泽克:《调解在德国:漫长曲折之路》,载〔澳〕娜嘉·亚历山大主编:《全球调解趋势》(第2版),王福华等译,中国法制出版社2011年版,第207—208页。

程^①后,已经成为德国解决民事纠纷的重要手段,不仅具备了较为完善的法律和制度体系,而且形成了独具一格的特点。^② 具体而言,一是调解手段的优先使用。德国《民事诉讼法》第 278 条明确要求法官"应当在诉讼的各阶段努力在当事人之间进行调解"。因此,将调解贯穿于审判程序的始终已经成为德国民事诉讼的一个基本原则。"在案件进入诉讼程序后,法院有义务为当事人运用调解程序创造条件。"^③二是法院调审法官各自独立^④,调解和审判从程序到人员的严格分离。毋庸说法院附设调解中的调解人与交付调解或调解不成后的审案法官之间无任何关系,就是在法院内的调解法官^⑤或和解法官与审案法官也是分离的,因为在德国有一个共识:参与调解等非诉讼纠纷解决程序是与法官本身的职位不相符的。因此,不管是参与过法庭介入之前法院外的非诉讼解决程序,还是参与过法院内的调解或和解程序,对于其后的审判程序,

---

① 有研究者将德国民事调解制度的发展历程分为四个阶段:创立期(19 世纪 70 年代至 20 世纪 30 年代)、停滞期(20 世纪 40 年代至 60 年代)、发展期(20 世纪 70 年代至 20 世纪末)和兴盛期(2000 年至今)。参见张明强、刘明凤:《德国民事调解制度的发展与启示》,载《中国司法》2012 年第 5 期。

② 参见同上。

③ 蔡惠霞:《德国调解制度新发展评析》,载《人民法院报》2013 年 7 月 12 日。

④ 参见方晓阳、陈玉珍:《德国诉讼和解制度的改革对重构我国法院调解制度的意义》,载《华北电力大学学报》(社会科学版)2004 年第 3 期。

⑤ 2002 年,在德国《民事诉讼法》第 278 条 V2 框架内,下萨克森州在全州范围内开展了一项由法官来实施调解的"法院内调解"试点项目。"为这个项目而培训成为调解员的法官从减少法院案件的目的出发来进行预先调解。审判法官担任案件管理者,可将未决案件提交本法院的法官调解员。如果案件未调解成功,该案件会被交还给审判法官。"分别参见龙柯宇:《祛魅与赋值:德国调解制度的路径选择与反思》,载《法治研究》2013 年第 4 期;〔澳〕娜嘉·亚历山大、〔德〕瓦尔特·哥特瓦尔德、〔德〕托马斯·特兰泽克:《调解在德国:漫长曲折之路》,载〔澳〕娜嘉·亚历山大主编:《全球调解趋势》(第 2 版),王福华等译,中国法制出版社 2011 年版,第 219 页。

法官都应自行回避。① 在德国,家庭调解指的是分居和离婚事件、父母对子女的抚养和监护安排、财产处理以及涉及遗嘱的家庭纠纷,主要的家庭调解组织是跨学科组织。联邦家庭调解协会于1993年建立了家庭纠纷调解的指引。紧随其后的是调解资格认证项目的启动和发展,以及对遍布全德国的家庭调解培训项目的正式认同。德国《非讼事件法》鼓励家庭事件采用合意的解决方式,在子女抚养等事宜的安排上,法院会中止诉讼程序的进行;如果一方当事人拒绝调解,法院便会开始在双方当事人之间进行调解。② 联邦家庭调解协会已经为家庭事务调解员建立了调解标准和培训课程,目前在德国14个城市中有超过10个培训机构提供调解培训,并根据联邦家庭调解协会的指引作出资格认定。因为协会的指引已经成为事实上全国性家庭调解标准。③

在瑞士,家庭法律纠纷(离婚案件)是运用调解制度最多的领域。④ 虽然瑞士调解的景象可以被归纳为"高供给对低需求",但是调解实践在家事纠纷中获得了重要价值。⑤ 瑞士2000年通过的《离婚法》明确支持和促进调解的使用。如果离婚当事人能够通过调解而进行协商,并在包括财产分割、子女抚养和未成年子女的监护权等方面的所有法律问题上达成协议,只要经过一个简短的程

---

① 参见周翠:《中国与德国民事司法的比较分析》,载《法律科学》2008年第5期。另参见龙柯宇:《德国调解制度的最新建构与启示》,载《河北法学》2013年第6期。
② 参见〔澳〕娜嘉·亚历山大、〔德〕瓦尔特·哥特瓦尔德、〔德〕托马斯·特兰泽克:《调解在德国:漫长曲折之路》,载〔澳〕娜嘉·亚历山大主编:《全球调解趋势》(第2版),王福华等译,中国法制出版社2011年版,第211页。
③ 同上。
④ 〔瑞士〕艾萨克·梅耶尔:《瑞士的调解与和解》,载同上书,第349页。
⑤ 参见同上书,359页。另参见牛子文:《瑞士调解制度新发展简述》,载《人民法院报》2014年1月17日。

序,他们就能达到离婚的目的。只有当事人不能就相关法律问题达成一致时,才必须经过诉讼程序解决。瑞士联邦各州都有专门从事家庭调解的调解员,通常情况下,家庭调解都由1名律师和1名心理学家作为联合调解员共同进行调解。① 调解贯彻当事人自愿原则,但是法院在审理涉及儿童抚养权的离婚案件时,可以要求当事人先行调解,这是调解自愿原则的例外。② 调解程序所产生的费用原则上由当事人负担,但是不涉及财产利益的儿童权益纠纷除外。如果当事人无力负担调解费用,还可以申请减免。也有一些州的公共机构为家庭困难的当事人提供无偿的家庭调解服务。③

在英国,调解作为解决婚姻家庭纠纷的更理想方式,获得了普遍肯定。英国的家庭法自20世纪60年代以来逐步认可和支持调解程序,现在调解已成为英国家事诉讼程序的重要内容。英国1996年《家庭法》规定,法院受理当事人的家事争议申请后,有义务向当事人解释可以利用的调解机制,为当事人提供调解机会;法庭可以根据当事人的申请或者依职权签发调解指令,促成当事人和解;为促成当事人和解,法庭可以行使休庭权,命令当事人在休庭期间参与调解,休庭后向法院报告调解的成效及是否有进一步调解之可能。英国的家事调解工作主要由法院的福利部门、独立机构和律师事务所三种组织提供,调解程序不公开。一旦调解成

---

① 参见〔瑞士〕艾萨克·梅耶尔:《瑞士的调解与和解》,载〔澳〕娜嘉·亚历山大主编:《全球调解趋势》(第2版),王福华等译,中国法制出版社2011年版,第349页。
② 参见牛子文:《瑞士调解制度新发展简述》,载《人民法院报》2014年1月17日。
③ 分别参见同上;〔瑞士〕艾萨克·梅耶尔:《瑞士的调解与和解》,载〔澳〕娜嘉·亚历山大主编:《全球调解趋势》(第2版),王福华等译,中国法制出版社2011年版,第359页。

功,双方达成的协议将被纳入法院命令,由法院签署。事实上,绝大多数的婚姻家庭纠纷通过诉前的协商就解决了;婚姻家庭诉讼也常常是在诉讼之初就经调解解决了。但是,家庭暴力问题在英国因为被认为不存在调解的前提而不适用调解。①

在亚洲,日本拥有非常完备的家事调停制度。② 按照日本《家事审判法》的有关规定,除了有关选任监护人、认证遗嘱等诉讼争议较少的案件之审判不经调解外,其他类型的婚姻家庭案件,被定性为具有诉争性的家事案件,调停是审判的前置程序。③ 按照日本《裁判法》的规定,家事调停及审判是家庭法院的专有权限;家庭法院按行政区设置,目前日本共设有50个家事法院。同时,按照家事审判的实际需要,在家庭法院的辖区内还设有便于国民诉讼的支部,家庭法院的法官可不定期地以调停或诉讼的方式进行家事案件的处理。④ 家事调停原则上由1名家事法官和2名家事调停委员组成的调停委员会来进行,例外的情况则由家事法官进行"单独调停"⑤。"民事调停程序和审判程序分离,调者不审,审者不调;法官主导,律师积极参与。"⑥日本对家事调停委员有较高的任职要

---

① 也有学者将其直接称为"调解制度"。参见蒋月:《构建婚姻家庭诉讼司法调解制度》,载《甘肃社会科学》2008年第1期。

② 参见同上。

③ 参见同上。另参见陈飚:《日本家事调停制度及其资鉴》,载《西南民族大学学报》(人文社科版)2009年第10期。

④ 参见陈飚:《日本家事调停制度研究》,载《河北法学》2010年第1期。

⑤ "单独调解"主要适用两种情况:一是当事人的申请,如出于个人隐私保护等原因而特别希望仅有家事法官实施调停;二是家庭法院认为合适的情形,通常针对案件事实清楚、法律关系简单的案件,或者案件需迅速解决而没有充足的时间来组织调停委员会等情况。参见陈飚:《日本家事调停制度及其资鉴》,载《西南民族大学学报》(人文社科版)2009年第10期。

⑥ 裘索:《我国司法调解的制度的改革与完善——以日本民事调停制度、诉讼和解制度为借鉴》,载《中国律师》2011年第3期。

求:或具备律师资格,或对家事纠纷解决有专门的知识和经验。因此,日本家事调停委员多为具有丰富社会经验或有较高威望的社会人士。①

简言之,无论法律传统如何,现在许多国家都强调对婚姻家庭案件的调解,设置调解程序解决争议,特别是涉及当事人的非财产问题、子女监护、儿童抚养等争议时,调解更受立法和司法的鼓励和推崇。②无论法院附设调解,还是交由社会调解机构调解,法官一般都不直接参与,只是依职权或依当事人申请而将纠纷导入调解程序。这种实质意义上的"调审分离",即"调解者不审判,审判者不调解,调解程序中不涉及裁判,审判程序中不掺杂调解",已经在国际上取得共识并成为国际通行做法。而且,为了实现调解的人性化和专业化,在家事纠纷的调解中,由调解法官、律师或其他法律工作者与心理学家等专业人士共同进行的"联合调解"成为典型。

以上对各国离婚案件调解制度的考察至少能提供三点启示:(1)调解作为婚姻家庭纠纷解决的一种方式,仍具有旺盛的生命力。我国在运用调解解决纠纷时,既不能夜郎自大,躺在所谓的"东方经验"上睡大觉,对于司法调解中存在的问题视而不见,盲目地孤芳自赏,也不能因噎废食,看到司法调解带来的诸多弊病就妄自菲薄,急于废除或建立某种新制度去取代司法调解,而是应该在尊重历史、正视传统的基础上,借鉴其他国家和地区的成功经验,立足中国实际,对我国的离婚调解制度进行改革和完善。(2)"调

---

① 参见陈飏:《日本家事调停制度研究》,载《河北法学》2010 年第 1 期。
② 参见蒋月:《构建婚姻家庭诉讼司法调解制度》,载《甘肃社会科学》2008 年第 1 期。

审合一"既不是现在各国普遍采用的调解模式,也不会成为未来调解的发展趋势。同时,鉴于其是我国现行离婚案件司法调解制度众多弊端的根源,有必要对症下药,实施调审分离的制度改革既刻不容缓,也是唯一的路径选择。调审分离是保障离婚案件"调解是调解"的根本途径;调和性与非强制性是调解的根本属性,而自愿与合意则既是对调解的基本要求,也是其目标追求。调审分离的调解模式在世界上的许多国家都取得了成功,尤其是在保障家事案件当事人自愿与合意方面。而本书认为,无论是通过对离婚案件司法调解话语的实证研究,还是通过对当前离婚案件调解制度模式进行反思的理论研究,造成当前司法调解存在诸多弊端的根源就在于"调审合一"。因此,借鉴其他国家或地区的成功经验和通行做法,变"调审合一"为"调审分离",不但是保障"调解"回归其本质属性,解决现有调解所造成的诸多弊端的现实选择,而且也是割断法官与调解之间的利害关系、保障当事人合法权利和提高司法公信的有效途径。(3)鉴于婚姻家庭案件的特殊性,从长远来看,有必要针对婚姻家庭案件建立专门的审判机构和专业化的调解队伍,尤其是在调解中有必要引入众多国家已经行之有效的有心理学者等社会专业人士参加的"联合调解"。

  循着这些启示,立足中国实际,本书认为,对我国现行离婚案件司法调解制度的改革和完善可以分两步走。第一步,在现有体制框架内通过法院内部的自行调整,完成调解和审判的初步分离,即调、审主体分开,调解在审前程序中进行。而且,利用当前司法体制改革进行法官员额制改革之机,将那些擅长处理离婚案件的民事法官分为调解法官和审判法官。例如,可以由那些年龄偏大但阅历丰富,或者学历不高但经验丰富,或者法学理论功底不深但沟通能力强，或者裁判能力弱但做调解工作经验丰富的老一代法官来担当调解法官①，而将学历较高、法学理论功底较好、审判技能较强、文字综合能力突出的年富力强的新生代法官归入审判法官之列②。这样做既能发挥不同法官的专长，也符合法官的工作偏好。③ 在这样的安排下，调解法官专事调解，审判法官专司审判。

---

① 对离婚案件审理来说，这样做的好处还体现在避免了由没有婚姻生活经验的年轻法官去做离婚案件当事人调解工作中的种种尴尬。

② 在法院系统，一般会习惯性地把法官分为老一代法官（老法官）或新生代法官（青年法官）。"老法官"以年龄较大、学历较低、工作时间较长、法学理论水平一般甚至很低为特点。他们有的一直在法院工作，有的原来是军人、教师、工人等，通过转业、招干、调动等方式来到法院，俗称"半路出家"。这些"老法官"初进法院时通常是初中或高中学历，在工作过程中通过成人教育、法院内部培训等方式获得本科以上学历及工作所需的基本法律知识。"青年法官"以年轻、学历高、工作时间较短、法学理论基础好为特点，他们一般是法学专业专科以上毕业，或者虽非法学专业毕业，但也是大学毕业生并通过自学或培训掌握了相应的法学理论知识，通过公务员招录考试进入法院工作，然后经过法院初任助审员考试或司法资格统一考试后，被任命为法官。胡道才、魏俊哲建议："根据法官的特长、性格、经验、阅历、文化的不同，遴选和分配裁判法官及调解法官。"参见胡道才、魏俊哲：《调审分离的司法实践及制度完善》，载孙琬钟、应勇主编：《董必武法学思想研究文集》（第7集），人民法院出版社2008年版。

③ 学者宁泽兰在研究中发现，法官对调解的态度与其出身、知识结构有着一定的关系。法院调解的忠实拥护者一般是经验丰富的老法官，他们有丰富的社会经验和人生阅历，更关心纠纷解决的合理性和效果，他们对调解驾轻就熟，这既提高了效率，又获得了好的效果，而且也无需投入较多精力制作判决书。对法院调解不重视的法官则一般受过系统的法律教育，他们对法律的规则及程序有着清楚的学理解释，更关注法律的技术性，并且追求较为理想化的司法程序和司法过程；他们追求通过主持对抗性的庭审弘扬司法的权威，通过周密的程序和证据规则体现法律技术和程序公正，通过是非分明的裁判教育当事人和民众。因此，他们往往对调解不感兴趣，对法院调解的提倡不理解甚至反感，更谈不上真正支持。参见宁泽兰：《法院调解之路向何处去》，载《法制与社会》2011年第8期（中）。另参见范愉：《调解的重构（上）——以法院调解的改革为重点》，载《法制与社会发展》2004年第2期。邵六益也发现，一般而言，学院派的法官更喜欢判决，而经验型的法官更喜欢调解。参见邵六益：《悖论与必然：法院调解的回归（2003—2012）》，载《华东政法大学学报》2013年第5期。另参见强世功、赵晓力：《双重结构下的法律解释——对8名中国法官的调查》，载梁治平编：《法律解释问题》，法律出版社1998年版。

对离婚案件首先由调解法官依法直接进行调解[①],案件调解不成或当事人不同意调解的再由审判法官开庭审判;审判中如果当事人有意调解,还可再交回调解法官进行调解。第二步,今后伴随着中国法治进程的推进和不断完善,在条件和时机成熟时,修改法律的相关规定,将当前的法院离婚案件调解从法院的审判程序中分离出去,借鉴国外法院附设调解的经验,在法院附设调解机构,根据案件的不同情况,由法官指定或当事人选定调解员,从事专业的离婚案件法院附设的调解服务。在适当的时候,可以在基层法院中专设家事法官及法庭(合议庭),案件数量较多的地区,也可单设家事法院,专司婚姻家庭案件的审理及安排调解。[②] 在选聘调解员时,应注意尽量从具有相应心理学或社会学知识和经历的人员中选任,以期通过他们的努力,提供更多的类似于治疗式的调解服务[③],并为离婚案件调解领域帮助性话语的尽早出现以及逐渐成为主流话语创造条件。

---

① 在我国,人民法院处理离婚案件,调解是法定的必经程序。参见我国《婚姻法》第 32 条。

② 关于单设家事法院及构建特别的家事(调解)程序的相关探讨,请参见徐碧纯:《法庭调解在离婚法实践中的变迁》,载《法制与社会》2013 年第 5 期(中);王娟:《对我国现行家事纠纷解决机制的思考》,载《陇东学院学报》2012 年第 2 期;齐树洁、周郁卓:《我国家事诉讼特别程序的构建》,载《厦门大学学报》(哲学社会科学版)2014 年第 2 期等。

③ 英国学者迈克尔·努尼将其称为"治疗调解模式",这种模式通常应用于家庭纠纷,无论是夫妻之间的离婚纠纷,还是父母与孩子之间的纠纷。在"治疗调解模式"中,通常由心理学家和咨询服务机构提供服务,并且常常倾向于将问题局限在行为、感情因素以及相互关系的方面。"治疗调解模式"的根本目标是改善当事人之间的关系,直至达成理想的和解;调解的形式更注重治疗性的、心理学的和咨询技能,而不是正统的调解技术和战略。"治疗调解模式"通常不采用和当事人举行私下会议的方式,也不对每个当事人施加压力,要求他们在联合会议中真诚地披露他们所有的要求和感情,而是倾向于将调解员通常的角色与社会工作者以及咨询师的角色结合起来。〔英〕迈克尔·努尼:《法律调解之道》,于丽英译,法律出版社 2006 年版,第 9 页。

当然,任何一项制度的设立和改革都不可能只有一种路径。但是,任何制度的设置也应该有其必须遵循的基本原则,即统领全局的"纲",只要是在"纲"的框架内,具体的"目"则可以因地因时制宜地安排确定,正所谓"条条大路通罗马"。对于中国当前离婚案件司法调解制度的改革完善来说,"调审分离"便是纲,只要抓住了这一点,就是抓住了"牛鼻子"。在这个"纲"的框架内,即在"调审分离"的前提下,应当容纳更多有创造性的意见和建议。

本书所提的"两步走"建议,也只是一家之言。正如弗兰西斯·奥尔森在《法律的性别》一文中所说的那样:"我希望通过承认我们不可能很简单地就能提供符合逻辑的答案这个现实而解放我们自己的思想,从而使我们能以一种更具建设性和更有想象力的方式去考虑问题。"[1]笔者乐于看到,能有更多的理论和实务界人士通过学术争论和实践尝试,为中国离婚案件司法调解制度的改革提供更多更好的意见和建议。同时,鉴于司法调解制度本身是在人民法院处理离婚案件过程中产生和形成的,因此,对于通过考察离婚案件而获得的启示,即"调审分离",同样应当有适用于整个民事调解制度的可能。[2]

---

[1] 〔美〕戴维·凯瑞斯编:《法律中的政治——一个进步性批评》(原书第3版),信春鹰译,中国政法大学出版社2008年版,第495页。

[2] 鉴于讨论主题的特点,本书对此不作进一步的探讨,只是提出一种猜测性看法,以期抛砖引玉。

参 考 文 献

中文著作

《北大法律评论》编辑委员会编:《北大法律评论》(2007年第8卷第2辑),北京大学出版社2007年版。

《北大法律评论》编辑委员会编:《北大法律评论》(2008年第9卷第2辑),北京大学出版社2008年版。

《北大法律评论》编辑委员会编:《北大法律评论》(2013年第14卷第1辑),北京大学出版社2013年版。

陈桂蓉:《和谐社会与女性发展》,社会科学文献出版社2007年版。

陈金钊、谢晖主编:《法律方法》(第7卷),山东人民出版社2008年版。

陈炯:《法律语言学概论》,陕西人民教育出版社1998年版。

杜金榜:《法律语言学》,上海外语教育出版社2004年版。

杜金榜主编:《法律语言研究新进展》,对外经济贸易大学出版社2010年版。

冯玉军编:《美国法学最高引证率经典论文选》,法律出版社2008年版。

付子堂主编:《法理学初阶》,法律出版社2009年版。

葛洪义主编:《法律方法与法律思维》(第5辑),法律出版社2008年版。

国务院学位委员会办公室:《同等学力人员申请硕士学位社会学学科综合水平全国统一考试大纲及指南》,高等教育出版社2009年版。

黄宗智、尤陈俊主编:《从诉讼档案出发》,法律出版社2009年版。

黄宗智编:《中国乡村研究》(第4辑),社会科学文献出版社2006年版。

李银河、马忆南编:《婚姻法修改论争》,光明日报出版社1999年版。

李祖军:《调解制度论:冲突解决的和谐之路》,法律出版社2010年版。

梁治平编:《法律解释问题》,法律出版社1998年版。

廖美珍:《法庭语言技巧》(第3版),法律出版社2009年版。

刘放桐等:《现代西方哲学》(修订本),人民出版社1990年版。

刘红婴:《法律语言学》(第2版),北京大学出版社2007年版。

刘红婴:《法律语言学》,北京大学出版社2003年版。

陆而启:《法官角色——从社会、组织和诉讼场域的审视》,法律出版社2009年版。

吕万英:《法庭话语权力研究》,中国社会科学出版社2011年版。

马忆南:《婚姻家庭法新论》,北京大学出版社2002年版。

齐树洁主编:《东南司法评论》(2013年卷),厦门大学出版社2013年版。

强世功编:《调解、法制与现代性:中国调解制度研究》,中国法制出版社2005年版。

全国人大常委会办公厅、中国社会科学院法学研究所编:《马克思、恩格斯、列宁、斯大林论法》,法律出版社1986年版。

沈志先主编:《诉讼调解》,法律出版社2009年版。

苏力:《法治及其本土资源》,中国政法大学出版社1996年版。

苏力主编:《法律和社会科学》(2013年第11卷),法律出版社2013年版。

孙琬钟、应勇主编:《董必武法学思想研究文集》(第7集),人民法院出版社2008年版。

孙懿华、周广然编著:《法律语言学》,中国政法大学出版社1997年版。

王洁等主编:《法律·语言·语言的多样性》,法律出版社2006年版。

吴伟平:《语言与法律——司法领域的语言学研究》,上海外语教育出版社2002年版。

吴月英:《法庭话语权力研究》,中国社会科学出版社2011年版。

武红羽:《司法调解的生产过程——以司法调解与司法场域的关系为视角》,法律出版社2010年版。

夏吟兰:《婚姻家庭继承法》,中国政法大学出版社2012年版。

夏吟兰:《美国现代婚姻家庭制度》,中国政法大学出版社1999年版。

夏征农主编:《辞海》(1999年版缩印本),上海辞书出版社2000年版。

徐昕主编:《司法》(第2辑),中国法制出版社2007年版。

徐昕主编:《司法》(第5辑),中国法制出版社2010年版。

闫庆霞:《法院调解制度研究》,中国人民公安大学出版社2008年版。

杨大文:《婚姻家庭法》(第5版),中国人民大学出版社2012年版。

杨永林:《社会语言学研究:功能·称谓·性别篇》,上海外语教育出版社2004年版。

〔美〕詹姆斯·E.麦圭尔、陈子豪、吴瑞卿:《和为贵:美国调解与替代诉讼纠纷解决方案(汉英对照)》,法律出版社2011年版。

中国社会科学院语言研究所词典编辑室编:《现代汉语词典》,商务印书馆2005年版。

译著

〔美〕彼得·古德里奇:《法律话语》,赵洪芳、毛凤凡译,法律出版社2007年版。

〔美〕戴维·凯瑞斯编:《法律中的政治——一个进步性批评》(原书第3版),信春鹰译,中国政法大学出版社2008年版。

〔美〕理查德·A.波斯纳:《超越法律》,苏力译,中国政法大学出版社2001年版。

〔美〕理查德·波斯纳:《法官如何思考》,苏力译,北京大学出版社2009年版。

〔英〕罗杰·科特威尔:《法律社会学导论》,潘大松等译,华夏出版社1989年版。

〔英〕迈克尔·努尼:《法律调解之道》,于丽英译,法律出版社 2006 年版。

〔澳〕娜嘉·亚历山大主编:《全球调解趋势》(第 2 版),王福华等译,中国法制出版社 2011 年版。

〔日〕棚濑孝雄:《纠纷的解决与审判制度》,王亚新译,中国政法大学出版社 2004 年版。

〔美〕萨利·安格尔·梅丽:《诉讼的话语——生活在美国社会底层人的法律意识》,郭星华等译,北京大学出版社 2007 年版。

〔美〕约翰·M.康利、威廉·M.欧巴尔:《法律、语言与权力》(第 2 版),程朝阳译,法律出版社 2007 年版。

〔美〕约翰·吉本斯:《法律语言学导论》,程朝阳等译,法律出版社 2007 年版。

外文著作

Xiangyun Li, *Power and Solidarity in Divorce Litigation Discourse: A Gender Perspective*, Shandong University Press, 2009.

中文论文

敖翔:《当代中国社会转型期国民心态的失调与调适》,载《阿坝师范高等专科学校学报》2011 年第 3 期。

包建华:《美国民事和解及调解制度研究》,载《法制与社会》2011 年第 31 期(上)。

蔡惠霞:《德国调解制度新发展评析》,载《人民法院报》2013 年 7 月 12 日。

陈果:《和谐社会语境下诉讼调解的完善——以调审分离、审前调解为构建中心》,载《南华大学学报》(社会科学版)2006 年第 6 期。

陈弘毅:《调解、诉讼、公正——对现代自由社会中儒家思想的思考》,胡牧译,载《金陵法律评论》2001 年春季卷。

陈弘毅:《调解、诉讼与公正——对现代自由社会和儒家传统的反思》,载《现代法学》2001年第3期。

陈景辉:《判决可接受性概念之反省》,载《法学研究》2009年第4期。

陈青:《女性离婚自由的现实困境及破解》,载《福州党校学报》2012年第2期。

陈群安、徐丹丹、桂菁:《硚口:离婚纠纷的诊疗式调解》,载《人民法院报》2014年9月14日。

陈飏:《日本家事调停制度及其资鉴》,载《西南民族大学学报》(人文社科版)2009年第10期。

陈飏:《日本家事调停制度研究》,载《河北法学》2010年第1期。

陈治家:《离婚案七成原告是女性,遇家暴女性不再忍气吞声》,载《广州日报》2013年3月7日。

程朝阳:《法庭调解话语与权力研究》,载《法律适用》2009年第7期。

程凯、吴大华:《论调解的运用与改造——以司法调解为例》,载《学术交流》2013年第8期。

邓伟强、陈惠敏:《"东方经验"的新节奏——法院重新重视调解的原因和意义分析》,载《法制与社会》2010年第1期(上)。

窦昆、潘楚义、卢燕红:《离婚案原告多为女性——女人为何不再沉默》,载《楚天都市报》2003年7月6日。

窦玉梅:《多维透视"东方经验"——"中国调解:理论与实践"论坛观点选粹》,载《人民法院报》2012年12月26日。

杜广华:《澳大利亚调解制度的经验与启示》,载《发展》2011年第3期。

杜金榜:《论法律语言学研究及其发展》,载《广东外语外贸大学学报》2003年第1期。

樊哲军:《"东方经验"弊端与未来》,载《科学决策》2004年第11期。

范愉:《"当判则判"与"调判结合"——基于实务和操作层面的分析》,载《法制与社会发展》2011年第6期。

范愉:《调解的重构(上)——以法院调解的改革为重点》,载《法制与社会发展》2004 年第 2 期。

方晓阳、陈玉珍:《德国诉讼和解制度的改革对重构我国法院调解制度的意义》,载《华北电力大学学报》(社会科学版)2004 年第 3 期。

福建省永春县人民法院课题组:《离婚案件情况分析及法律适用探讨》,载《福建法学》2007 年第 2 期。

傅春晖、彭金定:《话语权力关系的社会学诠释》,载《求索》2007 年第 5 期。

傅江浩:《转型期的中国社会问题探析》,载《社科纵横》2010 年第 1 期。

耿宝建:《"定分止争"莫忘"定分"——对"调解热"的冷思考》,载《法学》2005 年第 8 期。

管爱民:《信访问题现状特征及对策探讨》,载《四川科技报》2014 年 4 月 18 日。

郭春镇、王云清:《作为法律实用主义的"权利话语"——以一起"难办"案件的"能动司法"为切入点》,载《法制与社会发展》2012 年第 4 期。

郭敬琦:《中国与美国法院调解制度的比较与借鉴》,载《法制与经济》2012 年第 1 期。

郭忠:《一份"文革"判决书的启示》,载《人民法院报》2013 年 3 月 22 日。

贺梦依:《政治话语的分析视角》,载《贵州师范大学学报》(社会科学版)2012 年第 4 期。

洪冬英:《当代中国调解制度变迁研究》,华东政法大学 2007 年法学专业博士学位论文。

侯菊英:《对法律概念同政治话语相分离的思考》,载《河南大学学报》(社会科学版)2012 年第 6 期。

胡德明:《九十年代中期以来现代汉语反问句研究综述》,载《汉语学习》2009 年第 4 期。

胡鸿保、张晓红:《语言、话语与法律人类学——从〈规则与关系——法律话语的民族志〉一书谈起》,载《青海民族研究》2010 年第 1 期。

胡永恒:《陕甘宁边区的离婚法实践》,载《史学文集》2011 年第 1 期。

黄洁玉:《理智管好政治话语权——试以卢曼系统论理论分析法律与政治子系统》,载《法制与社会》2012年第19期(上)。

黄宗智、巫若枝:《取证程序的改革:离婚法的合理与不合理实践》,载《政法论坛》2008年第1期。

黄宗智、尤陈俊:《调解与中国法律的现代性》,载《中国法律》2009年第3期。

黄宗智:《中西法律如何融合?道德、权利与实用》,载《中外法学》2010年第5期。

贾蕴菁:《调解语言思维模式与中国传统文化心理》,载《北京政法职业学院学报》2004年第2期。

江雪、吴蔚、景振宇:《西安:离婚案女性原告占七成》,载《华商报》2001年8月16日。

姜萌:《改革开放以来女性参政问题研究》,河北大学2011年思想政治专业硕士学位论文。

蒋冬冬:《对我国法院调解制度的反思》,载《安徽职业技术学院学报》2011年第1期。

蒋月:《构建婚姻家庭诉讼司法调解制度》,载《甘肃社会科学》2008年第1期。

柯贤兵:《法庭调解话语空间建构研究》,载《湖北社会科学》2012年第2期。

柯贤兵:《当代中国法律语言学研究说略》,载《湖北科技学院学报》2014年第3期。

雷春红:《新中国六十年离婚法学论争纪实与评述》,载《河北法学》2010年第3期。

李富林:《关于反问句》,载《中学语文教学》1997年第9期。

李浩:《调解的比较优势与法院调解制度的改革》,载《南京师范大学学报》(社会科学版)2002年7月第4期。

李浩:《论法院调解中程序法与实体法约束的双重软化》,载《法学评论》1996

年第 4 期。

李黎明、熊达云:《法律的地方主义轨迹与法制现代化——对日本司法调解制度的法社会学考察》,载《天津社会科学》2010 年第 2 期。

李荣棣、唐德华:《试论我国民事诉讼中的调解》,载《法学研究》1981 年第 5 期。

李诗芳:《法律语言学研究综观》,载《学术交流》2009 年第 6 期。

李松、黄洁、杨秀芝:《北京顺义法院调研显示"70 后"仍是离婚案主力,四分之一提起离婚女性婚龄超 20 年》,载《法制日报》2011 年 3 月 3 日。

李晓磊、陈珑珑:《基于"东方经验"美誉的调解制度之三维辩思》,载《辽宁警专学报》2013 年 1 月第 1 期。

李振宇:《关于法律语言学理论的几个问题》,载《法律语言学说》2011 年第 2 期。

李振宇:《中国法律语言学研究三十年回顾》,载《法律语言学说》2011 年第 2 期。

廖美珍:《法庭调解语言研究的意义及方法》,载《人民法院报》2008 年 4 月 24 日。

林晔晗等:《多方助力解纠纷,"东方经验"新探索——对一起涉港纠纷创新性调解的调查》,载《人民法院报》2012 年 9 月 27 日。

刘畅:《论司法裁判中的道德话语》,载《人民论坛》2012 年第 36 期。

刘国生:《法律语言学概念比较研究》,载《法律语言学说》2007 年创刊号。

刘静、陈巍:《美国调解制度纵览及启示》,载《前沿》2011 年第 4 期。

刘思达:《当代中国日常法律工作的意涵变迁(1979—2003)》,载《中国社会科学》2007 年第 2 期。

刘愫贞:《论法律语言学的学科定位——语言与法律的关系》,载《上海市政法管理干部学院学报》2002 年第 5 期。

刘文俭:《我国社会转型期的文化失调及其调适》,载《国家行政学院学报》2008 年第 4 期。

刘亚川琦：《女性主义法学视阈下男女平等的法律思考》，载《法制与经济》2012年第11期。

刘莹：《突围与建构：中国传统法律文化对普法的影响》，载《中共四川省委机关党校学报》2013年第2期。

龙晶：《我国民事诉讼调解制度的弊端与改革》，载《吉林广播电视大学学报》2011年第2期。

龙柯宇：《德国调解制度的最新建构与启示》，载《河北法学》2013年第6期。

龙柯宇：《祛魅与赋值：德国调解制度的路径选择与反思》，载《法治研究》2013年第4期。

卢婷：《判决中的道德话语研究》，山东大学2013年法律硕士学位论文。

陆思礼：《毛泽东与调解：共产主义中国的政治和纠纷解决》，许旭译，王笑红校，载强世功编：《调解、法制与现代性：中国调解制度研究》，中国法制出版社2005年版。

吕存诚：《试探实用主义进路的大前提证立——一个案例引发的思考》，载《第十六届全国法律逻辑学术讨论会论文》，2008年。

吕万英：《司法调解话语中的冲突性打断》，载《解放军外国语学院学报》2005年第6期。

罗江红：《近两年离婚诉讼案件中女性原告多于男性原告》，载《浙中新报》2009年9月9日。

马姝：《自由抑或压迫：论离婚法与女性地位的变迁——基于女性主义视角》，载《学术交流》2012年第5期。

马致远、张蓉：《透视弱势群体——中国离婚妇女的生活状况及其权益保障》，载《长安大学学报》2003年第3期。

毛高杰：《法庭调解的文化根源：老传统、新传统与当代融合》，载《兰台世界》2013年第18期。

宁泽兰：《法院调解之路向何处去》，载《法制与社会》2011年第8期(中)。

牛子文：《瑞士调解制度新发展简述》，载《人民法院报》2014年1月17日。

彭世忠:《能动司法视野下民事调解改革的径向选择——对某些地方法院追求"零判决"现象的反思》,载《暨南学报》(哲学社会科学版)2011年第1期。

齐树洁、周郁卓:《我国家事诉讼特别程序的构建》,载《厦门大学学报》(哲学社会科学版)2014年第2期。

裘索:《我国司法调解制度的改革与完善——以日本民事调停制度、诉讼和解制度为借鉴》,载《中国律师》2011年第3期。

邵六益:《悖论与必然:法院调解的回归(2003—2012)》,载《华东政法大学学报》2013年第5期。

施方群:《试论第三者侵害他人婚姻关系行为之私法控制》,载《人民司法》2012年第17期。

孙克峰、李利华、潘辉:《九百份判决书透视聊城式离婚,原告以女性居多》,载《聊城晚报》2014年8月20日。

汤鸣:《澳大利亚家事调解制度:问题与借鉴》,载《法律适用》2010年第10期。

唐力:《在"强制"与"合意"之间:我国诉讼调解制度的困境与出路》,载《现代法学》2012年第3期。

唐学亮:《中国式司法能动主义的实用主义分析及评价——以陕西陇县"能动主义八四司法模式"为样本》,载《行政与法》2012年第6期。

田亦川:《司法调解现状分析与出路探微》,载《今日南国》2009年第5期。

王成全、黄石勇:《构建反家暴联运机制,促进家庭和谐稳定》,载《人民法院报》2013年11月28日。

王歌雅:《排斥与救济:女性的离婚权益》,载《学术交流》2011年第9期。

王瑾:《法院调解制度的合理性探究与改革》,载《西南交通大学学报》2012年第3期。

王娟:《对我国现行家事纠纷解决机制的思考》,载《陇东学院学报》2012年第2期。

王牧、岳敏、王道强:《妥善审理家庭暴力案件 保障受害者合法权益——江苏省徐州市贾汪区法院涉家庭暴力案件审理情况调研报告》,载《人民法院报》2014年7月31日。

王韶华:《刍议当前"调解热"——从中国传统文化入手兼与西方调解的比较》,载《人民法院报》2011年11月2日。

王涛、戴均:《改革开放30年来大学生价值观变迁的轨迹及其规律研究》,载《高等教育研究》2009年第10期。

卫洁:《澳大利亚家庭法的家事调解制度对我国的启示》,载《山西农业大学学报》(社会科学版)2007年第2期。

巫若枝:《三十年来中国婚姻法"回归民法"的反思——兼论保持与发展婚姻法独立部门传统》,载《民商法学》2009年第11期。

吴小敏:《司法调解的弊端分析及完善》,载《湖北广播电视大学学报》2010年第8期。

武新宇:《关于〈中华人民共和国婚姻法(修改草案)〉的说明》,载《人民司法》1980年第10期。

夏吟兰:《对离婚率上升的社会成本分析》,载《甘肃社会科学》2008年第1期。

夏吟兰:《论离婚妇女权益的保障》,载《中国妇运》2004年第11期。

肖建华、杨兵:《对抗制与调解制度的冲突与融合——美国调解制度对我国的启示》,载《比较法研究》2006年第4期。

谢晓玲:《法官司法调解话语的顺应性研究》,载《太原城市职业技术学院学报》2013年第7期。

谢晓玲:《司法调解中法官礼貌策略研究》,载《赤峰学院学报》(汉文哲学社会科学版)2012年第10期。

徐碧纯:《法庭调解在离婚法实践中的变迁》,载《法制与社会》2013第5期(中)。

徐家力:《法律语言学刍议》,载《北京政法职业学院学报》2012年第2期。

徐家林:《当代中国时代主流话语的演进与政治和社会转型》,载《重庆社会科学》2004 年 Z1 期。

徐静莉:《离婚妇女贫困化的制度探讨》,载《妇女研究论丛》2009 年第 3 期。

徐溢遥:《法院调解制度的现状与反思》,载《东方企业文化》2013 年第 23 期。

叶宁、庞继贤:《语言学理论在司法中的实践——法律语言学导论:语言证据》,载《中国外语》2010 年第 6 期。

衣仁翠:《新中国第一次离婚潮的法社会学分析》,载《桂林师范高等专科学校学报》2011 年第 2 期。

尹少成、刘清清、徐书玲:《论我国法院调解制度的完善——借鉴德国、美国的诉讼和解制度》,载《重庆科技学院学报》(社会科学版)2011 年第 7 期。

张蕾、肖菲:《七成离婚案女性当原告》,载《北京晚报》2006 年 3 月 8 日。

张明强、刘明凤:《德国民事调解制度的发展与启示》,载《中国司法》2012 年第 5 期。

张佩钰:《深化完善司法调解制度的思考》,载《贵州日报》2012 年 11 月 15 日。

张蓉、王逸飞:《论政治话语向法治话语转向的制度建构逻辑》,载《求索》2012 年第 10 期。

张宇:《当代中国转型期时期社会心理失调与调适》,载《内蒙古大学学报》(人文社科版)2000 年第 4 期。

张志文:《实用主义视角下的司法观及启示》,载《北方法学》2013 年第 3 期。

赵艳平:《关于法律语言学学科归属的思考》,载《北京政法学院学报》2012 年第 2 期。

郑鲁晶:《法庭调解语言研究的现状与思考》,载《凯里学院学报》2010 年第 5 期。

郑璐燕:《司法的现代性剧场:法官角色的定位》,载《今日中国论坛》2013 年第 21 期。

周翠:《中国与德国民事司法的比较分析》,载《法律科学》2008 年第 5 期。

朱成全:《社会转型期失范社会文化心态及其调适》,载《东北财经大学学报》2000年第5期。

庄妍、史芳:《对我国当前法院调解制度的反思》,载《法制与社会》2011年第19期(上)。

《2013年城市"性基因调查报告"》,http://photos.caijing.com.cn/2013-09-24/113335132_3.html♯pic_bt,访问日期:2014年4月3日。

曹玲玲:《对"调解热"的冷思考——调解缺陷分析》,载http://czszy.chinacourt.org/public/detail.php? id=363,访问日期:2014年10月15日。

陈维国:《关于妇女离婚问题的社会性思考》,http://blog.sina.com.cn/s/blog_548d77bd01016xnf.html,访问日期:2014年9月27日。

戴蕙:《略论我国调解制度的历史渊源及演变》,http://www.sqpaw.gov.cn/Article/ShowArticle.asp? ArticleID=2578,访问日期:2014年11月2日。

冯占省:《法律语言学研究具有明显的司法实践性——解读An Introduction to Forensic Linguistics:Language in Evidence》,载《大家》2010年第2期。

公方彬:《政治体制改革需要新的政治观支撑》,http://theory.people.com.cn/n/2012/1008/c49152-19192764-6.html,访问日期:2012年12月14日。

海沧法院课题组:《关于心理辅导在审判过程中的应用的调研报告——以海沧法院的实践为样本》,http://www.xmcourt.gov.cn/pages/ContentView.aspx? CmsList=132&CmsID=205,访问日期:2014年2月3日。

海宣:《海淀法院邀请婚姻专家调解夫妻纠纷》,http://www.chinacourt.org/article/detail/2010/10/id/431574.shtml,访问日期:2014年2月3日。

湖南省临武县妇联权益部:《关于妇女离婚问题调查与思考》,http://www.110.com/falv/hunyin/hunyindiaochaquzheng/2010/0902/430190.html,访问日期:2014年9月27日。

黄宗智:《法史与立法:从中国的离婚法谈起》,http://www.aisixiang.com/data/31096.html? page=5,访问日期:2012年12月6日。

老迅:《当前离婚案件中女原告多的原因及审理中应当注意的问题》,http://

blog. sina. com. cn/s/blog_71ff9a350100oj4n. html,访问日期:2014 年 9 月 27 日。

李杰:《"调解热"的冷思考》,http://tjfy. chinacourt. org/public/detail. php? id=8989,访问日期:2014 年 10 月 15 日。

饶朝芬:《基层法庭离婚案件调解初探》,http://cdzy. chinacourt. org/public/detail. php? id=7495,访问日期:2014 年 4 月 12 日。

汪彬彬:《同心社区离异女性生存状况调查报告》,http://www. doc88. com/p-9913644190965. html,访问日期:2015 年 2 月 21 日。

王健:《律师制度恢复 30 年》,http://www. lawtime. cn/info/zixindiaocha/ygzxdc/20100921469_4. html,访问日期:2013 年 12 月 22 日。

吴明玖:《试论"以事实为根据,以法律为准绳"原则的贯彻执行》,载 http://blog. 163. com/xa0084411117％40126/blog/static/81743044200911250050575/,访问日期:2015 年 5 月 5 日。

外文论文

Xin He and Kwai Hang Ng, Pragmatic Discourse and Gender Inequality in China, Law & Society Review Vol. 47, No. 2, 2013.

Jian Wang, To Divorce or Not Divorce: A Critical Discourse Analysis of Court-ordered Divorce Mediation in China, International Journal of Law, Policy and the Family 27(1), 2013.

后 记

本书是在我的博士论文的基础上修改而成的。2011年6月，经过层层选拔和面试，我拿到了香港城市大学法律学院的录取通知，有幸成为首届香港城市大学（中国法官）法学博士班20名学员之一。

自2011年9月11日踏上香港特别行政区的土地进入校园学习的第一天起，我便时刻感受着香港城市大学对学术诚信的高度重视以及对学生学业的严格要求。我体会到，要完成学业并获得学位，身上不脱几层皮肯定是不行的。在经历了长达4年"痛并快乐着"的学习和论文写作及答辩过程后，我于2015年10月获颁法学博士学位。而且，又历经半年的修改完善，论文最终得以交付并出版。回首写作过程，我虽然有千言万语，但现在最想说的就是两个字："感谢！"

感谢我的导师贺欣教授。没有贺欣教授的指导和鼓励，我根本不可能完成学位论文，更别提论文的修改出版。正是在贺欣教授的精心指导和热心鼓励下，我才有幸成为班级首位获准答辩并通过答辩的学生。也正是因为贺欣教授将论文稿推荐给北京大学出版社，我才有机会将自己的研究成果出版并展示给大家。同时，我也要感谢林峰、王贵国、吴贵亨三位答辩考官，如果没有三位考官的严格要求以及在我当时看来的"挑剔"，可能也不会有今天这本能够得到"绝不为五斗米折腰"的北京大学出版社认可的作品。

感谢我所在的白山市中级人民法院的领导和同事们，特别是赵东巍和邢吉安两任院长及各位班子成员。在我学习和写作论文期间，两任院长分别给予了极大的关心和支持，班子成员或者帮我代管工作，或者分担事务性的工作。两级法院的多名民事法官也都对我的论文写作做出过贡献，他们帮助收集研究素材，接受我的访谈并"有一说一"。

感谢我的家人，尤其是我的爱人吕桂凤女士和我的爱子任俊百同学，他们对我的从生活上到精神上的关心和支持，成为我完成学业获得博士学位及出版此书的最大动力。

特别要感谢的是北京大学出版社的领导和编辑们，特别是毕苗苗编辑。出版这样一本偏重学术而实用性偏弱的冷门书，可能会是一单"赔钱赚吆喝"的买卖。在当今这个商业气息浓厚的市场经济社会，这种看重学术价值而看淡商业价值的精神，着实让人敬佩！

由于自己水平有限，拙作肯定存在诸多不足，真诚欢迎学界专家和实务界同仁提出宝贵意见。

任继强
2016 年 4 月 5 日